# 忘却する戦後ヨーロッパ

## 内戦と独裁の過去を前に

飯田芳弘［著］

東京大学出版会

The Politics of Forgetting in Post-War Europe
Yoshihiro IIDA
University of Tokyo Press, 2018
ISBN978-4-13-030165-7

目次

# はじめに

## 政治における「過去の忘却」への関心

それは一九七〇年代のスペインにおける民主化のある局面に強い印象を受けたことに始まる――『忘却する戦後ヨーロッパ』という書物を、もともとはドイツ政治史を専門とする者が書く理由としてスペイン政治への関心を挙げるのは、唐突であり意外だろうか。いやそれ以前に、そもそもこの「忘却する戦後ヨーロッパ」なるタイトルをもつ書物には、いったい何が書かれているのか。

この「はじめに」においてそれを明らかにしなければならない。そのためには、なぜこの書物の著者が、政治における「過去の忘却」というテーマに関心を抱き、それがどのように膨らんで書物の形をとるまでにいたったのかを記すことが、迂遠ながら適切な方法であると思われる。

改めて、それはスペイン政治への関心から始まったのである。この書物の著者は、近現代のドイツ政治史を専門とする一方、ヨーロッパ各国の政治発展の特質を比較の観点を交えて明らかにする比較政治史の研究者として、もともと他のヨーロッパ諸国の政治史にも強い関心を抱いていた。そのような立場からすれば、スペインの政治に関心を抱くのはごく自然なことである。スペイン内戦をめぐる国際政治、第二共和制の崩壊過程、そして内戦の勝者が築いた独裁体制の特徴といったテーマには、スペイン政治史の専門家ならずとも大いに知的好奇心をそそられる。そうした魅力的なスペイン史にあって、筆者が本書を著すに際して直接的な契機となったのは、一九七〇年代のスペインの民主化過程の特質に関心を抱いたことであった。

スペインでは、一九七〇年代にフランコ独裁体制が崩壊し、民主主義体制への移行が進められた。スペインを初めとする南欧諸国の民主化は、その後の世界各地における民主化の動き——ハンチントンのいわゆる民主化の「第三の波」である——の始まりに位置する事例として注目された。しかし、スペインの民主化にその後、強い関心が寄せられることになったのは、それが「第三の波」の始点にあったからではなかろう。スペインの民主化が他国の民主化に比べて平和的で円滑に達成されたこと、これこそがスペインの民主化が広範な関心の的となり、スペインの民主化が「スペイン・モデル」と称賛され模倣の対象ともなった理由であった(1)。

モデルとみなされるまでの成功事例であれば、なぜそれが可能であったのかについてさまざまな説明が試みられる。そして、スペインの民主化が成功した原因として挙げられた要因の中に、本書の原点ともいうべき事象が見出された。ほかならぬ「過去の忘却」である。どういうことか。

内戦と独裁を経験したスペインが民主化を成功させるためには、民主化を頓挫させせかねない最悪の事態だけは避けなければならない。最悪の事態とは、内戦以降、国内に根深く残る亀裂と憎悪が再び表面化し、国内が二分されて内戦が再現することである。そのためにスペインの民主化は、独裁体制側と反体制派側との合意形成を軸に進められ、その結果、平和的な民主化に成功した。そのような合意形成を最重要視する民主化であってみれば、独裁体制の過去の犯罪行為に関してはそれを不問に付すという措置がとられた。独裁体制から民主体制に移行したからといって旧体制を厳しく裁きでもすれば、強い反発の動きが生じ、それが原因となって復讐の連鎖が生じるおそれがあるからである。

このように、スペイン民主化の成功の背景には、内戦と独裁に関する「過去の忘却」があった。そこでは、忌まわしい過去、すなわち内戦によるスペイン人同士の殺し合いや独裁体制下での厳しい弾圧を「忘れる」こと（正確には「沈黙する」ことだろうか（この点については第2章の2を参照））がなされていたのである。

ひとはしばしば「忘却は罪である」という。忘却は闘争の対象でもある。そして「記憶」は善であり「忘却」は悪であるとみなされている。やや専門的にいえば、独裁や内戦の後に平和で民主的な社会を建設するためには「移行期正義」（後述）の実現が不可欠である。「過去の忘却」に支えられたスペインの民主化は、こうした一般的な了解に真っ向から反するだけに、より強い興味を掻き立てたのである。

スペインの民主化の一局面に喚起された、このような政治における「過去の忘却」への関心が、その後、ではドイツにおいてはどうであったのかという方向に向けられることになるのは、ドイツ政治史を専門とする者にとっては当然のことであった。すなわち、ナチズムを経た戦後のドイツに「過去の忘却」はあったのか。いや、ドイツは日本としばしば比較され、過去の総括に真摯に取り組んできた国なのではないか。その意味で「過去の忘却」とは縁遠い国なのではないのか。

こうしたドイツに関する評価はある意味では正しく、またある意味では誤りである。正しいというのは、第二次世界大戦中から戦後初期にかけて、早くも戦勝国主導で「非ナチ化」が始まり、ナチスの幹部の裁判、さらにナチズム体制への協力者への厳しい責任追及が断行されたからである。そうした厳しいナチズムの「過去の克服」は西ドイツ建国時まで続いた。「挫折した非ナチ化」というしばしばなされる否定的評価は、少なくともこの時代には当てはまらない。

誤りだというのは、この「過去の克服」自体が一九五〇年代に覆されてしまったからである。歴史学者フライの『過去政策　連邦共和国の始まりとナチズムの過去』という書物がある。(2)「過去政策 Vergangenheitspolitik」という耳慣れない言葉は、連邦共和国の建国から一九五〇年代半ばにかけて展開された「「過去の克服」の克服」のための一連の措置を総体としてさす表現である。端的にいって「過去政策」とは、戦後西ドイツにおけるナチズムの「過去の克服」に終止符を打つ「過去の忘却」のことである。ごく簡単にその「過去政策」を概観すれば、それは次の三つの政策ないし措置からなる。

第一は、恩赦と再統合（再雇用と社会復帰）のための立法措置である。具体的には、第一次刑免除法（一九四九年）、非ナチ化の「清算」決議（一九五〇年）、基本法一三一条執行法（一九五一年）、第二次刑免除法（一九五四年）などをさす。すでに一九四九年の刑免除法によって、一九四九年九月一五日以前に行われ、六ヵ月以下の禁錮刑を受けていたすべての者に恩赦が与えられた。その約八〇万人の中には、まだ時効を迎えていないナチ時代の犯罪者も含まれていた。また、基本法一三一条執行法は、事実上すべての一九四五年に「排除された公務員」と元職業軍人に、扶助と共和国の公共機関における再雇用の道を開くものであった。

第二は、一九四五年以降に連合国によって戦争犯罪者やナチ犯罪者として有罪判決を下されたドイツ人の放免である。極悪非道なナチスの犯罪者のみならず、数千人もの人々を殺害した行動部隊の指揮官までが罰を免れている。その背景には、社会、とくに教会からの圧力があった。ただしこの圧力は、キリスト教信仰からする赦しの懇願ではなく、「勝者の裁き」への国民的なルサンチマンを追い風にした要求の結果であった。

そして第三は、ナチズムのイデオロギーからの規範的決別である。それは一九四九年のボン基本法を支える理念となり、政策的にはアデナウアーが推進した補償政策およびイスラエルとの和解政策として具体化された。ただ、ナチズムからの決別を誓い、それを最高法規に制度化したり具体的な政策として講じたりすることがなぜ「過去の忘却」なのだろうか。「過去政策」の他の二つの構成要素、すなわち恩赦と再統合および戦争犯罪人などの免責が、ナチズムとの規範的な決別を強調することでしか正当化されえない難題であったからである。

こうした「過去政策」が講じられたことが意味するのは、戦後西ドイツの復興と再建の過程のある局面においては、「過去の忘却」を必ずしも一方的に非難することができず、場合によってそれは必要であったという事実にほかならない（当然、批判もある）。そうだとすれば、スペインの事例を併せて鑑みて、政治において、とりわけ新体制や新国家の発足にあたり、忌まわしい「過去の忘却」がいったんは必要になる局面があるといえるのではないのか。より広く考えるならば、そもそも政治において「過去の忘却」は、効用と弊害を含め、いかなる働きをするのだろうか。

歴史のみならず現代政治を考える上でも極めて興味深いこの問題に答えるためには、政治における「過去の忘却」という現象をより深く広く考察することが必要であろう。そのために、次の二つの方針の下で、政治における「過去の忘却」という現象の解明が目指されることになったのである。

## さまざまな忘却論と「忘却の政治」

第一の方針は、政治における「過去の忘却」の対象をより具体的に考えることである。そもそも、少なくとも政治学は「過去の忘却」という現象の重要性について、これまでさほど自覚的ではなかったのではないか。

もちろん、本書の中で取り上げるように、国際政治学における恩赦に関する研究は豊富にあるし、「箝口令 gag rule」（政治的安定のためにある特定の議題の争点化を回避すること）をめぐる貴重な研究[(3)]を、政治学が忘却という現象に示した興味深い一例とみなすこともできよう。しかし大勢としては、政治における「過去の忘却」とは具体的に何であり、それはどのような機能を果たすのかということに関する政治学の考察はほとんどないように思われる。

一方、歴史学や社会学、学際的な「記憶研究 memory study」が「過去の忘却」に寄せる関心ははるかに大きい。戦争やナショナル・アイデンティティーをめぐる記憶と忘却の研究が盛んに行われている。そしてそこでは、しばしば次のような忠告を目にする。

想起することと忘却することは、記憶をめぐる研究においては相互にはっきりと対立関係におかれ、後者よりも前者が高い価値をもつものとされている。しかし、両者は密接に結合している、すなわち、想起することは常に忘却することをあらかじめ含んでいるのであり、忘却することは、まずは想起することがあって初めて成立するのである。(4)

この指摘は、記憶と忘却を単純に背反するものと考えたり、記憶することを善とし忘れることを悪としたりするような立場は適切ではないという忠告である。しかしながら、この指摘に続けて「想起することと忘却することとのせめぎあいのようにみえるものは、「いかに」想起するのかについての争いと考えた方がよい」と述べられているように、目下のところ関心は圧倒的に記憶の方にある。(5)そして、記憶が推奨されることはあれ、忘却が肯定されることはほとんどない。

このように、記憶研究においても、「過去の忘却」そのものをあつかった研究は必ずしも多くはないのが実情であろう。しかしながら、「記憶の方法については多くの本があるのに、忘却に関する論文すらない」(6)というのは明らかに誤りである。

脳科学や精神医学や認知心理学は別にして、文学や歴史学や哲学などの人文系の学問分野でも、実は「過去の忘却」という現象にはさまざまな形で一定の関心が払われてきた。本書では、「過去の忘却」に関する従来の研究を概観しつつ、それらを参考に、政治における「過去の忘却」としてどのような現象を想定すればよいのかを検討する。

「過去の忘却」が具体的に行われる政治過程やそれを生む政治力学、あるいはそのための政策や措置が策定される政治過程や政治力学を広く「忘却の政治」と呼ぶとすれば、「忘却の政治」として具体的に注目すべき主要な現象を絞りだしてゆくことが、政治における「過去の忘却」への理解をより深めるために、まずは必要な作業になる。

**戦後ヨーロッパと「忘却の政治」**

第二の方針は、時期的にも地域的にも対象を広げることである。ここで、歴史家ジャットが『戦後史』の中で記している言葉――「こうした集団的記憶喪失がなかったとしたら、ヨーロッパの驚嘆すべき戦後復興など不可能だったろう。後になって不愉快な形でよみがえりそうな多くのことが、心の外へと放り出された」(7)――が想起される。

これは、戦後ヨーロッパに関する代表的な通史のエッセンスたる一文である。ジャットによれば、ナチズムの支配と第二次世界大戦で破壊されたヨーロッパが復興し、経済成長するためには、忌むべき過去を「忘れる」ことが必要だったというのである。換言すれば、一九四五年から一九七五年までの「繁栄の三〇年 Trente Glorieuses」としばしば呼びならわされる時代は、「忘却の政治」に支えられていた。

フランスの歴史学者リウーは、この「繁栄の三〇年」が終焉した後に、その間に封じられていた過去の記憶が噴出する「記憶の三〇年 Trente Mémorieuses」が到来した、と指摘している。(8) フランスにおいて、対独協力を行ったヴィシー政権時代の経験が語られるようになったことを鑑みれば、この評価はあながち誤りともいえない。西ドイツにおいて、一九五〇年代の「過去政策」に対する見直しが早くも一九六〇年代に始まり、その後二〇年にわたってナチズムの過去に厳しく対処しようとする「過去の克服 Vergangenheitsbewältigung」の時代が続いたことを考えてみても、(9) 同様の判断にいたるかもしれない。

しかしながら、「忘却の政治」は決して「繁栄の三〇年」特有の現象ではなかろう。なによりスペインの「忘却の政治」は一九七〇年代、リウーのいわゆる「記憶の三〇年」の最中に生じた。そして、第二次世界大戦とナチズムとそのヨーロッパ支配の崩壊に匹敵する歴史的大変動、すなわち一九八九年の旧東欧諸国における共産主義体制の解体とその後の体制移行に際してもまた、「忘却の政治」は展開された。再びここで、ジャット『戦後史』の次の指摘に目が留まる。

> 最初の戦後のヨーロッパは、故意にたがえた記憶——生活方法としての忘却——の上に建設された。一九八九年以来、ヨーロッパはそれよりもむしろ過剰補償——集合的アイデンティティーの基盤としての制度化された公的想起——の上に構築された。一番目のものは持ちこたえられなかった——しかし二番目のものも持ちこたえられないだろう。ある程度の放念、さらには忘却さえもが、市民が健全でいるための必要条件である。(10)

ジャットのこの指摘がつまるところ述べようとしているのは、共産主義体制崩壊後の旧東欧諸国においても——共産主義体制下で強いられた「組織的忘却」への反動から自国のアイデンティティー形成の核として、共産主義体制期以前の歴史あるいは記憶の噴出の局面を経た後（あるいはその局面を経ながら）――必ずや「忘却の政治」が展開されるだろう、ということである。そして実際、旧東欧諸国でもかの地に固有の事情を前提とした「忘却の政治」が展開されたのである。

「忘却の政治」が行われたと以上に指摘した三つの時期――ナチズムとそのヨーロッパ支配が崩れた第二次世界大戦の直後から一九五〇年代、第二次世界大戦を生き延びた（あるいは第二次世界大戦後に成立した）南欧の権威主義体制が倒れた一九七〇年代、そして東欧の共産主義体制が次々と崩壊した一九八九年以降――が、いずれも非民主主義的体制からそれとは別の（多くの場合、民主主義的な）政治体制への移行期であったことは偶然ではない。なぜなら、新しい体制の出発点においては、とくに新たな体制の正統化をどのように行うのかという問題をめぐり、旧体制との関係が問われるからである。そしてその際、新体制の安定と定着を重視することを主な理由として、不都合な過去については沈黙が維持され、あるいはいったん行った過去との決別を撤回するといった事態がしばしば生じるのである。

たしかにここに挙げた戦後ヨーロッパにおける三つの時期と地域以外にも、「忘却の政治」の事例は多々あろう。しかし、半世紀の間に「忘却の政治」の事例が集中した時期が三度もあるのは、戦後ヨーロッパをおいて他にはない。戦後ヨーロッパの「忘却の政治」の事例の解明が、政治における「過去の忘却」という現象の理解に最も大きな寄与をなすゆえんである。

この「はじめに」を閉じるにあたり、本書の構成をあらかじめ紹介しておかなければならないところ、その前に、そもそもなぜ戦後ヨーロッパにおける「忘却の政治」に注目するのか、それを考察することが何のためになるのか、という問題にふれておく。

もちろん、時期と地域を問わず、政治における「過去の忘却」という現象にはこれまでさほど関心が寄せられてはおらず、それに注目することで、当の現象そのものや本書が対象とする戦後ヨーロッパ政治の理解が進むということは本書の前提とするところである。それらに加えてここでは、政治や歴史を見る目との関係において、より広く、次の二点を指摘したい。

さまざまな課題が山積する現代社会において、政治はそのすべてに応えることはできない。換言すれば、政治の重要な任務の一つは、諸課題に優先順位をつけ、重要なものから取り組むことである[11]。その際、決められた優先順位は全員を満足させはせず、必ずや不満が生じることだろう。しかし、極端な事例ながら、ナチズムが一切の優先順位をつけずにあらゆる社会層の期待に応えるような政策プロパガンダを行ったことを想起すれば[12]、政治における優先順位の設定は、責任ある政治がなさねばならぬ重要事項と理解されよう。先に引用した戦後復興とナチズムと対独協力に関する過去の忘却との関係についてのジャットの見解や、以下の本論の具体的事例において示されるように、政治における「過去の忘却」とは、政治における優先順位の設定の問題であることが多い。

概して「過去の忘却」は批判される。しかしながら、それが常に独裁者や権力者の犯罪を隠蔽するためのものとは必ずしもいえず、より優先順位の高い課題のために行われることがあることは否定できない。その選択は時に苦渋に満ちたやむをえないものであったり、高度の政治的判断であったりするだろう。そうだとすれば、政治における「過去の忘却」に注目し、「忘却の政治」の展開を考察することは、課題の優先順位の設定という政治の最も重要な営みに関する目線を鍛え、政治を見る目を成熟させることにいくばくかの寄与をなすのではないだろうか。

しかしこのことは、もちろん政治における「過去の忘却」を一般的に是認し肯定することを意味しない。記憶よりも忘却が選択されたところで、常にその忘却が正しいとは限らないからである。そして「過去の忘却」はさまざまな形態をとってなされる。実に巧妙な形態も少なくない。一見、記憶を重んじたり、あるいは過去の犯罪を糾弾する声が、実は自らの反省すべき過去を封印することになったりするケースもある。政治における「過去の忘却」についての理解を深めることは、文字通り、政治において多様な形態の「過去の忘却」の事例を知ることである。そこにはやむをえないものとして容認されるべき「過去の忘却」も、明らかに非難に値する「過去の忘却」もあるだろう。どちらとも判断がつかない「過去の忘却」があるいは最も多いのかもしれない。それらを具体的な事例を通して考えることによって、「忘却は罪である」といった歴史に対する一面的な目線を、これもまたより成熟したものに鍛えることができるのではなかろうか。

**本書の構成**

本書の構成は以下の通りである。

まず、序章では、これまでにさまざまな学問分野でなされてきた忘却研究を概観し、それをもとに、政治における忘却現象として何に注目することができるのかを吟味し、その検討を通じて「忘却の政治」の具体的内容を明らかにする。そうした「忘却の政治」に関する考察、より具体的にいえば、「過去の忘却」が行われる政治過程やそれを生む政治力学に関する考察、いわば「忘却の政治学」を立ち上げることから本書は始まる。

第一章から第三章までは、序章での議論を前提に、戦後ヨーロッパにおいて体制変動が集中して生じた三つの時代の「忘却の政治」の実態を具体的に解明する。

第一章の対象は、ナチズム支配が解体した後のヨーロッパである。ヨーロッパ広域におよんだナチズム支配は、ドイツの一方的な強制だけで存続したわけではない。各地の対独協力があってこそ、ナチズム支配はより確実なものとなった。端的にいって戦後の各国は、新体制を運営するにあたってこの対独協力の事実を筆頭とした不都合な過去を必ずしも正視したわけではない。それらの多くには沈黙が守られた。この問題を明らかにするために同章では、まずはナチズム支配解体後に「忘却の政治」がヨーロッパ各地で展開された構造的背景が明らかにされ、それに続いてフランスとイタリアという二国における「忘却の政治」の実態が詳しく描かれる。

第二章の対象は、一九七〇年代に独裁体制からの体制移行が行われた南欧諸国である。特定の条件を共有しながら、というよりは各国固有の状況を背景にして、独裁からの体制移行期に、ポルトガル、スペイン、ギリシアの三国では「忘却の政治」が展開されている。なかでも民主主義体制への移行とその定着が進んだ時期のスペインは、おそらく戦後ヨーロッパにおいて最も徹底した「忘却の政治」が展開された事例である。本章では、そうしたスペインの「忘却の政治」の実態が、ポルトガルとギリシアの経験を参照しながら詳しく検討される。

第三章の対象は、一九八九年に次々と共産主義体制が倒壊した旧東欧諸国である。共産主義体制は、ファシズムやナチズムと並ぶ二〇世紀ヨーロッパが生んだ最も抑圧的な政治体制である。しかし、共産主義体制崩壊後にその独裁の過去といかに向き合い、いかなる措置を講ずべきなのかという問題は、ナチズムやファシズムの場合に比べればまだその論議の歴史が浅い問題でもある。そのような制約の中で、この章では、次の二つの課題に取り組むことになる。第一は、旧東欧諸国が共産主義体制の過去に対していかなる姿勢をもって臨んだのかを概観し、その欠如や不徹底や遅滞の中に「忘却の政治」の展開を認め、その背景や原因を考察することである。第二は、多くの旧東欧諸国が、戦間期から第二次世界大戦下にかけて、ファシズムあるいは権威主義体制の下での政治を経験し、独自の抑圧的政策やナチズムへの協力を行った歴史を有することに関わる問題である。具体的には、共産主義体制崩壊後の旧東欧諸国では、第二次世界大戦前のそうした非民主主義体制の記憶と大戦後の非民主主義体制たる共産主義体制の記憶との関係はどうなっているのだろうか。興味深いことに、共産主義体制崩壊後の旧東欧諸国では、二つの独裁体制の記憶が競合し、記憶の競合の結果、一方の独裁体制の過去が無視ないし軽視されることがあった。旧東欧諸国に独特の現象として、こうした記憶の競合と忘却という問題が論じられることになる。

そして本書末尾の「おわりに」では、第二次世界大戦後の戦後ヨーロッパの「忘却の政治」を考察することが、政治や歴史を見るうえでどのような意味があるのかという問題に改めて立ち返ることになる。

# 序章　忘却の政治学

## 1　さまざまな忘却論

### 忘却は悪か

科学者として成功をおさめたミレックを国家は必要とした。そのために彼は国家に対して辛辣な発言を行うことができたし、テレビへの出演回数も増えて有名人にもなった。この国に「プラハの春」と呼ばれる民主化の動きが起こった時、彼もその動きに連なった。しかしソ連軍の介入がこの動きをつぶした後、自分の信念を否定することを拒否した彼は、職場を追われて建築現場の作業員として糊口をしのぐ身に零落してしまう。さらに党から睨まれ秘密警察の監視の対象となり、ある日、突然の家宅捜索を受けて逮捕される。彼は一年の未決勾留期間の後の裁判で懲役六年の判決を受けることになるだろう。

ミラン・クンデラの小説『笑いと忘却の書』の登場人物であるミレックというこの男が逮捕された時に抱いた思いは次のようなものであった(1)。

連中は、人々の記憶から何十万もの人生を消し去って、あとにはただ無垢な牧歌の無垢な時間しか残らないように望んでいる。だがその牧歌のうえに、おれはまるでひとつのシミのように、全身で立ちはだかってやろう。ゴットワルトの頭のうえに残されたクレメンティスのトック帽みたいに、ずっとそこにとどまってやろう。

「ゴットワルトの頭のうえに残されたクレメンティスのトック帽」というのは、『笑いと忘却の書』の冒頭に描かれたエピソードに由来する——一九四八年二月、共産党の独裁政権が樹立されたチェコスロヴァキアのプラハの宮殿のバルコニーで、最高指導者ゴットワルトが歴史的な演説をしている。雪が降りしきる中、無帽で民衆に語り続けるゴットワルトの頭の上に、傍らにいた外務大臣クレメンティスが自分のトック帽を載せてやった。バルコニーで演説するこのゴットワルトの姿の写真は、共産主義国家チェコスロヴァキアの誕生の歴史的瞬間を写したものとして何千万枚も焼き回しされて国中に配られた。しかし、「その四年後、クレメンティスは反逆罪で告発され、絞首刑に処された。情宣部はただちに彼を〈歴史〉から、そして当然、あらゆる写真から抹殺してしまった。それ以来、ゴットワルトはひとりでバルコニーにいる。クレメンティスがいたところには、宮殿の空虚な壁しかない。クレメンティスのものとして残っているのはただ、ゴットワルトの頭のうえに載っかった、毛皮のトック帽だけになってしまった」——「ゴットワルトの頭のうえに残されたクレメンティスのトック帽」とは、権力による歴史の抹消の象徴にほかならない。

こうした権力による歴史の抹消を社会史家のバークは「社会的忘却」と呼び、その代表例として公権力による検閲を挙げる。(2) その典型的な例は政敵の歴史からの抹消、トロツキーの名前が抹消されたソ連時代の百科事典になぞらえた「ソビエト大百科事典症候群」である。

バークのいうこの「社会的忘却」を、社会人類学者のコナトンは「組織的忘却」と称して次のように述べる。「全体主義国家の国民の精神的隷属は、国民の記憶が剥奪された時から始まるのである。巨大な権力が小国の愛国心を奪い取ろうとするとき、組織化された忘却という方法が用いられる。チェコの歴史をとってみても、この組織的忘却は一六一八年以降と一九四八年以降の二回にわたって実施された」(3)。

逮捕されたミレックは、こうした忘却に対する抵抗を決意したのである。彼の決意は、しばしば引用されるこの言葉に集約されている――「権力にたいする人間の闘いとは忘却にたいする記憶の闘いにほかならない」。ここでは明らかに、忘却は権力によって強いられた悪であり、それに抵抗して記憶を擁護することが善である。

しかし、とここでは問わなければならない。しかし本当に忘却は悪いことなのだろうか、と。なによりもまず、ミレック自身、実のところかつての恋人との過去を忘れようとしている。すなわち、

彼が自分の人生から彼女を消したのは、彼女を愛していなかったからではない。かつて彼女を愛していたからなのだ。彼が、彼女と彼女にたいする愛とをなかったものとして、彼女のイメージを引っ掻いて消し去ってしまったのは、ちょうど党の情宣部がゴットワルトが歴史的な演説をしたバルコニーからクレメンティスを抹殺したのと同じだった。ミレックはまるで共産党のように、すべての政党、国民、人間のように、〈歴史〉を書き直すのだ。

過去を、記憶を、そして歴史を書き直すのは権力だけの営みではない。それはすべての個人、国民が行う人間的な営みでもある(4)。そうだとすれば、それをすべて悪い営みとして裁断することはできないのではないか。場合によって忘却は肯定されうる営みともなるのではないか(5)。「はじめに」で述べたよう

に、本書は、こうした忘却という営みが状況によって必要になることがあるかもしれないということを指摘することを含め、より広く第二次世界大戦後のヨーロッパ政治（とくに体制の民主化過程）の中で忘却という営為の機能と意味を探ろうとする試みである。

## 戦後ヨーロッパと忘却

ヨーロッパの戦後史は、まさにこの忘却の必要性の宣言から始まったといっても過言ではない。――二度と戦争を繰り返してはならない。ヨーロッパの恒久的な平和のためには、なによりドイツとフランスの和解が必要である。そしてそれは、ヨーロッパという家族の再生と地域国際機構の形をとったヨーロッパ合衆国の建設の第一歩となるはずである――一九五〇年代以降に本格化するヨーロッパ統合の根底にあったのはチャーチルのこうした主張である。彼は一九四六年九月にヨーロッパ合衆国構想を語った際、自分の主張が聴衆にとって驚くべきものとして響くことを自覚していた。実際、たとえばフランスの新聞各紙や各国特派員は、チャーチル演説がフランス世論を唖然とさせ衝撃を与えたと報じている。しかし、チャーチル演説に対する反応は驚きにとどまらなかった。フランス国内でドイツに対する恐怖心がいまだ生々しい時点で独仏和解を呼びかけるチャーチルのリアリズムの欠如を疑問視する声もあったのである。そのせいか、フランス政府はチャーチル演説への論評を行わなかった(6)。

このような反応を受けたチャーチルは、具体的にいったい何を語っていたのか。

われわれはみな、われわれが経験した二度の世界戦争が、新たに統一されたドイツの世界で支配的な役回りを果たそうとする無益な感情から生まれたものであることを知っています。先の戦いでは、一四世紀のモンゴルの侵略以来並ぶべきものがなく、人類の歴史のいかなる時点においても同様のものがないほどの犯罪と殺戮とがなされました。罪は罰せられなければなりません。ドイツは、再軍備し再び攻撃的な戦争を行う力を剝奪されなければならないのです。しかしそれらのことをすべて終えたならば――そうなるでしょうし、今なされつつあります――、懲罰は終わりにしなければなりません。グラッドストーン氏が随分前に「忘却という神聖なる行為」と呼んだものが必要なのです。われわれはみな、過去の恐るべきことを振り返ってはなりません。未来を見なければなりません。来たるべき時代の間中ずっと、過去の傷から生まれた憎しみと復讐心を引きずりながら前に進むなどという余裕はないのです。もしもヨーロッパが決定的な絶望的状況から、いや最終的破滅から救われることがあるとすれば、ヨーロッパが家族であると信ずる営み、それに過去の犯罪と愚行のすべてを忘れる行為が必要なのです。(7)

フランス国内でナチズムに協力した者が裁かれつつあり、ドイツの復活に対する恐怖心がなお根強い時点で、このように「過去を忘れよ」と呼びかけるのは、戦争と占領がフランス社会に残した傷跡の深さに対する無理解であるとのそしりを免れないであろう。チャーチル演説に対するフランスの冷淡な反応は当然のことであった。

しかし、フランスを含め、ドイツの侵略や占領を受けた国は、自国でナチズムに協力した人々のことを忘却することはなかったのか。より後の時代を含めて、広く戦後のヨーロッパは、「忘却という神聖なる行為」と無縁であったのか。すなわち、ファシズム消滅後の戦後ヨーロッパに存在した独裁体制――南欧の権威主義体制と東欧の共産主義体制――の崩壊後、南欧や東欧の人々は独裁体制の蛮行に真摯に向き合ってきたのだろうか。

その通りであると無条件に肯定することはできない。状況に応じて人々は、またさまざまな理由から、忌まわしい過去を封印したのである。

ドイツの作家エンツェンスベルガーは、『廃墟の中のヨーロッパ』という「一九四四年から一九四八年までの目撃証言報告」(同書の副題)を集めた書物の序文で、「戦争後の最初の数年間で、ファシズム独裁の後遺症があらゆるところで明らかになった。とくにドイツがそうである。しかし他の場所でもそれを見て取ることができた(占領を受けたすべての国にファシズムへの協力主義者がいた)。それゆえに、まさに直接な関与をもった人々が最悪の目撃者になる。彼らは、集団的忘却の背後に身を隠している」(8)と記している。ここには、戦後直後のヨーロッパ諸国の国民の間に、独裁体制の指導者層がその責任を隠蔽するのに都合のよい「集団的忘却」の気運が広がっていたことが指摘されている。

「はじめに」で引用し、ここで改めて記すジャットの『戦後史』の中の忘却と戦後復興、経済成長に関する記述は、エンツェンスベルガーのこの「集団的忘却」という言葉を受けたものであった。すなわち、

こうした集団的記憶喪失がなかったとしたら、ヨーロッパの驚嘆すべき戦後復興など不可能だったろう。後になって不愉快な形でよみがえりそうな多くのことが、心の外へと放り出された。しかしずっと後になってようやく明らかになるのだが、戦後ヨーロッパの大部分は、その後年とともに壊れては変転してゆく創設神話の上に築かれた。一九四五年の状況下で瓦礫に覆われていた大陸においては、あたかも過去は死んで葬られてま

さに新しい時代が始まるかのようにふるまうことで、多くのものが得られた。とくにドイツではそうであった。そのために支払われた代償は、ある程度の選択的忘却であり、集団的忘却である。しかし当時は、とりわけドイツでは、忘れるべきことがたくさんあったのだ。(9)

おそらく戦後ヨーロッパ政治を考えるうえで、政治における「過去の忘却」という現象は極めて重要であると思われる。もちろん、独裁体制を、あるいは独裁体制への協力を経験したヨーロッパ諸国が、当の非民主主義体制が崩壊した後に、その過去に対していかに対応したのかという問題に対してはつとに広い関心が寄せられてきた。しかしその中で、「過去の忘却」の具体的な機能、より広く「忘却の政治」の展開の実態そのものには、これまで必ずしもその重要性に見合った関心が注がれてはこなかった。したがってまずは、政治における「過去の忘却」とは具体的に何なのかという考察が必要となる。政治学にそのような議論の蓄積がほとんどない以上、さしあたり他の学問分野の業績を活用するしかない。

## 忘却への注目

ウンベルト・エーコが一九八八年に発表した「忘却術？　そんなものは忘れてしまえ！」は、小文ながら従来の忘却論の中でももっとも有名かもしれない。(10)古典古代以来のヨーロッパに長らく記憶術が存在したことは広く知られている（古典古代から近代までのヨーロッパ文化における「記憶術」の重要性を明らかにした代表的な文献は、いうまでもなくフランセス・イエイツの『記憶術』(11)である）。この「記憶術」に対してエーコは、さまざまな理由で存在しない学問分野のテーマの宣伝を行うという知的遊戯であると断りつつ、不在の学問分野における最も興味深いテーマとして「忘却術」を挙げ、なぜ「忘却術」が存在しないのかを論じたのである。

エーコのこの小文は、その後、ヨーロッパ文化において「忘却」がいかに大きな役割を果たしてきたのかを明らかにする書物を生むこととなった。エーコの「なぜ忘却論は存在しないのか」という問題提起に刺激を受けて、ヴァインリヒが著した『レーテ　忘却の術と忘却批判』という書物がそれである(レーテとはギリシア神話に登場する忘却を司る女神の名であり、「忘却の河」の名でもある)[12]。この書物の中でヴァインリヒは「忘却術」の有無ではなく、古典古代以来のヨーロッパ文化がいかに頻繁にかつ重要なものとして忘却というテーマを論じてきたのかを明らかにした。古典古代から第二次世界大戦までの多種多彩な文物が縦横無尽に引用され、ヨーロッパ文化が忘却という現象に寄せてきた関心の高さを知らしめたこのヴァインリヒの名著の刊行は、ただし、それと前後して数多く生み出されるようになった忘却をめぐるさまざまな研究[13]のほんの一例である。そしてその中には、権力による記憶の抹消を意味する「社会的忘却」を指摘した先のバークの例のように、忘却の社会的機能や忘却が政治において果たす役割といったテーマへの関心を満たしてくれるものも含まれていた。

**記憶の弊害と忘却の効用**

そのような忘却の政治的社会的機能が注目される場合、しばしば「記憶の弊害」が強調される。その代表的論者がトドロフである。トドロフは、『記憶の濫用』(一九九五年)の中で、一五世紀末から一六世紀初頭の南アメリカ西海岸の原住民の文化を観察したアメリゴ・ヴェスプッチを例に、征服欲や領土拡張の野心ではなく、過去において生じた敵意こそが人々の間に戦争を生ぜしめることが少なくなかったと指摘する。そして、ユーゴスラヴィアの解体過程におけるセルビア人の他の民族への攻撃、イスラエルとパレスチナとの敵対関係、北アイルランド紛争は、過去の記憶が現在の政治状況にとっての桎梏となって激しい対立を引き起こすという、現代においても各地で数多く生じている事例の一例にすぎないとする。(14)「過去の暴力の記憶は現在の暴力をはぐくむ(15)」という事態は依然として変わらないというのである。

もちろんトドロフは、過去を思い出すこと、記憶に残すこと自体を否定しているわけではない(そもそも何を記憶し何を忘却するのかを決める権利は誰もが有するとされる)。彼が警鐘を鳴らすのは、「記憶のカルト」であり「記憶の濫用」である。では、許される記憶と許されざる記憶の違いはどこにあるのか。トドロフは、過去の過ちを繰り返さないための教訓として活用できる記憶を善なるものとして重視する。そして、過去の惨劇から教訓を引き出すためには、その惨劇の固有性や一回性、比較不可能性を強調するのではなく、他の惨劇との共通性や類比性、比較可能性を肯定しなければならないとする。ホロコーストがいかに前代未聞の残虐な行為であったとしても、それが他の民族虐殺行為とは完全に異質の行為と特別視しては、類似の惨劇を避けるための教訓をホロコーストから引き出すこともそこから学ぶこともできない、というわけである。(16)

しかも、たとえばナチズムを、類例なき絶対悪とみなすことは、他の類似の事例を常にその絶対悪の存在を前に是認することを許す、すなわちその残虐さや責任を相対化する（つまりは軽減する）ある種の「特権」を与えてしまうという指摘を行っている[17]。

このように、紛争を激化させる「記憶のカルト」や「記憶の濫用」を否定し、現在において教訓として活用できる記憶を肯定するトドロフは、つまりは過去の記憶の「使用目的」を重視している。過去の記憶の正当性は、その内容だけでは判断できず、それが何のために記憶されるのか、その記憶が何に使用されるのか、を考慮して初めてなしうるというのである[18]。

トドロフはこうした立場を前提に、さらに次のように問う。もしも「過去の想起が死へとみちびくのであれば、どうしてそれよりも過去の忘却の方をよしとしないのだろうか」、と。正当にもトドロフは、こうした問いに画一的な解答を与えることはできないとする。しかし、ある状況においてはその通りであるとする。先にふれたように、何を記憶し何を忘却するのかを決める権利を各自が有するとしたトドロフは、過去の記憶が現在の紛争を引き起こさないためにも、忘却が肯定されることがあることを正面から認めるのである。さらにそれは、紛争当事者の精神的治癒のためでもある。「だれかにその過去のもっとも苦痛に満ちた出来事を絶えず思い出させることは、限りなく残酷なことである。忘却への権利も存在するのである[19]」。

アメリカのジャーナリストのリエフも、『記憶に抗して』（二〇一一年）の中で、情動性と政治性を強く帯びた記憶が、社会における憎悪と怨念を再生産し、その和平と和解の実現を妨げ続ける働きをすることに警戒の目を向ける。社会と個人の健全性を確保するために必要なのは、記憶する能力ではなく、

「一時的な」忘却の能力である場合もあることをリエフは指摘するのである。[20]

リエフによれば、とくに戦争や内戦が生じる可能性が現実に存在する社会においては、過去を抹消する「忘却のテロリズム」よりも、「過度にはっきりと、生き生きと、感情的に記憶すること」こそが危険なことである。たしかに「記憶は正義の友であるかもしれない、しかし平和の友であることはまれである」というのである。[21] そしてリエフは、スペインの民主化過程における内戦と独裁に関する「忘却の協定」や、第二次世界大戦後のフランスにおいてみられたヴィシー政権の経験に対する沈黙などの例を挙げ、忘却の社会統合作用を強調するのである。

もちろん、リエフは忘却を常に記憶よりも望ましいと考えているわけではない。彼が主張するのは、忘却の「一時的」効用であり、さらに彼はその有限性——フランスでは、一九七〇年代から八〇年代にかけて歴史研究やドキュメンタリー映画からヴィシー政権に対する沈黙が破られ、スペインでは二一世紀に入って「歴史記憶法」が制定された——をも指摘する。さらに、社会統合作用をもつ忘却が国際的平和にとっての破壊的要因となる事例も挙げられる。イスラエルのパレスチナ問題の歴史的解釈は、たとえイスラエル国家の国内的結束のために資することがあるにせよ、中東和平を阻害し続ける忘却にほかならないのである。[22]

## 歴史学における「忘却」研究

記憶に比べて忘却は注目されることが少ないと先に指摘した。しかし実は、歴史学においては、忘却という現象には一定の関心がつとに抱かれてきた。

ごく広く表現すれば、第一次世界大戦（正確には一九二三年のローザンヌ条約）までの時期の戦争や内戦や革命後の秩序回復と平和創出のためになされる賠償放棄や不処罰、恩赦への注目である。一六世紀から一七世紀の宗教戦争の講和条約では、一五九八年のナントの勅令（それまでのフランスにおけるカトリックとプロテスタントの争乱の間の出来事に関する記憶を消し去ること、それに関する訴追は許されないことが言明された）や一六四八年のヴェストファリア条約（戦争当事者は人的物的損害を請求せず、旧状への復帰を行うと定められた）がしばしばその代表例として挙げられる。[23] あるいは、一六六〇年のイングランドの王政復古に際してチャールズ二世が発したピューリタン革命中の行動に対する恩赦宣言（それを受けた「不処罰と忘却の法 Act of Free and General Pardon, Indemnity and Oblivion」の制定）も忘却の事例として言及されることが多い。[24]

時代をさかのぼれば、カエサル暗殺後のキケローの演説もしばしば注目されてきた。カエサル暗殺の二日後、前四四年三月一七日に、テッルース神殿で元老院の集会が開催され、キケローの巧みな弁論によって、暗殺者側もその反対派も互いに悪意を抱かず、暗殺者側はカエサルの出した指令を無効にしないことが決議されたのである。その際、キケローは次のように述べている。「すなわち私は、アテーナイが内訌を抑える際に用いたギリシア語の用語さえ援用したし、内紛の記憶はすべて、永遠の忘却によって払拭すべきされるべきだとの見解も表明した」。[25]

古代世界における忘却や恩赦には浩瀚な研究がある。[26] その中でも、「復讐と和解、過去の集合的記憶という観点から近年幅広い関心が集まっている[27]」のが、ペロポネソス戦争敗北後の恐怖政治と内戦を経た前四〇三年のアテナイにおいて交わされた、「何人も悪しきことを思い出すべからず」の誓い（和平協定）である。

ペロポネソス戦争に敗れたアテネでは、スパルタとの和平を強引に締結し、親スパルタ的な「三十人僭主」による寡頭派政権が成立していた。この政権は次第に恐怖政治を行うようになったために民主派との対立が深まり、批判をかわすために市内の三〇〇〇人の名簿を作成して彼らのみが参政権をもつとした。しかし両派の対立は激化し、ついには内戦の勃発にいたった。内戦は、最終的にはスパルタの国王の仲介を受けて、民主派と穏健派（敗北を重ねた寡頭派を解任した市内の「三〇〇〇人」はこう呼ばれる）が四〇三年秋に和解協定を交わすことで終結した[28]。

この和解協定の中にあって、アリストテレスも『アテナイ人の国制』第四〇章で「過去の不幸に対し他に例を見ぬほど立派に、ポリス市民の公共心をもって対処した」と称賛したのが、ほかならぬ忘却の協定、すなわち「何人も悪しきことを思い出すべからず」の誓い（同時代的に「和解」と「協定」と「誓い」はほぼ同義に用いられた[29]）である。具体的には、「三十人僭主」政権下における寡頭派の犯罪行為（「三十人僭主」など政権中枢の役職者は除く）と国家に対する犯罪行為の免訴である。

ロロの『分裂した都市——アテネの記憶の中の忘却』（一九九七年）によれば、この「何人も悪しきことを思い出すべからず」の誓いの目的は、なによりアテネ市民の和解と民主主義の再生にあった。そしてそのためには、「あたかも何も起こらなかったかのような、何も傷ついていないかのような連続性を回復する」ことが必要であった。連続性とは「前五世紀の民主主義と和解後の民主主義との連続性であり、独裁によって開いてしまった傷口をほんの小さな挿話としてあつかわない限り、想像することがより難しくなることが確かな連続性」のことである[30]。寡頭支配と内戦の記憶を忘却することで、再生民主主義を内戦前の民主主義の経験に直結させたのである。なによりそれは、「三十人僭主の血塗られた寡頭支配の後では、「悪しきことを思い出す」ことの禁止が、民主的な和解を確固たるものにする」からであった。ロロは、「このエピソードを一つの範型として、われわれはそれを恩赦、しかも最初の恩赦と呼ぶ」と述べるのである[31]。

以上に言及した事例や歴史学研究をもとに、極端な暴力と内戦によって切り裂かれた政治的共同体には、過去の対立の忘却によってこそ和解と再生とがもたらされるというテーゼを総合的に論じたのが、マイヤーの『忘却の命令と想起の不可避性』(二〇一〇年)である[32]。この書物は、小著ながら、古代ギリシアから民主化後のスペインにいたるヨーロッパ史の事例を素材に、忘却が政治や社会で果たす役割を論じた代表的な作品といえるだろう(ドイツに関しては、第一次世界大戦をドイツ人は怨恨をもって想起し続けたことが結果としてドイツ人を第二次世界大戦に駆り立て、逆に第二次世界大戦後のドイツでは忘却と恩赦という対処が一定の成果を収めたことが強調される)。

このマイヤーの指摘に関しては、アライダ・アスマンが、「マイヤーの本はたいてい、歴史研究書として読まれるよりは、ドイツの想起の文化に対する歓迎すべき、学問的なお墨付きをもらった、定番の反駁書として推奨される[33]」として、マイヤーの議論が想起の文化を否定し、ある種の「忘却の勧め」として読まれてしまうおそれがあることに警告を発する。その一方で、「いかに精力的に行われ、社会に根づいた想起であっても、大惨事や大規模暴力を防ぐことはできないし、逆に新たな紛争や不当な干渉が、実際に経験され、想起された暴力を引き合いにだして生じることさえある。その意味で、「活発な想起は再発を排除しない」というマイヤーの結論は的を射ており、傾聴に値する」（ドイツ人のアウシュヴィッツの想起も例外ではない[34]）との評価も存在する。

ヨーロッパ各国の実例をみれば、一時的なものであるにせよ、和解創出や紛争解決にとって忘却が必要となる場合は存在するというのが実情であろう。しかし、たとえ忘却がある局面でそうした必要な手段として用いられたとしても、ほとんどの場合にそれは恒久的に維持されえないというのもまた事実なのである。

**忘却の形態論**

忘却に一定の効果があることは認められよう。しかし、それが限定的な条件の下での歴史的現象であることもまた確かである。忘却には効用もあれば弊害もあるという、ある意味では当然のことが確認されなければならない。忘却は多義的な現象なのである。したがってまずは、その実態を具体的に明らかにする必要がある。

そうした試みは二一世紀に入ってなされ始め、本格的なものとしては、シャクター[35]を嚆矢とし、それにコナトン[36]やアライダ・アスマン[37]が続いている。それをまとめたのが、［表1］である（ちなみにシャクターとコナトンが偶然ながら七種類の忘却の事例を挙げたことにならって、アスマンも七つの事例を挙げるとしている)。

シャクターは心理学者であり、認知心理学と脳科学の分野から取られた事例は、個人の記憶のメカニズムと機能に関するものである。また、必ずしも忘却そのものを正面からあつかったものでもない。しかしシャクターは、七つの記憶力の機能不全の事例をもっぱら否定的にとらえるのではなく、それは新たな状況に対応するために人間の認知システムが示す適応力でもあるという立場を強調している。こうした立場を知れば、集団的忘却も、新しい社会状況への適応という側面をもつことに注意を向けざるをえない。

社会における忘却のさまざまな形態と事例を集めたのが、人文社会科学の分野における記憶研究の代表であるコナトンとアスマンである。この二人の挙げる事例には重複も少なくなく、両者を比較すれば、次の四つが政治あるいは社会における忘却として注目すべきものであるということが理解される。

第一は、コナトンは「抑圧的抹消」と、アスマンは「抑圧的懲罰的忘却」と名づけたものである。政敵や反対派から現政治体制を守るために、それらの存在の痕跡を歴史から強制的に消去するものである。ともに古代ローマの「記憶の断罪 damnatio memoriae」や二〇世紀の全体主義体制による言論統制をその典型的な発現形態と考えている。この種の忘却には、コナトンもアスマンも個人の意思と自由に反して権力が強いるものという意味での否定的な評価を与えている。その一方で、以下の三つの忘却の形態には、広く社会的統合作用をもつという意味で肯定的評価が与えられている。

**表1　忘却の諸形態**

| | | | | | | | |
|---|---|---|---|---|---|---|---|
| シャクター | **希薄化**<br>(transience) | **注意力の欠如**<br>(absent-minded-ness) | **妨害**<br>(blocking) | **誤った結合**<br>(misattribution) | **暗示されやすさ**<br>(suggestibility) | **偏向**<br>(bias) | **執拗な持続**<br>(persistence) |
| | 細部の記憶は時間とともに薄れる．詳細な記憶の再生は，一般的な記憶や不正確な細部の粗雑な組み立てによって再構成されるため，元の記憶に歪みが生じる． | 新たな情報を既知の情報（連想，物語，視覚イメージなど）と結び付けて記憶するというコード化が首尾よく行われず，記憶が適切になされていない状態が生じる． | 知っているはずの情報が何かに抑制されて思い出せない状態が生じる． | ある状況を構成するさまざまな部分を関連させて記憶する「記憶結合」が不完全な場合に，部分的には正しい記憶があっても全体としては記憶の混乱や錯覚が生じる． | 外部から暗示される情報の影響のために記憶の歪みが生じる． | 記憶の修正や捏造の諸形態：現在を過去からの過度の「一貫性」あるいは「変化」の相でとらえる偏向，「結果論」的偏向，「自己中心的」偏向，「ステレオタイプ」による偏向など． | ある出来事の記憶が，楽しいものであれ苦しいものであれ，忘れられることなく持続する（後者の深刻な例がPTSD）． |
| コナトン | **命令された忘却**<br>(prescriptive for-getting) | **新しいアイデンティティー形成のための忘却**<br>(forgetting in the interests of shaping a new identity) | **消去としての忘却**<br>(forgetting as annulment) | **抑圧的抹消**<br>(repressive era-sure) | **構造的忘却**<br>(structural am-nesia) | **計画された衰退としての忘却**<br>(forgetting as planned obsoles-cence) | **屈辱の沈黙**<br>(humiliated si-lence) |
| | 激しい対立や内戦を経験した社会において，暴力と報復の連鎖を断って和平と社会的結束を実現するために，過去の解明や責任追及を行わない．しばしば国 | たとえば，人的流動性の激しい東南アジア社会では，祖先や過去を想起することで，住民同士の横のつながりを新たに育むことが人々のアイデンティティーを形成する．近代化は， | 知識と情報の増加に対する対策．近代国家による文書館整備からコンピューターによるデータ保存，さらにインターネット空間での情報共有を通じた記憶負担 | 体制への反対派や政敵の粛清，旧体制との断絶を誇示するためにそれらの存在の痕跡を抹消する．古代ローマの「記憶の断罪damnatio me-moriae」から | 社会の構造的特徴がもつ選別的伝承機能．例として，特定の社会における家系と系統の特質（ある父系社会の家族における母方尊属の軽視）や調理法の | 資本主義経済の消費システムにおける商品やサービスの「寿命」→商品やサービスのそうした「期間限定性」が価値を生む．新しいものを尊び古くなったものを忘れる精神が消費 | 国家の指示というよりは，市民社会に発する屈辱的な過去に対する集団的沈黙．例として，第二次世界大戦中のドイツの諸都市に対する空爆についての沈黙と |

| | | | | | | | |
|---|---|---|---|---|---|---|---|
| | 家が呼びかける公的な性格をもつ。 | 経済的発展と精神的解放を通じた過去の文化的廃棄＝新たな集団的アイデンティティーの形成なしには語りえない。 | の軽減。科学の「パラダイムシフト」（クーン）もこれに該当する。 | 20世紀の全体主義体制まで広くみられる現象。博物館における恣意的な展示といった非暴力的な形態もある。 | 伝承（記憶と口頭により伝承される調理法は忘れられやすく、文字による伝承を通じた調理法は標準化ないし全国化する）など。 | を支える。 | タブー化（ゼーバルト『空襲と文学』）や、『ベルリン終戦日記 ある女性の記録』（レイプと生き延びるための性的な奉仕に関する記述がある）のドイツにおける黙殺など。 |
| アスマン | **自動的忘却** (automatisches Vergessen) | **保存としての忘却** (Verwahrensver-gessen) | **抑圧的懲罰的忘却** (repressives und strafendes Ver-gessen) | **犯罪者の免責のための防衛的共犯的忘却** (defensives und komplizitäres Vergessens zum Schutz der Täter) | **選択的忘却** (selektives Ver-gessen) | **建設的忘却** (konstruktives Vergessen) | **治療的忘却** (therapeutisches Vergessen) |
| | 新たな製品や科学技術、世代経験が古きものにとって代わってゆく。近代化の未来志向が積極的に肯定される。 | モノや情報の組織的保存（アーカイヴ）。その目的は、社会における過剰な情報と記憶の負担を軽減すること。 | 体制権力がその正統性確立や自己防衛のために、過去の検証制限や異論弾圧を行う。少数派迫害、「構造的暴力」による沈黙の強制、政敵の歴史からの抹消（たとえば古代ローマの「歴史の断罪damnatio memoriae」）。 | 権力者の犯罪の免責のための証拠隠滅。社会の側も現状の維持安定のために罪を等閑視して免責に加担するところに特徴がある。 | 過去に対する過剰な記憶は社会の革新や合理的機能を阻害すると考え、記憶対象の管理と限定を行う。個人や社会の自己像を肯定し、その目標を支持するものが記憶される。 | 新しい国家や政治体制の発足に際して、社会の新たな出発や政治的再生のために過去と無縁の「白紙状態」を創出する。激しい社会対立後の和平や和解、社会的統合にも資する。 | トラウマ経験の克服を、その隠匿や放置ではなく公的に語り知らしめることで行う。想起を通じて忘却にいたる「移行的想起」。社会制度としては各国の「真実和解委員会」が知られている。 |

そこで第二は、近代化や経済発展のために生じ、あるいはその過程で行われる過去との断絶を社会的忘却とみなすものである。コナトンの「計画された衰退としての忘却」やアスマンの「自動的忘却」がこれに該当する。これに連なるものとして、社会の発展にともなって増加する情報処理の負担の解消問題（コナトンの「消去としての忘却」とアスマンの「保存としての忘却」「選択的忘却」）をも加えることができる。かつて「新しいものをうけいれるべき場所を作りだすこと」という「能動的な忘れっぽさ」の効用、すなわち、「この忘れっぽさなしでは、いかなる幸福も、明朗さも、希望も、誇りももてないし、いかなる現在もありえない」ことを強調したニーチェの議論に連なる忘却の形態である。[38]

第三は、コナトンもアスマンも、激しい社会的対立や内戦を経験した社会がその終結後に社会的和平と結束を実現するために、あるいはそうした社会を統治する国家の正統性を高めるために、あえて過去にはふれず過去とは切り離された状態を創出することの重要性を指摘している。コナトンの「命令された忘却」とアスマンの「建設的忘却」「犯罪者免責のための防衛的共犯的忘却」に該当するものである。これに関しては、一七世紀のイギリスにおける名誉革命後に、新体制に向けられたあらゆる攪乱要因に対して「賢明精緻な遮幕」をかけてまで新体制を守らなければならないと喝破したバークの名が浮かぶことだろう。[39]

第四は、社会が新たなアイデンティティーを醸成する際に、当該民族にとって都合の悪い歴史的事実を無視するというものである。コナトンは「新しいアイデンティティー形成のための忘却」を指摘し、アスマンは「治療的忘却」として社会におけるトラウマ経験の抹消の重要性を説いていた。国民意識の中に過去に関する大きなタブーが存在し続けているという点に注目すれば、コナトンの挙げる「屈辱の沈黙」もこれとあわせて考えることができるかもしれない。「国民の本質とは、すべての個人が多くの事柄を共有し、また全員が多くのことを忘れていることです。フランス市民は誰一人、自分がブルグント人、アラン人、タイファル人、ヴィシコート人のいずれの後裔だか知りません。いかなるフランス市民も、聖バルテルミの虐殺、十三世紀の南仏で起きた虐殺を忘れていなければなりません[40]」というルナンの言葉がすぐさま思い浮かぶ忘却の形態である。

### 忘却の段階論

以上のようなコナトンやアスマンのような、できるだけ多様な忘却の形態を挙げるという議論とは異なり、さまざまな忘却を、発展論的あるいは段階論的に論じようとする貴重な試みが、リクールの大著『記憶・歴史・忘却』（二〇〇〇年）の中にある。

リクールは、記憶との関連で三種類の忘却を挙げる[41]。第一に「阻まれる記憶」としての忘却、第二に「操作される記憶」としての忘却、そして第三に「強いられる記憶」としての忘却である。「阻まれる記憶」としての忘却は精神病理学上の障害であり、「操作される記憶」としての忘却は権力や秩序の正統化のためにイデオロギー化ないし道具化された記憶であり、「強いられる記憶」としての忘却は記憶の制度的否認である。

第一の「阻まれる記憶」において忘却は個人の領域から公的な領域への広がりをもち、第二の「操作

図1　忘却の諸段階

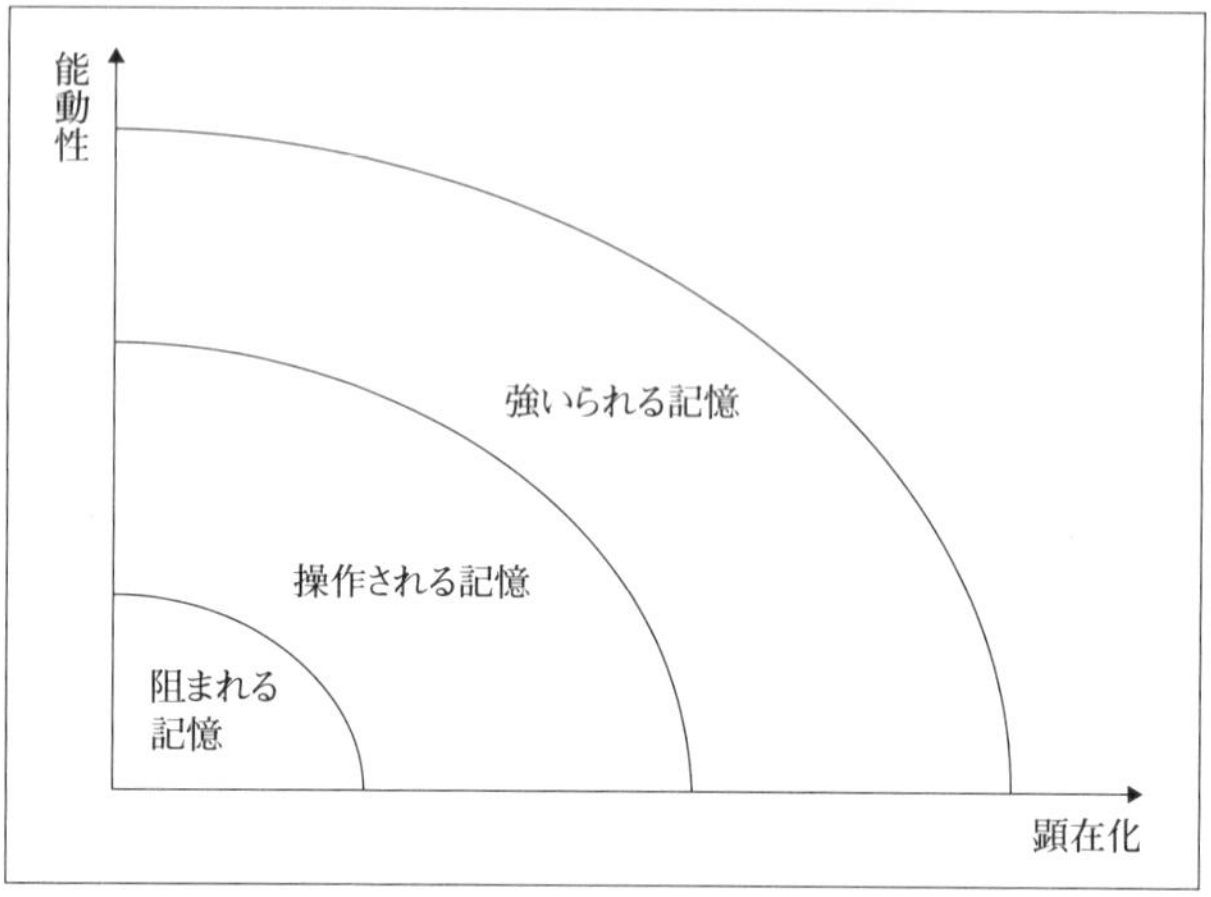


される記憶」と第三の「強いられる記憶」は多かれ少なかれ公的な性質を帯びる一方、これらの三つの忘却は、その顕在化の度合い（最も深層の忘却からよりはっきりと現れる忘却へ）とその能動性（作為性ということもできよう）の度合い（受動的で自然な忘却から能動的作為的な忘却へ）という二つの基準を考えることで、ある種の段階論を構成する[42]［図1参照］。

三つの忘却の中で顕在化の度合いも能動化の度合いも最も低いのが、第一の「阻まれる記憶」としての忘却である。次に、この「忘却の深層からさらに遠ざかっていると同時に、受動性の極と能動性の極との間にさらに広がっている忘却の形態」がある。それが第二の「操作される記憶」としての忘却であり、ここには広く権力の保持者による歴史や過去の記憶の操作が含まれるとされる。そして、最も顕在化し最も能動的な忘却として、制度化された忘却、とくに恩赦という司法的忘却がある。それは、市民の平和に影響する重大な政治的混乱に終止符を打つために、混乱の原因となった対立を「発生しなかったかのように」みなし、それを「思い出さない」ように義務づけるものである。

この第二の「操作される記憶」と第三の「強いられる記憶」に関しては、より具体的に次のように考えることができる。すなわち、内戦に代表される激しい対立の後に国民の結束の回復が必要となるような場合において、過去を忘れるという行為はしばしばその有効な手段となる。その際、「忘れるというプロセスは、恩赦（amnesty）のような司法的政治的行為にとどまるものではない。忘却（amnesia）、すなわち、集団的に何かを忘れるというある種の非公式な営為や、過去に関する対抗的物語（counter-narrative）を作り出すこともまた、大きな役割を果たすかもしれないのである」[43]。

これを要するに、激しい紛争を経た社会の和平回復の重要な手段として、忌まわしい過去を公的あるいは集団として忘れることが有効な場合があり、立法あるいは司法政策による恩赦はその最も制度化されたものである。それに加えてさらに、歴史や過去に対する解釈を現在の社会の結束に資するようなものにすること、そうした物語を作り出すこともまた、和平実現のための重要な忘却の行為となることがある。

**注目すべき忘却の現象**

以上のリクールの忘却の「段階論」と、先の忘却の「形態論」を照らし合わせると、次のようなことを指摘することができよう。

第一に、リクールは、コナトンもアスマンも否定的な評価を下した、現政治体制を守るための政敵や反対派の記憶の強制的抹消にはふれてはいない。かりにリクールの図式に位置づけるとするならば、明らかに「強いられた記憶」であろう。

第二に、コナトンもアスマンも関心を抱く、社会経済的発展にともなう過去との断絶としての忘却も、リクールはその図式の中に取り込んではいない。この種の忘却は、ニーチェが唱えたように非常に包括的なものである。それは多かれ少なかれ、政治や社会が新たな出発を迎える際に必要である一方、政治の分析対象としては、より具体的な局面に注目する必要があるかもしれない。

第三に、コナトンとアスマンの類型論とリクールの段階論がまさに重なる忘却現象がある。

まず、リクールが「強いられる記憶」の例として挙げる恩赦は、政治権力や法律や政令によりなされることが大半であり、それゆえに、まさに「強いられる記憶」の代表例にほかならない。恩赦は、コナトンやアスマンの場合、バークの名を挙げて紹介した忘却の最も制度化された事例となろう。戦争や激しい社会的対立を経た社会の結束や新体制の正統性を高めるための忘却である。ただし、そうした形態の忘却は「強いられる記憶」のように必ずしも強制的な性格をともなうわけではなく、リクールのいう「操作される記憶」に属するものもあるだろう。

他方、コナトンとアスマンの議論に関連してルナンの名を挙げて言及した忘却、すなわち、社会が新たなアイデンティティーを醸成する際に、その社会の住民に不都合な歴史的事実を無視するという忘却は、リクールによれば、新たな体制や国家の正統化のための「神話」や「物語」として「操作される記憶」に位置づけられている。しかし、公定の教科書や歴史解釈の存在を考えれば、「強いられる記憶」にまで進んだその種の忘却も存在する。

本書の主たる関心は、コナトンとアスマンの忘却論とリクールの忘却論が重なり合う部分にある。すなわち、新たな国家や政治体制の正統化のための「神話」を通じた「過去の忘却」や、恩赦による過去の犯罪行為の免責という形の「過去の忘却」に主に注目する。それらはさまざまな政治主体が参加する具体的な政治過程あるいは政治力学の中で展開される現象であり、まさに「忘却の政治」と呼ぶにふさわしい現象だからである。

なお、通常、政治や歴史における忘却といって、以上のような内容を考える者はあるいは少ないのかもしれない。そして従来の歴史の中では無視ないし関心を抱かれなかった存在（多くの場合、さまざまなマイノリティ集団である）が「忘れられた」存在であり、そうした「忘れられた」存在を生み出す政治が「忘却の政治」の名においてあつかわれるべき対象なのかもしれない。もちろんそのような作業は重要であり、今後も個別の歴史研究が多くの「忘れられた」存在に光を当てる作業に従事することだろう。それに対して本書は、通常に考えられるのとは異なる、しかし極めて興味深い「忘却の政治」を対象とする書物を目指している。

## 2　「忘却の政治」

### 「神話」の創造

新たな国家や政治体制の正統化のための「神話」創造や、恩赦による過去の犯罪行為の免責の中に、「忘却の政治」の展開をみることができるというのが本書の立場である。たしかに、前者は体制のイデオロギーや国民のアイデンティティーに関する問題であり、後者は特定の司法政策についての問題である、という相違は存在する。ただし両者には、主に体制の移行期において、過去の重大な政治的事実を不問に付すという姿勢が広く共有されているとみることもできる。

そこで、改めて次の問題を考えることにする。なぜ新国家の建設時や新体制の発足時に過去の特定の政治的事実が不問に付されることがあるのか、なぜ「忘却の政治」が展開されるのか――それには実にさまざまな理由があろう。まずは非常に明白な例から検討する。

先に述べたように、忘却の類型の一つとして、ルナン的ともいうべき忘却があった。すなわち、「社会が新たなアイデンティティーを醸成する際に、当該民族にとって都合の悪い歴史的事実を放置する」という忘却である。フロイトは、より直截な表現でこの種の忘却について、「ある民族の伝統や伝説の成立において、民族感情にとって都合の悪いことを想い出から排除し抹殺しようとする動機が働いているのを勘案しなくてはならない(44)」と指摘している。

「不都合な事実」の隠蔽という形の忘却は、新しい国家や政治体制の出発にあたって、それらの正統性を維持し高めるためにしばしば必要なものとなる。そして、非民主的な独裁国家あるいは独裁国家への協力体制が崩壊した後の民主的な国家や政治体制の場合、最も「不都合な事実」とは、新たな国家や政治体制の担い手（ここには政治家をはじめとする指導層のみならず一般の国民も含まれる）が、何らかの形で倒壊した独裁と関係をもっていた（最悪なのはその体制に属していた、あるいは協力していた）という事実であろう。現時点から振り返るならば、二〇世紀後半のヨーロッパの民主的国家にあっては、そのような関係と無縁でいられた国家や国民は少なかったといってよい。そうであったがゆえに、独裁後の民主的な国家や政治体制の発足にあたっては、ほとんど例外なく過去の独裁や協力体制との断絶が強調された。換言すれば、その断絶を強調して新たな国家や政治体制の正統化を行うために、国家ごとに独自の「神話」が創造され、広められることになったのである。

では、否定されるべき過去と現在との断絶を際立たせるためには、どのような「神話」が有効か。それを最も効果的に行いうる「神話」は、新たな国家や政治体制の担い手が、自ら独裁国家を倒す原動力となったということを内実とするものである。この種の「神話」の典型例は、第二次世界大戦後のフランスやイタリアにみられたような、ナチズムの占領支配を自国内のレジスタンス運動が打倒したという「レジスタンス神話」である(45)。あるいは、レジスタンス運動のカリスマ的英雄が崇拝され、その威光が新国家を支える源泉となる場合もある。戦後ヨーロッパではドゴールの「英雄神話」がその最も知られた事例であろう。

レジスタンスやカリスマ的英雄が不在の場合でも、独裁国家と無縁であることを強調することができる。戦後のスイスのように、第二次世界大戦において自国が「中立」的立場をとったことを誇示するという方法である。これもまた、実際に「中立神話」として機能した。

さらに、抵抗運動がなく国際的な中立的立場にもなかった場合でも、独裁国家との隔絶を示す「神話」を創造することは可能である。その典型的な事例として、たとえば戦後オーストリアの、自らがナチズムの犠牲者であったことを強調する「犠牲者神話」を挙げることができる(46)。

加えて、ナチズムを究極的な絶対悪とみなすような言説も、自国の非民主体制の犯罪性を相対化ないし隠蔽するための極めて有効な手段として、各地でしばしば語られる「神話」であった。

以上の「神話」は、新たな民主的な国家や政治体制が忌まわしい過去と無関係であることを強調するものであり、第二次世界大戦後のヨーロッパ各国で(とくにその発足時に)創造された「神話」の代表的なものである。しかし、戦後のヨーロッパ各国を例にとれば、忌むべき過去の体制との断絶を際立たせるのではない、もう一つのタイプの「神話」を見出すことができるだろう。それは、国民の「和解」や「結束」を称揚することを内実とする「神話」である。

このタイプの「神話」が必要とされるのは、現実には過去との決別を徹底して行うことが困難だからであり、それどころか、独裁体制あるいはその協力体制を支えた人間をも、新たな国家や体制において活用しなければならない場合も少なくないからである。そもそも過去との断絶を断行することが、新たな国家や政治体制の正統化に資するのではなく、社会の亀裂をさらに深めて新秩序の不安定要因となることもありうる。つまり、国民の中での「友」と「敵」の峻別よりも、国民的な結束と統合がより重要で必要な課題となるような場合には、国民の「和解」や「結束」が演出される可能性が高いのである。時間的経過と社会的変容にともない、旧体制との決別という姿勢が必ずしも十分な正統化機能をもちえなくなる場合も、そのような演出が試みられる場面となる。その際、経済成長をはじめとする体制側の政策パフォーマンスの良好さ（それを通じた国民的統合の実現）が喧伝されることが少なくない。

### 恩赦と移行期正義の追求の限界

「忘却の政治」の展開を、新たな国家や政治体制の正統化のための「神話」の創造やその普及の中に認めることができる、ということを論じた。それに続いて検討すべきは、リクールの忘却の段階論にいう最も制度化が進んだ忘却としての恩赦である。

改めて問えば、なぜ恩赦の実施が「忘却の政治」を展開させるといえるのだろうか。まずもってそれは、過去の特定の不都合な政治的事実を不問に付す、より具体的には、犯罪を行った者が受けるべき刑罰を免れるからであろう。そうだとすれば、この恩赦の実施という「忘却の政治」を次のようなもう少し広い文脈でとらえることもできるのではなかろうか。

独裁体制から民主主義体制への移行期あるいは民主体制の建設期に、旧体制の指導層が受ける処遇は司法的判断とその結果としての刑罰だけではない。公職追放といった行政的処分もあろう。また、独裁体制から弾圧を受けた側が独裁体制下で被った損害や抑圧に関して復権や補償などの救済を受けることもある。これらの対応は、政治学において「移行期正義」と呼ばれる価値ないし理念の実現のための具体的な措置にほかならない。それゆえに恩赦は、しばしば、過去の不都合な政治的な事実を封印して移行期正義の実現を阻むものとみなされ、したがって「忘却の政治」を展開させるものと位置づけることができるのである。

このように考えれば、恩赦のみならず、そもそも移行期正義の実現の前に立ちはだかるさまざまな障害を「忘却の政治」を構成する要因と考えることもできるのではなかろうか。移行期正義をめぐる政治学の議論の中では、実際に移行期正義の追求の限界についての指摘がなされている。したがって、「忘却の政治」としての恩赦の検討を行う前に、まずは、移行期正義とその追求の限界としての「忘却の政治」という問題について考察しておくことが有用であろう。

そこで、改めて「移行期正義」とは何だろうか。

通常、内戦による国内対立の克服や非民主主義体制からの脱却が試みられる場合、より民主的で公正で平和な社会を築くために、過去に行われた人権侵害や大量虐殺などの深刻な負の遺産を克服するための政治的あるいは社会的な取り組みがなされることが多い。体制移行期におけるこの種の取り組みが目指すものを移行期正義という。

第二次世界大戦後のヨーロッパにおいて、この移行期正義の実現が問われたのは、いうまでもなく、戦後の各国が、ナチズム、そして各地でナチズムに協力した勢力をいかにあつかうのかという問題に直面したからである。ドイツ史の文脈では、いかに「過去の克服」を行うかという形で問われる問題である。「過去の克服」という言葉は当初、必ずしも肯定的な意味をもたず[47]、さらに後述のように、それがドイツ特有の現象であるという含意もあった。しかし今日では、この言葉は民主化過程における過去の犯罪行為の反省や被害者への補償といった、肯定的でしかもドイツに限定されない普遍的な意味を帯びるようになっている。したがって本書では、このような現代的意味を込めてこの言葉を、ドイツのみならず他国にも使用することにする。

もっとも、政治学の世界で移行期正義が注目を集めるようになったのは、ラテンアメリカの民主化が本格化する一九七〇年代末以降のことである。そのため、ナチズムやナチズムへの協力体制に関する「過去の克服」が、移行期正義の問題として明示的に論じられることは必ずしも多くない。しかし、実質的には「過去の克服」をめぐる議論と移行期正義の実現に関する議論とはほとんど重なる。

もちろん、第二次世界大戦後のヨーロッパにおいて非民主主義体制からの体制移行は第二次世界大戦後の時期で終結したわけではない。一九七〇年代にはいわゆる南欧諸国、すなわちスペインやポルトガル、ギリシアの権威主義体制が、さらにその後、一九八九年には旧東欧諸国における共産主義体制が体制移行を経験した。そして、移行期正義の実現は、これらの体制移行（民主化）の成否を決める重要な要因と位置づけられている[48]。

そのような移行期正義に関する議論において、非民主主義体制が倒れ民主主義体制が目指される場面で、移行期正義の追求に制約が課されたり、あるいは移行期正義に反するかのような政策が講じられたりすることがしばしば指摘されている。先に示唆したように、そうした事実は、旧体制たる非民主主義体制下での特定の政治的事実を不問に付すという「忘却の政治」の展開を物語るものにほかならない。

現在、移行期正義の実現については、ニュルンベルク裁判に代表される刑事的な「処罰」にも、それにかかわる方策として注目されるようになった、南アフリカ共和国の事例を代表とする真実和解委員会を通じた「和解」にも、さまざまな批判が寄せられている。それらの批判の中で注目すべきなのは、移行期正義は単一の方策によって実現されうるものではない、というものである。移行期正義の実現は、「全体的アプローチ a holistic approach」を要するというのである。[49]「全体的アプローチ」とは、移行期正義は、旧体制の政治指導者の刑事訴追だけでも真実和解委員会の活動によるだけでも実現することは難しく、そのほかのさまざまな手段を組み合わせる必要があるという立場である。移行期正義の実現のためには、人権蹂躙を受けた犠牲者への補償、裁判所や警察や諜報機関などの国家機構の改革、性的暴力への対処、犠牲者と過去の迫害に対する公的記憶を保持するための記念碑や博物館の建設なども必要とされるようになっているのが現状である。

これらの方策が十分に機能しない場面に「忘却の政治」の展開をみることができよう。ただしここで留意しなければならないのは、独裁や権威主義体制が倒れた後に、その過去に対する姿勢は、必ずしも移行期正義の実現を目指すものであるとは限らない、という点である。この現実を念頭に過去への対応を考えるならば、それは移行期正義の実現のための諸措置よりもさらに多くの手段を含むことになろう。実際、ドイツの政治学者ライヒェルはそのようなリストを作成している。ライヒェルは、「過去の克服」という概念、あるいは常にナチズムの過去との関係を問い続けていることはドイツ特有のことであると思われがちであるとしつつも、現在では「過去」への対処がドイツ特有の現象であるかのような印象も払拭され、独裁後の民主化過程において各国で展開される現象になっているとする。そして次のような「過去」へのさまざまな対応を挙げるのである。(50)

①過去の大幅な無視
②政治的一掃（パージ）
③司法的措置（裁判）
④恩赦
⑤「真実和解委員会」
⑥被迫害者への物質的補償

②③⑤⑥は移行期正義の実現戦略であり、先に述べたように、これらの機能不全として「忘却の政治」を考えることができる。これに対して、①は露骨な「忘却の政治」であり、また④は「過去の忘却」の最も制度化された形態にほかならない。移行期正義の実現を進める立場からは、①は移行期正義の否定であり、④はその追求の放棄であると非難される。(51)しかし、ここでの目的はそうした非難に与することではなく、いかなる具体的な状況の下でそのような「忘却の政治」が現れるのかを検討することである。

そこで以下では、まず、「忘却の政治」が行われる具体的な背景を、移行期正義の実現の限界という観点から論じる。それに続いて、「忘却の政治」の最も制度化された形態であり、移行期正義の追求の放棄と非難される「恩赦」がなぜ行われ（続けてい）るのかという問題を検討することで、同じく「忘却の政治」が出現する具体的状況を論じることにする（したがって、両者には重複する部分が多くある）。

なお、①の「過去の大幅な無視」に関しては、たとえばある国家がその国の過去の恥部を一方的に隠蔽する態度一般がそれにあたる。歴史問題に関して体制の最も批判さるべき姿勢であろう。しかし興味深いことに、そうした過去の無視ないし否定の動きは社会の側からも発せられることがあることに注意しなければならない（第3章の2で論じる旧東欧諸国における「ホロコースト否定」論はその典型である）。

**何が移行期正義の実現を阻むのか**

真実和解委員会に関する研究の第一人者であるヘイナーは、その主著『語りえぬ真実——真実委員会の挑戦』の中の「過去を不問に付す」という章で、「公式に真実を確立する欲求……が欠如している事態」が生じる国に共通する要素として、次の四つを挙げている。[52]

①否定的結果に対する恐怖——もしもかつての犯罪が取り上げられれば[53]、暴力が増加し、戦争状態が

ぶり返し、あるいはいまなお続く暴力や戦争状態の終息が遠のく、といった感覚が広がっていること。

②政治的関心の欠如――真実追求にたいする政治指導者の関心がほとんど、あるいはまったくない。また、非政府組織による政治指導者へのアピールが不足している。

③他に優先事項がある――戦争状態や暴力から帰結する極端な破壊状況では、一般的な志向として、生き残りと再建活動が優先される。真実追求プロセスを遂行するための制度的基盤を欠く。

④他の選択肢が選ばれる――固有の国民的特性が、真実追求を不必要あるいは望ましくないものとみなしている。たとえば、地域に根ざした非公式のメカニズムが暴力に対応している場合や、紛争に対し直接的に向き合うことを避けようとする文化の存在など。

以上は、「真実和解委員会」による移行期正義の追求を制約する要因を挙げたものである。しかし、これらの要因が移行期正義の追求を妨げうるのは、同委員会を通じた移行期正義の実現の場合に限られないであろう。

このヘイナーの指摘に関し、②と③については単に政治的指導者たちが真実追求に関心を抱かない、あるいは単に優先事項が存在している、というだけでは不十分であり、「記憶することが自明の前提であることmemory assumption」が崩されるためには、無関心であるという姿勢や優先されるべき事項に対し、政治的指導者の間で「合意」が成立していることが必要である、との批判がなされている。(54)

この批判は移行期正義研究の先駆者であるエルスターが、移行期正義追求の制約条件として「多様な政治主体間の交渉」で民主化が行われることを挙げているのに符合するものである。エルスターによれば、体制側と反対派側の「交渉による移行 negotiated transition」は、必然的に政治指導者間の合意と妥協をともない、その結果として、主として旧体制側に配慮して移行期正義の追求が鈍ることが往々にして生じるという[56]。鋭い社会的亀裂を抱える民主主義国家の安定性を、社会の各「区画」を代表する政治指導者の妥協と合意にみたレイプハルトの主張を想起すれば、この点に関する理解がさらに深まるであろう。レイプハルトが提唱した多極共存型民主主義にとって重要な「区画の自律性 segmental autonomy」の尊重とは、実際には、社会を分断する問題の非政治争点化、あるいはそのような問題への取り組みを断念（忘却）することにほかならない。

また、エルスターによれば、交渉に加わる政治主体は国内主体に限定されず、たとえば戦後ドイツの移行期正義の実現が、アメリカ政府内の意見対立（経済再建と正義実現に関する、モーゲンソー（経済的弱体化と政治的正義の追求）とスティムソン（経済再建と法的正義の追求との対立）によって妨げられたといったケースもある。

エルスターは、移行期正義の制約としてさらに次の二つを挙げている。

まずは経済的制約である。より広くは「財源と人材の欠乏」のゆえに移行期正義の追求が困難となるケースである。たとえば、一九四四年にフランス臨時政府が対独協力者の公職追放を行おうとした際、「非妥協姿勢を示すことはよい、しかしそれは業務の機能を損なわない限りのことである」という姿勢がとられたという。[57] 総じて「移行期正義は、一九四五年の後の西ヨーロッパでは経済的再建と、一九八九年の後の東ヨーロッパでは経済的転換と、諸資源の奪い合いをしなければならなかった。戦争あるいはひどく非効率的な経済組織によって打撃を受けた国々では、犠牲者に対する補償は必然的に厳しく制限された。一九四五年の後は、経済的な協力者に対する訴追も経済再建の必要から制約された。同じ理由で、熟練した行政官の数もしばしば不足した[58]」のである。

エルスターはさらに、民主化過程の中でさまざまな要望が出され、移行期正義の追求に優先して別の課題が合意の上で実行されるという、「両立しない諸要求」を挙げる。たとえば、戦後オーストリアでは、非ナチ化と経済再建に関する優先順位が急速に後者に傾いていった。[59] また、戦後ベルギーでは、「過去の克服」はさほど重要性のある問題とはみなされなかったという。[60]

以上を要するに、次のような場面において移行期正義の実現が妨げられて「過去の忘却」がなされ、その結果として「忘却の政治」が展開されると考えることができるだろう。

①内戦や社会的対立、復讐の連鎖に対する恐怖心や不安が高い。
②社会的対立が錯綜し、誰のどのような責任を追及すべきなのかが確定できない。
③移行期正義の実現よりも優先すべき課題が行われる（その際、なすべき課題が政治指導者間の合意に基づいて決められることが多い）。
④移行期正義の追求のために要する歳出や人的資源の喪失が大きい。

⑤移行期正義の実現を好まない政治文化がある（過去に対する別の対処の仕方が好まれる）。

**恩赦の機能**

先に述べたように、恩赦は、「過去の克服」の一戦略であると同時に、「過去の忘却」の最も制度化された形態である。

ここで恩赦とは広義の意味で用いている。広義の恩赦の中には、犯罪者個人に対する刑罰の一部もしくは全部を免除する（したがって有罪判決を受けた者に与えられる）行為のみならず、公訴権そのものを消滅させる（したがって被疑者にも与えられる）行為も含まれる。日本の恩赦法[61]では、前者を「特赦」、後者を「大赦」と呼んでいる。しかし英仏独語では、後者は amnesty/amnestie/Amnestie と呼ばれ、この訳語として「大赦」が用いられることが一般的である一方、前者の pardon/grâce/Begnadigung は「特赦」ではなく「恩赦」という訳語があてられることが多い[62]。この「恩赦」（日本の恩赦法にいう「特赦」）が狭義の恩赦である。ここでは大赦と恩赦（狭義）の違いをとくに強調することはせずに、これらをあわせて恩赦と呼ぶことにする。

先に述べたように、恩赦が国際政治における平和や和解のための手段として用いられた歴史は長い。しかし、一九九〇年代以降に移行期正義の議論が国際的に活発になり、国際刑事裁判所の活動も始まって「不訴追」が次第に批判の対象となると、平和と和解の追求を恩赦に依存して行うことへの反対が強まった。「正義の連鎖 justice cascade」や「責任における革命 revolutions in accountability」と呼ばれる国際的潮流が強まったのである。後述のように、国際連合も、こうした潮流を背景に、恩赦に対する立場を転換させた。

恩赦の実施をめぐる現状は、「和平合意における恩赦が次第に批判的に見られるようになっている一方で、それを禁止する法的ルールがいまだ具体的に確立していない」というものであろう[63]。そうした現状において「国際法学者の中には、恩赦にいたる扉にほんのわずかでも隙間ができると、無節操な政治家がそれを大きくこじ開ける可能性があると心配する」人々が多いのも理解できる。しかし、「和平交渉にあたる人々には、恩赦は真正面から考えるべき選択肢などではなく、むしろいかに稀なことであっても、ここぞという状況の中で紛争を終わらせるひとつのメカニズムとして、道具箱の底に入れておくべきものだと伝えた方がいいだろう」というのがバランスの取れた立場ではなかろうか。

より詳しくは、恩赦については次のような評価が妥当であろう。「言うまでもなく、正義と法が、ことに重大な犯罪者に対して行われることはつねに望ましいことだ。刑事裁判によってであれ、それよりは穏健な真実和解委員会のような組織によってであれ、こうした犯罪者たちに判決が下されることは、被害者の権利に応えることにも、また多くの場合、平和な移行期を確保することにも、まことに大きな貢献をなす。しかし、こうした場所で、寸分も妥協を許さない絶対的要求を掲げることはつねに危険だ。平和と正義とは、二つながらともに追求されなければならない。しかし、時として平和は、正義を犠牲にしてしか得られないことがある。逆に言えば、あまりに多くの正義を求めることで、平和が死に絶えることもありうるということだ。恩赦が国際法によって禁止されているといった主張、あるいは免責が必然的にさらなる紛争を呼び起こすといった主張は、いずれも誇張されたものだ。こうした主張に典型的に見られるような、この問題へのあまりに厳格で柔軟性を欠くアプローチは、非生産的なものにならざるをえない[64]」。これは、「過去の忘却」が常に悪であるとは必ずしもいえないとする立場にほかならない。

### なぜ恩赦は実施され（続け）るのか

実際、恩赦はなくなってはいない。国際法における恩赦研究の第一人者であるマリンダーによれば、恩赦法の制定をはじめとする恩赦措置の数は、第二次世界大戦終結から二一世紀初頭にいたるまで、減少するどころか増加傾向にある（一九四五年から二〇〇五年までの世界各国で行われた恩赦措置の四〇一事例の導入時期からの判断[65]）。

それはなぜなのだろうか。彼女によればそれは、国際刑事司法や移行期正義の思想の広がりにもかかわらず、国家や国際社会には、なお、激しい暴力の時代には恩赦が和平達成のための必要な妥協であるという考えが残っているからであるという。より広く恩赦の事例を集めたジェフェリー（一九七四年から二〇〇七年までの六三六事例）も、同じく恩赦の増加傾向を指摘する。期間全体を通じて恩赦が真実解明と暴力停止に貢献したこと、また、とくに一九七〇年代から一九九〇年代については、恩赦が民主主義体制への円滑な移行のための手段として大きな役割を果たしたことをジェフェリーは強調する[66]。

恩赦が特定の政治的局面における必要な措置であるとするならば、国家はどのような理由をもってそう判断するのだろうか。マリンダーの多様な事例を取り入れた分類（一九四五年から二〇〇七年までの四六四の恩赦措置を実施理由別に分類）によりながら、そもそもなぜ国家は、「過去の忘却」の最も制度化された形態である恩赦を行うのかという問題を具体的に考察する。(67)

①社会における不安や圧力の緩和のために

マリンダーがまず挙げるのは、社会不安や社会からの圧力に直面した政府が、それらを緩和するために恩赦を行う、というケースである。その際、政府の直接的な意図は多様である。

政府の意図としては、第一にその権力基盤の定着がある。すでに安定的な権力基盤を確保した政府がいっそうの基盤増強のために行う恩赦もあれば、反対派分断のために行う恩赦もある。不人気な政策の導入や経済悪化にともなう不満を和らげるための恩赦もある。第二は、暴動や大衆蜂起などの深刻な社会不安の平定という意図である。軍部の重要人物に対する恩赦は、軍部による体制転覆という重大な社会的混乱を未然に防ぐための先制措置、あるいは軍部への懐柔措置という性質を帯びる。第三は、深刻な人権蹂躙をもたらしつつある暴力の停止である。それは反対派への「飴と鞭」の「飴」であったり、強硬派を孤立させ反対派を分断したりする。これらの恩赦は、しばしば政府の他の（政策）目標――権力基盤の安定化、不人気な政策の実施、軍部の政治不介入の確保など――が円滑に行われるための補完的な機能を期待され、あるいは他の政策とパッケージで行われる。

ただし、国連は暴力停止の手段としての恩赦に一九九〇年代までは寛容な態度をとっていたものの、現在では、恩赦を通じた暴力の停止、とりわけ重大な人権侵害が行われている場合に恩赦を用いることに対して批判的な姿勢をとるようになっている。(68)

②和解のために

政府は国内の対立を解消し、和平を実現して各勢力の和解を実現するためにも恩赦を行う。厳密に区別はできないものの、和解にはいくつかの種類がある。

まず、「国民的団結」として実現される和解がある。ファシズムのような独裁体制の重要人物やそうした体制に協力した者に対する恩赦、あるいは内戦後に行われる恩赦の多くは、国民の結束のために必要なものとして正当化される。そこには、憎悪に満ちた亀裂を修復して国民の結束を回復するためには、過去の犯罪を処罰すること――それは対立や緊張をかえって増幅する――よりは、過去の人権蹂躙を不問に付すことの方が有効であるという政治的判断がある。

過去の犯罪行為を不問に付すこと、これこそが忘却による和解にほかならない。和解のために過去の犯罪や行為の責任を問わないことが必要であると判断される場合に、しばしば恩赦が行われるのである。こうした恩赦は、反体制派からの要求を受け入れて行われることも、権力の座にある者が自身の過去の犯罪を隠蔽するために行われることも、そしてまた、暴力の時代の終焉の象徴として行われることもある。

このような恩赦は、別の観点からすれば、国内の結束の維持や政治体制の安定のために、社会的に激しい対立を招きうる問題に関する公的議論を制限したり、それを政治過程から除外したりすることでもある（"gag rule" としての恩赦）[69]。「赦す」ことが和解を生むこともある。この場合、恩赦は「赦し」の象徴である。恩赦措置の論議の中では、その地の宗教や文化における「赦し」の要素の存在が強調されることが多く、さらには哲学的議論が導入されることもある。そうした多様な「赦し」の肯定論の基礎には、復讐は憎悪と暴力の連鎖を招くだけであり、和解のためにはその連鎖を断ち切ることが必要であるという共通の認識がある。

この種の恩赦が、紛争を暴力ではなく民主的手続きにしたがって平和的に解決できる新国家の建設に貢献することもある。すなわち、反体制勢力を処罰あるいは排除するのではなく、それらも政治的決定過程に参加させることで諸勢力の体制統合を進め、より広範な勢力を糾合して新国家の建設に必要なさまざまな合意を可能にする、その前提に恩赦はなりうるのである。あるいは、新国家建設に必要な専門的知識や経験が旧体制のエリート官僚に独占されてきた場合、彼らを排除した新体制の構築は、新体制の機能不全をもたらす可能性もあり、彼らの職務続行が必要となることが実際には少なくない（ただし、重大な人権侵害に携わった官僚の不処罰や職務続行は犠牲者の強い失望を招き、それもまた新国家の正統性を削ぐことになる）。

③国際的圧力への対応

恩赦をなす権限は、歴史的には刑罰権以上に国家主権の中核に位置した。(70) しかし今日、恩赦法や恩赦措置の多くは、国際的な影響の下で策定されるというのが実態である。

露骨な干渉の事例もある。たとえば、第二次世界大戦下でナチス・ドイツの占領下にあったギリシアにおいて、ドイツ軍の撤退とともにイギリスとレジスタンス運動の対立が激化した際、イギリスが主導して講じた恩赦措置がそれである。ギリシアを自国の影響圏下にとどめ、そのためにレジスタンスの政治的影響力を削ぐことを望んだイギリスは、支持する右派政府とレジスタンス運動との間に一九四五年二月にヴァルキザ協定を締結させた。これは、さまざまな民主化措置についての合意を含む一方で、レジスタンス運動の武装解除とドイツ占領下でナチスに協力したギリシア人への恩赦措置を決定するものであったのである。

恩赦を講じさせる間接的な国際的圧力、たとえば、国際組織が制裁措置を発動して政治犯を釈放させたり、逆に反政府勢力への外国からの資金軍事援助を断つために体制側が政治犯への恩赦措置を行ったりするケースもある。さらに、一九七七年にチェコスロヴァキアが「プラハの春」の際に有罪となった者への恩赦を発表したのは、同年のヘルシンキ合意（一九七五年の全欧安全保障会議の最終文書）に関する「ベオグラード再検討会議」開催に合わせてのことであったという事例からも、恩赦が国際政治の動向と無縁ではないことが理解されよう。

④補償として

体制側から思想信条あるいは人種や民族を理由に迫害されたり、反体制的言動のために職業や年金の受給資格を失ったり政治的権利を制限されたりした人々に対して、その損害に対する補償あるいは復権のために行われる恩赦がある。こうした恩赦は、一九八三年と一九八四年のポーランドの恩赦のように、国内の緊張を緩和したり外国からの支援を受けたりすることを真の目的とする場合も多い。しかし、アルバニア、ブルガリア、ルーマニアなど共産主義体制崩壊後の旧東欧諸国の多くで実施された恩赦は、旧政治犯の無罪を公式に認める、さらには旧体制の抑圧的性格を強調するという性格をもつものであった。たとえば、一九九一年のブルガリアの恩赦法は、「ブルガリアで民主的秩序が確立された以上、犯罪であると宣言された行為、しかし実際には抑圧的体制に対する闘争の表現であった行為に対して恩赦を与えることが必要である」と明言したのである。

⑤国家の自己防衛（自己恩赦）

恩赦の恩恵を受けるのは、独裁体制に対する反対派だけではない。体制側の高官や軍部の犯罪行為に対する恩赦が、国家自体の側からなされる場合がある。新体制樹立に際しての功績に対する恩賞として、あるいは体制の正統性や国家の安全を揺るがすような犯罪調査を未然に防ぐための防衛的な措置として、そうした恩赦が講じられる場合がある。

しかしこの種の恩赦で最も注目され論議を呼ぶのは、独裁体制から民主主義体制への体制移行期に、体制側が反対派に権力を移譲するその見返りとして、反対派の黙認あるいは承認の下に行われる、体制側の高官や軍人の訴追放棄や不処罰という形の恩赦である。その目的は、新体制の安定性を脅かすような要因をできる限り除去することである場合が多い。こうした性格をもつ恩赦は、一九七三年にクーデタで成立したチリのピノチェト政権が、一九七八年に自身および政軍高官に与えた自己恩赦がモデルとなって（恩赦は「民主主義への移行の間の脆弱な政治的安定を維持するために必要な」措置とされた）、一九七〇年代から一九八〇年代にラテンアメリカ諸国で頻繁に実施された。同時にそれは、非民主主義体制による人権侵害に関して恩赦と責任追及のバランスをめぐる議論を活発化させる契機となった[71]。少なからず体制側からの恫喝的な要求から始まるこうした恩赦も、過去に対する調査や被害者への補償をともなう場合、正当なものとして容認されると考える者が少なくない。逆に、無条件の訴追逃れを目的とする自己恩赦は、当然のごとく厳しい批判の対象となる。

⑥真実解明のため[72]

移行期正義の実現の手段として、一九八〇年代以降に注目され重要性を増しているのが真実和解委員会である（一九八三年に設置されたアルゼンチンの委員会が最初の主要な例とされる（それ以前のウガンダやボリビアの委員会は実効的な機能を果たしえなかったために、アルゼンチンの委員会が最初の事例とされることが多い））。この種の委員会の目的は真実の解明であり、この目的との関連でなされる恩赦がある。ただし、真実解明と恩赦との関係は、真実和解委員会が登場し始めた時期と、数多い真実和解委員会の中で最も有名な南アフリカ共和国の委員会が設置された一九九五年以降の段階とでは異なる性質をもっている。

アルゼンチンなどの当初の事例においては、まず委員会が設置され、その委員会の活動を通じて収集された情報が、訴追された軍部高官の裁判の際の重要な証拠として使用された。ここでいう真実解明とは、自己恩赦により隠蔽された事実を暴露したり、不処罰に対抗して責任追及を行ったりすることを意味していた。したがってこの段階では、真実解明は恩赦と対立関係にあるものであった。

続いて、エルサルバドルの事例が示すような、恩赦措置が真実解明作業の終了後に講じられるというパターンが生まれた。内戦の終結後に設置された委員会は、内戦時の暴力の実態とその社会へのインパクトを調査することを使命とした。初期の事例とは異なり、ここでの恩赦は、凄惨な過去の姿を明らかにすることが社会に与えるかもしれない否定的な影響を抑えるために講じられるという性格を有した。

そして、南アフリカの事例で示されたのが、委員会による真実の解明と恩赦を交換関係におくというものである（恩赦を受けるためには真実を語らなければならない）。それは、ニュルンベルク裁判のような厳しい訴追と無条件の恩赦の間の「第三の道」（ツツ司教）であった。「南アフリカ・モデル」は、恩赦という「過去の忘却」の最も制度化された手段が、ほかならぬ移行期正義の実現に貢献する場合もありうることを示しているのである。

以上、本書が検討対象とする、「過去の忘却」によって展開される「忘却の政治」の具体的な顕現のあり方を検討した。主として非民主主義体制から民主主義体制への体制移行期における神話の創造とその広がり、移行期正義の追求を妨げるさまざまな要因と状況、そして恩赦の実施がそれであった。この前提の下に、これから、戦後ヨーロッパにおける「忘却の政治」の展開を考察してゆくことにしたい。

# 第1章　すべての責任はナチズムにあり

## ――ナチズム支配後のヨーロッパ

## 1　絶対悪としてのナチズム

**構造的背景**

第二次世界大戦後のヨーロッパ各国で「忘却の政治」が展開された背景に存在した、時代固有の要因はどのようなものであったか。

まず、各国家の再建と復興が喫緊の課題であった第二次世界大戦後の時期にあって、その課題の前に過去に対する関心が後景に退いたことである。その後退の消極的な側面としては、戦時体験についての沈黙や無関心が支配したということであり、後退の積極的な側面に注目すれば未来志向の気運が広がったということである。このような時代風潮をある研究者は、個人の心理の面でも社会的状況としても、第二次世界大戦直後には、過去の「記憶の周辺化 marginalization of memory」が進行していたと評している。(1) 個人レベルでは精神にダメージを与えるトラウマ体験を思い出すことが忌避され、社会のレベルでは、経済再建と政治的安定の回復という大きな課題への取り組みが、過去の犯罪的行為への反省や補償などの問題への対処が必要であるとの認識を鈍らせたのである。

たしかに個人と社会のレベルで過去よりも現在と未来を重視するという理由は同じではなかろう。しかし、たとえば「女性たちは、夫に自分の戦争体験を問われて、強姦されたという忌まわしい経験を明らかにすることができず、それを忘れようと努めたのである」[2]といった、原因は多様であれ人々の間に広がっていた忘却願望が、結果として戦後国家が過去にふれることなく復興と安定とを優先的に求めることができた、その一背景となったことは忘れてはならないであろう。

もちろん、戦時下の体験がまったく語られなかったわけではない。しかしそれはあくまで自己（自国民）を焦点とした省察であり、他者（他国民）の苦難や損害に思いがおよぶことは少なかった、というのが実情であった[3]。

「記憶の周辺化」の他にもう一つ、多かれ少なかれ戦後ヨーロッパ各国およびその国民に共有されていた過去に対する認識が存在した。いうまでもなくそれは、ナチズムによる占領を受けた地域におけるドイツに対する厳しい姿勢（Germanophobie）[4]である。このドイツを嫌う心情こそ、より直接的に「忘却の政治」を支える土台となる認識であった。どういうことか。

ヨーロッパを廃墟に導いたナチズムを生み出したドイツに対する諸外国の視線が厳しかったことは論を俟たない。すべてはドイツのせいである、すなわち戦争と戦争犯罪、各地の被害と損害、その責任はすべてドイツにあるという声がヨーロッパ各地から発せられたのも理解できないことではない。

さらに次のような戦後ヨーロッパの国際的気運の説明もあながち誤ってはいない。総力戦の終結に続く混迷と混乱の時期にあって、ナチズムと戦った国々あるいはナチズムの支配を受けたヨーロッパ各国にとって、「すべてをドイツ人の責任にすることは、各国内部そして連合国間において、立場はどうあれすべての者がたやすく合意できる数少ないことの一つであった(5)」。

「ナチス・ドイツだけに戦争責任を押しつけること the attribution of war responsibility solely to Nazi Germany(6)」――そうした態度は、ナチス・ドイツによるヨーロッパ支配が一方的な暴力と抑圧による「強制の帝国」という性質をもつものであるならば、あるいは不当ではないかもしれない。しかしながら、「ヒトラーの帝国」がそのようなものでなかったとすれば、より具体的には責任はドイツ人以外にもあるのだとすれば、自らの過去については語らず「すべてをドイツ人の責任にすること」は、戦争責任や戦時における犯罪的な行為に関する重大な問題を惹起することになる。

ヒトラーのヨーロッパ支配が強制的暴力のみで存立するものではなかったことは、大戦後に次第に知られるようになり、今日では自明の事実である。それは、被併合地域における現地の協力主義勢力や、各地の対独協力国によって支えられた秩序であった。

ドイツによるヨーロッパ支配の実態がそのようなものであるとするならば、それは「忘却の政治」を生み出す可能性をもつ構造的要因の最たるものとなる。すなわち、ドイツに占領された国々には占領体制を支える現地の協力主義の勢力と体制が歴然として存在し、あるいはヨーロッパ各地には主権と独立を維持しつつドイツのヨーロッパ支配に協力する国家が厳然と存在した。ナチス・ドイツが崩壊し戦後の新秩序の構築が進むさなかに、そうした対独協力に加担した国や人々が、にもかかわらず「すべてはドイツのせいである」と声高に叫んだとすれば、あるいは、たとえ声高にそう叫ばずとも自らの過去に関して沈黙すれば、それこそ、自らの責任を回避し転嫁し、自らの過去の恥部を隠蔽するものとなるのではなかろうか。

## 各地の対独協力

以上に述べたことは、戦後ヨーロッパで叫ばれた「すべてはドイツのせいである」という「忘却の政治」を象徴する言明が、ナチス・ドイツのヨーロッパ支配の構造的特質に発するものであったことを意味する。そこで簡単ながら、ナチス・ドイツのヨーロッパ支配を支えた対独協力体制を概観しておく。

「対独協力」という言葉から想起される国は、まずはフランスであろう。一九四〇年六月のパリ陥落とドイツへの降伏、ドイツとの休戦協定締結の後、七月に国民議会から全権の授権を受けて国家主席に就任したペタンは、一〇月二四日にモントワールでヒトラーと会談した際、「われわれ二国間での協力(collaboration)が考案された。私はその原則を受け入れた」との声明をラジオで発表した。これは、コラボラシオンという普通のフランス語の単語が、第二次世界大戦下における対独協力をさす特殊な意味で用いられた最初の事例である。(7)

このヴィシー政権下のフランスに類する事例、すなわちナチス・ドイツの占領を受けず、その国に固有の目的(自国の独立の確保やナチスによるヨーロッパの新秩序構築への共鳴など)の実現のためにナチス・ドイツと協力関係に入った国、あるいはペタンに類する人物(以下の国名の後のかっこ内の人物)を元首に戴いた対独協力国家としては、一九四一年以降のギリシア(ツォラコグロウら)やハンガリー(ホルティ)、ルーマニア(アントネスク)、スロヴァキア(ティソ)、セルビア(ネディッチ)などが挙げられよう（セルビアはドイツ軍政による被占領国とされることも多い）。一九四三年九月に成立したムッソリーニを元首とするイタリア社会共和国（サロ共和国）は、実質的にはドイツの占領統治を前提とした国家でありながら、名目上は独立国の体面をもっていた。こうした国のドイツに対する姿勢はしばしば「政治的協力」と呼ばれる。[8]

「政治的協力」以上に広範にみられたのは「行政的協力」であり、これはナチスの占領下におかれたすべての国家や地域に存在した現象であるといえる。いわば「ペタンなきコラボラシオン」である。その際、占領の初期は軍部がすべての行政機能を担い、敵側の軍事力を解体した後に文民行政による統治への移行が開始されるという場合が多かった。換言すれば、軍政支配は、諸状況が文民行政統治に移行するのに十分になったとみなされるまでの過渡的段階であった。[9]

この「行政的協力」の形態としては、大まかな分類として、ドイツの軍政支配が持続的に行われたケース（ベルギー、北フランス、北東イタリアなど）、軍政から文民統治に移行しドイツの行政機関の直轄支配におかれたケース（アルザス、ロレーヌ、オーストリアやルクセンブルクの帝国大管区など）、新たな文民行政府が設置されたケース（デンマーク、ノルウェー、オランダ、チェコ（ベーメン・メーレン保護領）、ポーランド（ポーランド総督府）、ウクライナ、オストラント（バルト三国とベラルーシ）など）があった。[10]

以上の国家や地域がナチズム支配から解放された際、その対独協力の過去に関して沈黙を守り、もっぱらナチズム批判あるいはナチズムへの責任転嫁を行ったらどうか。それこそ「過去の忘却」であろう。

すなわち、ナチズムの極悪さを強調して対独協力や自国の犯罪行為を隠蔽する（そのように過去や歴史を構築する）のが、第二次世界大戦直後のヨーロッパ各国の「忘却の政治」の一つの典型例である。

ただし、「忘却の政治」の発現の経緯は右に述べたほど単純ではない。戦後ヨーロッパの各国では、戦犯や対独協力者に対する処分がなされているからである。むしろ問題は、そうした処分が不十分のまま終わり、早々に対独協力や戦争犯罪の責任を問う姿勢が弱まる一方、逆にナチズムやファシズムに対して国民全体が戦い抵抗したことが、過剰なまでに強調されるという形で、「過去の忘却」がなされたことである。

**公職追放と恩赦**

ナチス・ドイツが第二次世界大戦に敗れ、ナチズム支配からの解放された各国にとって、戦後の喫緊の課題は、なにより大戦で破壊された社会の復興であった。しかし、なすべきことはそれだけではなかった。ドイツにおけるニュルンベルク裁判のように、そのような荒廃を生み出した責任者を処罰ないし処分することもまた、戦後の大きな課題であった。実際、各地の対独協力者やファシストに対しては、裁判や公職追放などの「浄化」政策が講じられている。(11) しかしながら、ほとんどの国でそうした厳しい措置は長くは続かず、さまざまな理由から限界に直面し、最終的には打ち切られてしまった。その象徴が、各国で恩赦を実施する法律が制定され、いったん戦争犯罪で有罪判決を受けた人々が次々と免責されて自由の身となったことである。

ごく大まかな共通の展開を抽出すれば、ナチズム支配の凋落が明らかになるにつれて対独協力者への処罰の要求が高まり、初期段階では、報復的措置（軍事裁判、人民法廷、略式裁判など）が講じられ、その後、司法制度の整備とともに法による処分がなされ、その結果として、不完全ながら責任追及と処罰が行われた[12]。やや具体的に時期を示すならば、おおよそ一九四五年から一九四九年までが、政治的権利や市民的権利を剥奪して「背信者」を国民共同体から排除する局面であり、一九五〇年から一九五五年までが、対独協力者やファシストへの批判が後退し、恩赦法制定に代表される手段を通じて次第にその社会への再統合が進む局面となった[13]。いうまでもなく後者が「忘却の政治」の局面にほかならない。

フランスと西ドイツは二つの局面からなるこのパタンに沿う歴史的展開を示した（フランスは一九五一年と一九五三年に、西ドイツは一九五四年に包括的な恩赦法制を策定した）。これに対して、たとえばベルギーやオランダ、ルクセンブルクでは恩赦法は制定されなかった。ノルウェーは一九四九年に恩赦法を制定したものの、その内容は極めて限定的で、対独協力者にはおおむね厳格な対応がなされた。デンマークも同様であった。これらは後者の局面をほとんど経験しない、その意味で「忘却の政治」から最も縁遠い国々であった[14]。

反対に、前者の局面が短期に終わり、早々に後者の局面に入った国もある。オーストリアでは、一九四七年の青年恩赦法を端緒に、「まずは青年アムネスティーを、そしてそれから他のアムネスティーを」という方針の下で「忘却の政治」が加速化していった[15]。特筆すべきはイタリアであり、解放から一年と二ヵ月もたたない一九四六年六月に包括的な恩赦法が制定されている。イタリアは、戦後ヨーロッパの

中でも異例の速さで「忘却の政治」が始まった国であった。(16)

**戦後国家建設のための「神話」の特質**

第二次世界大戦後に各国で展開された「忘却の政治」においては、恩赦とは異なる制度化されない「過去の忘却」も重要な役割を果たした。戦後国家を支える神話の形成である。なぜこれが「過去の忘却」なのか。ナチズム支配からの解放が進む過程においては、誰もが勝者であろうとし、ナチスおよびその協力者からは距離をおこうとした。そのためには、ナチズム支配を受けた大半のヨーロッパでナチズムとの協力が行われていたこと、その存在と活動が甘受されていたことはふれてはいけない事実となった。

では具体的にいかにして忘れるのか。先に述べたように、まずはすべての責任をドイツに押しつけることである。「ドイツ人に罪がある以上、われわれは無罪だ」というのである。(17)

こうしたドイツ人への排他的帰責は、しばしば、ドイツ人の非人道性の強調と結びついていた。逆にいえば、ドイツ人に対して、他の国民は「善良である」ことが強調された。後述のように、フランスやイタリアの戦後民主主義国家の建国の礎には、自国民は「邪悪なドイツ人」とは異なる「善良な人々」("bons Français" や "italiani, brava gente") であるという認識があった。(18)

しかし、ドイツ人と自国民の人間性の違いを強調し、ドイツ人に罪を押しつけるだけでは、自らの無罪は完全には確立しない。より能動的な態度、すなわち自らがそのような「邪悪なドイツ人」と果敢に戦ったことを声高に叫ばなければならない。「罪を構成するのがドイツ人であること、ドイツ人およびその利益のために働いたことであるとするならば（ドイツ占領地域のすべてにおいてそのような人物が存在し、目立っていたことは否定できない）、無罪とは反ドイツ的姿勢をとること、一九四五年の後のみならずそれ以前にもそうした姿勢をとったことを意味しなければならない。こうして、無実であるためには、国民は抵抗したことがなければならなかったし、圧倒的多数においてそうしていなければならなかったのである(19)」。

つまり、ナチズムに対する抵抗、レジスタンスをことさらに主張しなければならない。対独協力の事実については言葉少なでありながら、対独抵抗を声高に強調することで描かれる歴史は、前者の忘却にほかならない。換言すれば、戦後国家の建設のために必要であったのは、敗戦や占領といった恥ずべき過去を隠すことができる、輝かしいレジスタンスの神話であった。さらに先のフランス人やイタリア人の自画像が、両国のレジスタンス神話を支えていた。レジスタンスに加わり、戦争中に名誉ある行動をとり、反ユダヤ主義的政策には反対したのが、「善良なフランス人」であり「善良なイタリア人」であった。

元ファシストも、こうしたイメージを用いて責任を回避することができた。ユダヤ人の弾圧や虐殺がナチズムやファシズムに協力するという「邪悪な」人間の本質であるとすれば、ユダヤ人の救済は「善良な」国民の証しとして通用したからである。たとえば、ローマ警察のトップであったカルーソに対する軍事裁判（後述）での証言で、部下の警視正（commissario di Pubblica Sicurezza）のアリアネッロは、イタリア人の善悪の基準をユダヤ人への姿勢に求め、自らが「善良なイタリア人」である証拠として、一九四四年三月二四日にローマ近郊のアルデアティーネでドイツ軍によって行われた大虐殺の処刑者リストからユダヤ人八名を除いたことを挙げた。それは「昨日は黒かったものが今日には白くなっている」かのように過去を隠蔽できる万能の免罪符のように用いられた[20]。

このような「善良な」国民性の強調は、ナチズムやファシズムへの「協力」の時期を、それぞれの国における「かっこでくくられる時期」と考え、さらにはその国の国民が本来的に備えている気質からは考えられない例外的な時期とする歴史観と結びついていた[21]。そのようにみなすことで、忌まわしい過去に対する責任問題から逃れようとしたのである。

総じて、「かつてない軍事的な敗北、屈辱的な占領、そしてどれほど友好的であれ同盟相手のものであれ他の外国の軍隊による解放は、国の無能さを示す三点セットであった」のであり、そうした屈辱的感情を払拭するためには、国家の栄光をうたい上げる物語が必要となる。すなわち、「解放されたヨーロッパ社会はトラウマに満ち、その今や脆弱な国民意識は、レジスタンスだけが届けることのできる類の叙事詩をひどく必要としていた」のであり、「無能、屈辱、よくて目的喪失、悪くて共謀の不吉な記憶は、レジスタンスと愛国心のプリズムを通してしかとどめおくことはできなかった」のである[22]。

このような抵抗神話は各国独自の性質を帯びた多様性を示す。たとえば、フランスのレジスタンス神話は中でも有名なものであろう。しかし、同じく頻繁に言及されるイタリアのレジスタンス神話に比べ、それが揺るがぬ地位を占めていた時期は短かった（ただし、後述のように、イタリアのレジスタンス神話にも、フランスのそれに比べて脆弱ともいうべき多くの側面があった)。

戦後ヨーロッパにおける包括的なレジスタンス神話といえばオランダのそれが随一かもしれない。[23] これに比べれば、フランスのレジスタンス神話は、その主たる語り手としてドゴール派と共産党という二つの勢力をもち、いずれかの独占物ではなかった。さらに多くの担い手が独自のレジスタンス神話を作り上げ、複数のレジスタンス神話の競合が展開されたのがベルギーであった(王室問題をめぐる対立が主たる原因でベルギーにはフランスやオランダの場合と異なりレジスタンスの統一組織がなく、また、ヴィシー政権のような敵とすべき対象の不在が反対派の結集を妨げたことに、その主要な原因があった)。

## 2　戦後フランスにおける恩赦と神話

### 「忘却の政治」――フランスにおけるその展開の素描

レジスタンス神話は「忘却の政治」の重要な部分を構成する。第二次世界大戦後のヨーロッパ諸国のレジスタンス神話の中で比較的よく知られているのは、フランスやイタリアのそれであろう。ある論者はさらに進んで、フランスは戦後ヨーロッパにおける「忘却の政治」の雛形と位置づけることもできるという。すなわち、戦後フランスは「短い浄化の季節の後に、ヴィシー政権の対独協力の記憶を、最も激しいレジスタンスの中に結束した不可分のフランスというドゴール神話と意図的に取り換えた。この経験は、忘却の上に築かれた多くの西欧民主主義国の基本的な枠組みとみなすことができる[24]」というのである。

フランスの経験が他国によって模倣される対象となったという意味での雛形ということは無理があるかもしれない。しかし、「忘却の政治」は内戦状況とその収拾の結果としてうたわれる「国民的和解」から始まり、過去の不都合な事実をある特定の「神話」によって隠蔽することで補完ないし強化されることがしばしばであり、フランスもそうした経緯をたどったということはできよう。まずは、フランスにおける「忘却の政治」の発生と展開の過程を素描し、大まかなりともその姿をあらかじめ把握して、その後に各局面を詳しく検討することにしたい。

第二次世界大戦前後に、スペインやギリシアで（後述のようにイタリアでも）内戦があったことはよく知られている。これに対して、それと同列にフランスの内戦が語られることはほとんどない。しかし、ヴィシー政権とドイツは、当初からレジスタンス勢力を敵とみなしていた[25]一方で、一九四三年以降、とくに五月二七日の全国抵抗評議会（ＣＮＲ）と六月三日のフランス国民解放委員会の発足の後に、ヴィシー政権とドイツに対するレジスタンスが本格化し、フランスは文字通りの内戦状態に陥ったのである（一九四四年六月にフランス国民解放委員会は「共和国臨時政府」と改称する）。そしてその対立状態は、一九四四年八月のパリ解放をもってもすぐには終わらなかった。すなわち内戦は、パリ解放、ドゴールの組閣と共産党入閣、英米の共和国臨時政府承認、ドイツの降伏とヴィシー政府の無効宣言という一連の経過を経て、レジスタンス勢力側が勝利をおさめる形で終結したのである。

対独レジスタンスを果敢に行ったという正統性を備えた臨時政府の下では、解放前から始まっていたヴィシー政権の高官や対独協力者に対する浄化が、いっそう進められることとなった。

しかし、レジスタンス勢力が勝利をおさめて国内対立が終息に向かったという時期はごく短かった。一九四六年一月に臨時政府からドゴールが去り、一九四七年の冷戦開始後には政権から共産党の閣僚が放逐されたからである。つまり、レジスタンスの主要な担い手たる政治勢力が競合あるいは対立するようになり、しかも両者ともに政権に批判的立場に身をおくようになったのである。

こうしたレジスタンス勢力の分裂という情勢の変化は、ヴィシー政権の支持者の言動にも変化をもたらすこととなった。浄化の前に沈黙を強いられていた彼らからは、浄化の行き過ぎを非難し恩赦を求める声が上がり始めた。そうした声が高まることで、ヴィシー政権やペタンを肯定する気運が復活したのである。ここにおいて、フランスに再びレジスタンス勢力（しかし数年前に比べその結束は大きく崩れていた）とヴィシー政権支持者との対立という内戦の様相が強まったのである。ペタン支持者のジラールは、一九五〇年にペタンとヴィシー政権擁護の書物を刊行する。そのタイトルは、『フランス人とフランス人の戦争』、すなわち「内戦」であった。(26)

このフランスのいわば再開された内戦は、それまで厳しい浄化にさらされたヴィシー政権支持者や対独協力者の復権という、ある種の揺り戻しをもたらして一九五〇年代半ばまでに終結する。その象徴が、一九五三年の包括的な恩赦法の制定であった。さらには、ペタンやヴィシー政権への容認論がドゴール派内にさえ広がったことであった（代表例は後述する一九五〇年のレミ事件である）。しかし、ヴィシー政権を容認する動向がそのまま固定したのではない。対独協力の事実は語るべからざるものとして、「過去の忘却」の気運が本格的に強まり始めたのである。

アルジェリア戦争、第四共和制の機能不全と崩壊、ドゴールの復帰とアルジェリア戦争の収拾という激動を経て誕生した第五共和制フランスは、その正統性を大きくドゴールのカリスマに負っていた。そのドゴールは、なによりも「六月一八日」の男、すなわちレジスタンスの最高指導者としてその存在を英雄視された。一九五〇年代半ば以降に権力の座に復帰したドゴールを絶対的に称賛する体制の下で、再びレジスタンス神話が体制の正統化の機能を果たす。そしてそれにともない、ナチス・ドイツを絶対悪視し、フランス国民全体がそのドイツに対してレジスタンスを展開したという神話が復活し、同時に、忌まわしき対独協力の過去を語ることをタブーとする傾向が強まったのである。

第二次世界大戦後のフランスに現れた「忘却の政治」の発生と展開の過程についての素描は以上の通りである。以下、その過程の各局面について詳しく検討する。

### 浄化の断行

ここでいう内戦とは、一九四四年八月のパリ解放にいたるまでのヴィシー政権とレジスタンス運動の間の激しい攻防ではなく、解放前後に始まるフランスの国内対立である。それは、レジスタンス運動とその流れをくむ戦後政権によるヴィシー政権下の政治家や公務員そして各界の対独協力者に対する浄化(épuration)の執行に始まり、それに対する反発や非難の応酬という形で進行した。

ヴィシー政権の高官や対独協力者に対する浄化[27]は、フランス解放の一九四四年八月以前にすでに始まっていた。一九四三年八月の布告により、降伏以降のすべての対独協力者が各地に設置された軍事裁判所に告訴される対象となり、一九四四年前半までに元内務大臣プシューらに対して死刑判決が下された(プシューは一九四四年三月に処刑され、臨時政府下の初の死刑執行例となった[28])。

しかし、レジスタンス諸勢力(ドゴールの共和国臨時政府や共産党、その他のさまざまなレジスタンス組織)が競合しながら、ヴィシー政権およびドイツ軍と戦っている最中の浄化の多くは、適正な手続きを踏まずに行われる、「無法な」「野放しの」「コントロールできない」「超法規的」と形容されるような感情的で復讐の性格の強いものであった(したがって、後の法にしたがって行われた浄化と同じ用語を使用するのは不適切である(それは戦争犯罪に相当する行為でさえある)との見解もある)。

解放前に八〇〇〇人以上が略式の即決裁判で処刑されたとされる(全九〇県中の八四県での調査[29])。また、「性的対独協力 collaboration sexuelle」を行ったとされたフランス人女性に対する丸刈りという、凌辱的な浄化の例も知られている。解放時に約二万人の女性が集中して丸刈りにされたことは、復讐感情のはけ口として激情的になされたこの時期の浄化の性格を示していた[30]。

逆にそうした暴力的浄化への反発は、当初からレジスタンスを敵とみなしていたヴィシー政権とドイツの側からの、レジスタンス勢力への激しい弾圧という形をとることもあった。浄化とそれに対する報復の発生は、解放前の内戦の最終局面にフランス社会がおかれた激しい対立を物語っていたのである。

その後、一九四四年八月のパリ解放をはさんだ数ヵ月の間に、暴力的な対立をともなう内戦の終結とともに、臨時政府の下で浄化措置の制度化が進められてゆく。

司法（裁判）面では、一九四四年六月から一一月の一連の布告により、三層の裁判所が設けられ（各県の「裁判所 cours de justice」、「市民法廷 civic chambre」（裁判所に付属し、被告の市民としての適格性を判断し、非国民は「国民権剥奪」に処せられた。一九四九年末に廃止）、「高等裁判所」）、最も高いレベルの高等裁判所でペタンやラヴァルなど国家元首や首相以下のヴィシー政権の高官一〇八名が、「裁判所」と「市民法廷」では一九五〇年代初頭までに十数万人が裁かれ、その約八割が有罪判決を受けた（一五〇〇人から一六〇〇人の死刑執行がなされ、四万四〇〇〇人以上が収監され、五〇〇〇人以上が「国民権剥奪」の刑に処せられた）[31]。さらにここに、以上の裁判所以上に活動の実態が明らかではない、各地の軍事裁判所による裁判が加わった。

ヴィシー政権の公務員については、一九四四年六月二七日の布告がそのほとんどを処罰できるほどの包括的な浄化基準を設けた。八月のパリ解放以降、中央と地方のほぼすべてのヴィシー政権高官が更迭された。しかしヴィシー政権下の広義の公務員約百数十万人をみれば、各官庁に設置された浄化委員会で更迭などの処分を受けた者は一万数千人にとどまった[32]。その理由としては、行政の連続性確保が優先されたことの他に、各組織に培われた強い「団体精神 esprit de corps」が、忠実に職務を遂行していた大半の公務員を浄化から組織的に守ったことが挙げられる。とくに司法界、大学、県組織ではその傾向が顕著にみられた[33]。

ヴィシー政権を支えた財界に対しては、一〇月に浄化のための組織を設置する布告が出され、以後、さまざまな形態の制裁的な国家介入が行われた。左翼は財界の対独協力者の排除を、「新経済民主主義」実現のための試みの一環としてとらえてもいた。しかし、国家再建のために財界からの協力を要したため、財界に対する浄化策は結局のところ官界の場合以上に穏便な処分に終わることとなった[34]。

フランス人全体を本質的に抵抗する国民とみなす後述の「ドゴール神話」の下では、フランス人がフランス人を裁いたこうした一連の浄化は、それが限界をもっていたことは事実にせよ、軽視される。しかし、ある県レベルの研究では、「ドゴール神話」確立以前のフランスは、「浄化される社会 une société en épuration」[35]と呼びうるほどの厳しい浄化が行われていたのである。また、死刑数（総人口に占める被死刑執行者の割合）で測れば、フランスのヴィシー政権や対独協力者への浄化はヨーロッパの中で最も厳しかった[36]。

### 浄化への反発

しかし、この「浄化される社会」に対しては、浄化が進むにともなってその行き過ぎを批判する声が出始める。そうした状況を反映して展開されたのが、一九四四年一〇月から一九四五年一月までの約三ヵ月にわたる、人間の正義の名のもとに浄化を擁護するカミュと、キリスト教の慈悲による寛容を説き、浄化の急進化を批判するモーリアックとの有名な論争であった[37]。

さらに、浄化の行き過ぎを咎めるのにとどまらず、浄化へのより大きな反動の動きも現れた。反動の一例として、一九四八年に刊行された、カトリック司祭デグランジュの手になる『レジスタンス主義によって隠蔽された犯罪[38]』という書物が広く読まれたという事実を挙げることができる。この書物は浄化の行き過ぎを批判することをその主旨としていた。穏健的右翼の大半は、過剰な浄化に反感を抱き、さらに浄化の対象となった人々の恩赦も求めていた。そうした風潮は次第に強まり、後述する恩赦法審議を後押しすることになる。ペタンの除名によって空席となっていたアカデミーフランセーズの席次をペタンの死後に埋めた――一九四六年にペタンは除名されるものの、恩赦を見込んでその席次はペタンの存命中は空位におかれていた――政治家アンドレ・フランソワ＝ポンセは、一九五三年初めに、「国民的結束」のためにこそ恩赦が必要であると強調した[39]。

そして一九四七年以降には、ヴィシー政権に対する容認や肯定の姿勢が再び現れ始めてくる。いうまでもなくこの現象の背景には冷戦の開始があった。一九四七年に共産党が閣外に去ると、第四共和制の歴代政権の右傾化が進み、それとともに一度は権威の失墜を経験したヴィシー政権に対する厳しい姿勢が右派の間で緩み始めたのである。一九五二年には、ヴィシー政権下で国会に代わって設けられた「国民評議会」の評議員を務めたアントワーヌ・ピネーが、レジスタンス経験のない戦後初の首相になるほどであった。

こうして国際的な冷戦が国内政治に浸透してその右傾化が進むにつれて、戦後直後のフランス政治を担ったレジスタンス勢力への批判が次々と叫ばれ出す。ただし、抽象的理念としてのレジスタンスは高い規範的価値をもっていたため、批判はレジスタンスに加わった個人へと向けられた。非難されるべきは「レジスタンス Résistance」ではなく、レジスタンスの栄光を党派的に利用する「レジスタンス主義 résistantialisme」だというのである。[40] 対独レジスタンスの威光を自らのものとしながら、ヴィシー政権を担った人々への浄化に加担したレジスタンス闘士は攻撃するという、いわば「レジスタンスなきレジスタンス」の賞揚が、このヴィシー政権を容認する人々の特徴であった。換言すれば、レジスタンスの原動力たることを強調する共産党を排除する一方、レジスタンスのもう一つの主要な担い手であるドゴール派にも距離を置く勢力による、つまりは非ドゴール派右翼による独自の対独レジスタンスの存在を誇示するものであった。

### ヴィシー政権の容認

このような中で、ヴィシー政権を裁断する姿勢が鈍るどころか、ヴィシー政権に肯定的評価を与える者が現れていた。しかもそれはドゴール派にもおよんでいたのである。一九五〇年のいわゆる「レミ事件」はそうした広がりの象徴であった。[41]

レミはレジスタンスの英雄でRPF（ドゴール派）の創設メンバーである。その彼が、一九五〇年四月にある雑誌論文の中で、パリ解放のためにはドゴールとペタンの二人が必要であったと述べたのである。さらに彼は、一九四六年一二月のドゴールとの私的な会話を引用し、ドゴール自身、同様の見解を披露していたことを明らかにしたのである。

ドゴールおよびRPFはレミ論文に否定的で、レミの見解が個人的なものであることを強調した。しかし、ドゴール自身にも下野した後にしばしばペタンへの肯定的な言及を随所で行っていたという過去があった。したがって左翼は、レミのペタンやヴィシー政権への肯定的評価がドゴール派全体に共有されているものであるとの批判を行ったのである。

ペタンは一九五一年に九五歳でこの世を去っている。その直後に「ペタン元帥の記憶を守る協会 Association pour Défendre la Mémoire du Maréchal Pétan」が発足している。レミを含む官民のエリートが執行部に参加したこの組織は、「国民的和解」の大義の下にペタンの肯定的再評価を公然と求める活動を行った。たしかにこの組織が大衆的な拡大を実現することはなかったものの、そうした性格をもった組織であるにもかかわらず、政権に禁止されることなく活動を続けることができたのである。

**恩赦法と「忘却の政治」の開始**

一九五一年という年は、このようなペタン擁護の動き、すなわちペタン主義の再興の頂点をなした。[42]ペタンとヴィシー政権を必ずしも断罪しないという気運の高まりは、解放前から行われますます急進化していた浄化策の停止と浄化の対象となった人々に対する恩赦を求める動き、そしてそれを制度化すべく恩赦法の制定を求める声が高まった時期と重なっていた。

その結果として、一九五〇年代に入っても事実上続いていたフランスの内戦が、一九五〇年代前半の一連の恩赦法の成立で終結する。ヴィシー政権に対する容認論も、恩赦法が実現してさらに広がりをみせるといったことはなかった。こうして両者の間にある種の均衡状況が現れたのである。そしてその状況を背景に、ヴィシー政権を断罪するのでも擁護するのでもない、ヴィシー政権については語らず沈黙するという姿勢が支配的になってゆく。このようにして、フランスの「忘却の政治」が本格化したのである。

その画期となった恩赦法の制定過程はどのようなものであったか。

まず、新たな大統領が選ばれると恩赦がなされるのはフランスの伝統である。第四共和制下の初代大統領オリオールの下で一九四七年に恩赦が行われたのに続き、一九四九年二月には対独協力組織として有名なフランス民兵団メンバーなどが恩赦の対象となっている[43]。

そしてパリ・コミューン、ブーランジェ事件、ドレフュース事件、アルジェリア戦争などのようなフランス国内が激しい内戦状況を迎えたその後に、対立の平定と和解の実現のためにフランスが好んで用いてきた手段が恩赦法の制定である。フランス法では恩赦を「法的な忘却 oubli juridique」あるいは「制度的忘却 oubli institutionnel」という[44]。対独協力勢力とレジスタンス勢力の内戦を経て、一九五一年から一九五三年にかけて恩赦法が制定されたことは、文字通り、戦後フランスにおける「忘却の政治」の象徴たる出来事であった。

しかし恩赦の決定の背景には、こうした伝統のみならず社会からの要求もあった。それは一九四〇年代末にはすでに大きな圧力となっていた。その契機となったのは、第三共和制下の右翼および極右の議員たち――その中心には一九三〇年代の第三共和制下で首相を務め、ヴィシー政権下では副主席を経験したピエール＝エティエンヌ・フランダンがいた――が第四共和制下の議会が再開されて政治の表舞台に復帰したことである。そして彼らの第一の目標は、ペタンの再審と名誉回復であり、そのための組織が立ち上げられた。その組織はすぐに禁止されたものの、恩赦要求の声はその後も高まるばかりであった。[45]ペタンの弁護人を務めたジャック・イゾルニとジャン・ルメールは、ペタンに対する「有罪判決の修正」を求める立場から、ペタンがフランスにとってなした功績の大きさを称え、ペタンが被った処遇の不公正さを非難し、浄化の破壊的性格を難詰した。[46]激しい内戦を経験した国が「国民的結束」を再び実現するために恩赦が必要であるというのは、主に右翼の常套句である。彼らの弁明にもその調子が強く響いていた[47]ように、フランスの場合もその例外ではなかった。

ただし、この議会外からの圧力に加えて、解放直後の政治的刷新の挫折、次第に右傾化する議会政治、冷戦の開始、さらに経済復興過程での初めての景気回復といった政治的経済的要因もまた、忌まわしい過去を断罪するという心情を弱める効果をもった。[48]こうして成立したのが、次の二つの恩赦法であった。

一九五一年一月の恩赦法は、高等裁判所で判決を受けたヴィシー政権の閣僚や高官以外の者(市民権剥奪をともなう犯罪や懲役一五年以下の犯罪が対象で、それ以外の重罪は適用外とされた)に対する恩赦を決定した。一九五〇年一〇月末から行われていたこの恩赦法の議会審議を通じて、恩赦を強く求めた右派勢力は、恩赦を必要とする根拠として、慈悲、不正な公職追放に対する補償、国民的和解の必要性を挙げ、さらに占領期に行われた特定の犯罪は高度に政治的なものであったこと、そしてすでにドイツやイタリアが「国民的和解」に乗り出していることもその要求の根拠としたのであった。[49]

さらに一九五二年七月から、より包括的な恩赦を行う法案が審議されている。推進派のスローガンの中では、反共産主義に支えられた「国民的結束」の創出がひときわ目立っていた。一九五三年八月に議会は、一九五一年の恩赦法が僅差で成立したのとは違い、圧倒的多数をもってこの恩赦法を可決し、その結果、五年未満の懲役刑を受けたすべての受刑者が釈放され、収監されているのは一部の重罪の犯罪人だけとなった[50]。しかも対独協力者に対する免責に関しては、それより早く、一九四四年のオラドゥール虐殺に関与したとされて有罪判決を受けたマルグレ＝ヌー（第二次世界大戦でドイツ軍に徴集されたアルザス人）への恩赦法制定（一九五三年二月）などの対応もなされた[51]。

対独協力の咎で収監された者の数の変化をみれば、一九四五年に四万人いた収監者は一九四七年の恩赦法の後に一万三〇〇〇人に、一九四八年の恩赦措置の後に八〇〇〇人に、一九五一年の恩赦法の後に約一六〇〇人までに激減した。そして一九五三年の包括的恩赦法は六〇数名を残してそれ以外のすべての対独協力者を釈放したのである[52]。

ヴィシー政権と対独協力をめぐる「法的な忘却」はこのようにしてほぼ完成した。もちろん、冷戦開始後の急速なその展開は、対独協力の責任をあくまで追及しようとする者、とくにレジスタンスの実践者にとっては容認できないものであった。レジスタンスの闘士であり、戦後は国立近代美術館の館長となったジャン・カスーが恩赦法審議の進行とピネーの首相就任を背景に書いた『短い記憶』の中で、「解放から生まれたフランスにおいて、もはやレジスタンスの精神は存在しない[53]」と怒りを込めて記したのは、その最も激しく直截な表現であった。

忘却のためのレジスタンス神話

この「忘却の政治」の中で、ヴィシー政権の存在はフランス史における例外的なあるいは些細な現象として過小評価され、語られざる経験になってゆく。アンリ・ルソーのいわゆる「ヴィシー症候群」(54)である。そして、過去に対するこの修正主義的姿勢の許容あるいは正統化に最も大きく寄与したのは、ナチス・ドイツを絶対的な悪とみなし、フランス人全員が抵抗運動に加わったことを強調し、解放とその後の新しいフランスの歩みをレジスタンス勢力の貢献を中心に組み立てるような、そうした歴史像であった。端的にそれをレジスタンス神話と呼ぶことができる。

恩赦による「忘却の政治」は、このレジスタンス神話によってさらに強化されることになったのである。

一般に、新たな国家や体制を構築する際、その新秩序を正統化するための神話（イデオロギー）が形成され、動員される。レジスタンス神話は、戦後フランスの建国神話の中核に位置するものである。具体的には、次の三要素がフランスのレジスタンス神話の構成要素であった。

第一に、抵抗運動が持続的に展開されたこと、第二に、対独協力者は少数であって、大半のフランス人はレジスタンスの闘士を支持したこと、そして第三に、連合軍や外国のレジスタンスに軍事的支援は負うものの、フランスは自力で自国を解放し、名誉と自信と統一を自らの手で回復したこと、である(55)。

解放後のフランスは、このレジスタンス神話の上に築かれた。しかし、解放後に生まれた第四共和制は、党派的対立と政治的混乱のために、諸勢力を糾合する軸となりうるような単一の（先に述べたオランダのようなヘゲモニー性を帯びた）レジスタンス神話を生み出すことはできなかった。なかでも、ドゴール派と共産党は、第四共和制に敵対しつつ、独自のレジスタンス神話を紡ぎ続けた。すなわち、「記憶の場」研究で知られるノラによれば、一九四四年八月二五日のフランス解放と時を同じくして、新しいフランスの建国神話の二つの柱がレジスタンスの経験を軸として建てられ、二つの抵抗神話の競合が早々に始まったという(56)。

そこで、戦後フランスの代表的な二つのレジスタンス神話を概観し、それを受けて、一九五〇年代後半以降に、ドゴール派のレジスタンス神話が「忘却の政治」の中心的役割を果たすまでの展開を、以下でたどることにしよう。

### 競合するレジスタンス神話

ドゴール派は、ヴィシー政権時代がフランス史の共和主義的伝統から逸脱した例外であるとしてその時代を等閑視する。対独協力者の存在は戦闘的で愛国的なフランスの結束を称賛するためには障害でしかない。共産党が主導権を握った国内のレジスタンスの意義も、そして反ファシズムといったレジスタンスのイデオロギーも軽視される。ドゴール派がレジスタンスの戦いで重視するのは、イデオロギーではなく、国民が団結したという、その軍事的かつ愛国主義的側面である(57)。

総じてドゴール派のレジスタンス神話は、ドゴールという政治的英雄の下で国民が結束してドイツあるいはヴィシー政権に抵抗したという、英雄主義的で愛国心に支えられた点を特徴とする。たしかに、第四共和制の反体制勢力となったことや、アルジェリア戦争による国内の政治的分極化は、ドゴール派のレジスタンス神話が解放時と第四共和制の当初に備えていた影響力をいったん削ぐことになった。しかし、第五共和制への体制変動とアルジェリア戦争終結を経た一九六〇年代には、ドゴールと結びついたレジスタンス神話は再び影響力を強め、かつてない強度を誇るようになる。

ドゴール派のレジスタンス神話の最盛期は、同時に共産党のレジスタンス神話の最盛期でもあった。もともと共産党は、一九四七年に冷戦が始まって政権から放逐されると、それ以前、すなわち解放後の臨時政府に参画している時期には必ずしも積極的ではなかった共産党固有のレジスタンスの意義を強調するようになった(58)。

共産党のレジスタンス神話におけるドゴールの存在は小さい。そのかわりに、「七万五〇〇〇人の銃殺された者の党」としての激烈な戦闘行為と、「凌辱されたフランスに一丸となって忠誠を誓った唯一の党」としての愛国主義が強調された(59)。また、反ファシズムというイデオロギー的側面を際立たせ、その戦いが、共産党が代表する階級の、すべての「背信者」への「抵抗の精神」の中で強化してきた階級闘争にほかならないこと、そして赤軍とその指導下で結成されたレジスタンス組織（ＦＴＰ）こそがその勝利の立役者であることを訴えかけた(60)。

また、ドゴールがロンドンから対独抵抗を呼びかけた一九四〇年六月一八日ではなく、一九四〇年七月一〇日という日付にレジスタンスの象徴たる位置づけが与えられた。この日付は、一九四〇年の夏の初めにフランス共産党の指導者トレーズとデュクロが作成した「フランスの人民」という文書を通じて、共産党がレジスタンスを人民と労働者階級に呼びかけた日とされた。戦後の共産党はこの文書を「七月一〇日アピール[61]」と呼び、一九四七年以降はそれを、まさに「フランスの国土で（sur le sol national）占領者に対する戦いを行うための第一のアピール」と位置づけたのである[62]。そして、ドゴールの権力復帰後にドゴール側のレジスタンス神話の影響力が再び高まると、「六月一八日」に「七月一〇日」を対置するだけでなく、レジスタンスの主導権は「フランスの国土で」戦い続けた数多くの共産党の闘士にあったことが強調されるようになった。

ただし、フランス共産党はソ連（一九三九年から四一年にかけてドイツと不可侵条約を締結していた国である）の共産党に最も忠実な共産党であり、党のあり方を規定し続けてきたのは、戦前以来の、ソ連への忠誠や労働者階級主義であった。しかも党のトップのトレーズは、フランス国内で多くの若い共産党員がドイツ人に銃殺されている間にモスクワに亡命していて国内には不在であった。戦後のフランス共産党執行部は、「銃殺された者の党」として獲得した権威を維持しつつ、その中心メンバーとなった若い世代の共産党員が党執行部のコントロールから外れるほどまでの政治的な自律性をもつことを防がなければならなかった。したがって、この党内の緊張関係が顕在化した一九五〇年前後から一九六四年にトレーズが死去するまで、共産党のレジスタンスの英雄たちを賛美するような傾向は抑えられ、英雄主義的にレジスタンスを語ることは「一五年間のタブーの対象」となったのである[63]。逆に一九六〇年代の後半は、ドゴール派と共産党のレジスタンスに関する「記憶の戦い」の頂点となった。

なお、一九七〇年代以降、ドゴール派と共産党のレジスタンス神話は、第三の、というべき新たなレジスタンス神話の登場の前に次第に色あせてゆく。新たなレジスタンス神話は、対独抵抗運動の愛国的性格や英雄的行動をその中核に据えはしなかった。中心に位置するようになったのは、レジスタンスの人道主義や普遍的価値への貢献であり、それが無残にもドイツやヴィシー政権によって蹂躙されたことに焦点があてられた。

歴史家ジャック・セムランが、シモーヌ・ヴェイユになぜフランスでは多くのユダヤ人が生き延びることができたのかを問われて、フランス社会にはユダヤ人をかくまい救う人的なネットワークがあったことを強調したのは、そうした議論の一例である(64)。彼の見解は歴史学界からは厳しく批判されたものの、レジスタンスを支える人間の新たな像の生成に寄与した。すなわち、第二次世界大戦下のフランス人は、一丸となって英雄主義的なレジスタンスを行ったり、労働者を中心に激しい蜂起を起こしたりした存在であるというよりは、「正義」や「人道」を重んずる「善良なフランス人」であったというのである。これもある種の神話であることはいうまでもない。ドゴール派の国民解放の神話、共産党の民衆蜂起の神話を押しのけて、まさにこの新たな神話、「正義」の人としての「善良なフランス人」の神話がその後のレジスタンス物語の主流となった(65)。

### ドゴール神話の生成

このように、ドゴール神話としてのレジスタンス神話はレジスタンス神話のすべてではない。しかもそれが支配的な言説としての地位を誇っていた時期もさほど長くはない。しかし、ルソーの指摘する通り、ドゴールを中核に築かれたレジスタンス神話こそが、対独協力の過去をフランス史の例外的な「かっこでくられる時期」とみなす言動というべき「ヴィシー症候群」、端的にフランスの「忘却の政治」を支える最も重要な要素となった。その「忘却の政治」の支配的言説ともいうべきドゴール神話はいかにして形成されたのか。

ドゴール神話を構成する言説は、占領から解放にいたる一九四〇年から一九四四年の間にすでに現れていた。まずそれは、抵抗と解放の指導者としてドゴールを位置づけ、その指導下においてフランス国民が結束してドイツに抵抗し、自力で解放を実現したことを強調するものである。パリ陥落後の一九四〇年六月一八日のロンドンからの名高いラジオ演説は、フランスの名において「何が起ろうとも、フランスの抵抗の焔は消えさってはならぬし、また消えさることはないでありましょう[66]」と呼びかけ、一九四四年八月二五日の解放時にパリ市庁舎前で行った同じく歴史的な演説は、「パリ！　侮辱せられたパリ！　うち砕かれたパリ！　殉難したパリ！　しかしいまや解放せられたパリ！　自分自身によって解放せられ、フランス軍の協力のもとに、フランス全体の、戦闘するフランスの、唯一のフランスの、真のフランスの、永遠のフランスの支援と協力のもとに、解放せられたパリ！[67]」とうたい上げていた。

一九四〇年の時点でのドゴールは、一般的にはほとんど無名に近い存在であった。しかし、解放直後の一九四四年の九月から一〇月にかけて、彼はフランス全国を行脚し、それを通じて軍事的天才の解放者、隷従からの救世主、レジスタンスの英雄的指導者、国家主権の立役者という名声がフランス社会に広がっていった。一九四七年の段階でドゴールは、「ただ一つの歴史観念によって、すなわち、その一筋の道が、神の道、人間たちの道、進歩の道、あらゆるイデオロギーの道など、他のいっさいの道に代わるらしいフランスの偉大さという観念に動かされている」人物であるとみなされ、早くも「象徴」と呼ばれていたのである。(68)

抵抗と解放がドゴール神話を生み落としたとすれば、ドゴールの名声をより高次元に高め文字通り神話化するのに大きく寄与したのが、一九五四年に彼の『大戦回顧録』第一巻が、一九五六年に同第二巻が刊行されて広い読者を獲得したことであった。それは、解放に際してのドゴールの三つの役割――ドゴールはレジスタンスを統一し、自由フランスの下でフランスの主権を守り、そして国民の意思を体現する――を軸に描かれたフランス史の統一的解釈を提供するものであった。この回顧録の最終第三巻刊行(一九五九年)の前までの時期は、ドゴールが政治の表舞台に立っておらず、第四共和制の混迷も深まってゆく時期にほぼ重なっており、この時期に『大戦回顧録』が広く読まれたことは、いわばドゴール神話を支える社会の精神的基盤が次第に準備されていったことを意味した。

こうしたドゴール像の神話化の進行は、解放時の自由フランス内の混乱や共産党の貢献の大きさといった、ドゴールの下でこそ国民が結束して対独抵抗を行ったというレジスタンス神話にとって不都合な事実、そして解放後のペタンへの社会からの支持の広がりといったより不適切な事実を、遠景に追いやる役割を果たした(『大戦回顧録』の中では、対独協力も解放後に生じたヴィシー政権への支持の広がりもごく曖昧にしかふれられてはいない。ただし一九六六年にドゴールは、ペタンに関して、あくまでヴェルダン要塞の戦いの英雄としてではあるもの、その功績を称えている)。

## ドゴール神話の完成

ドゴール神話が、抵抗と解放の功績をほとんど独占して完成するには、しかしまだ紆余曲折があった。共産党がレジスタンス神話のもう一つの主要な担い手であることに変わりはなく、加えて一九五〇年代後半の時期は、いわば「一九四〇年六月一八日の精神」の断片化が進行した時期でもあったからである。一九五四年五月のインドシナ戦争での敗戦の数ヵ月後にくしくも開催された解放一〇周年の記念式典で、ある退役軍人グループがインドシナにおける軍の屈辱的経験の責任はドゴールの沈黙にあると、ドゴールを厳しく批判した(69)。さらに、一九五八年の権力復帰後のドゴールが、「フランスのアルジェリア」を支持する現地軍人やヨーロッパ系入植者の期待を裏切ってアルジェリアの独立を容認したことは、フランス国内の分極的対立を加速化させ、さらにドゴール自身を暗殺の危機に直面させたのである。

こうしたドゴール神話にとっての危機はいかに克服されたのか。記憶や歴史はそのためにいかに活用されたのか。第五共和制初期の、アルジェリア戦争をめぐる政治対立が最も厳しい時期にドゴール派が自らの立場の正統化に活用した中心的な手段は、ほかならぬ「六月一八日」の祝典の開催と活性化であった(70)。一九五九年には同時中継が始まり、一九六〇年から六二年までの祝典はドゴール暗殺の危険性が高まる中で断行された。一九六〇年代における第五共和制の安定の背景には、レジスタンス神話の社会への定着があった(71)。かくして一九六二年のアルジェリア戦争終結後のフランスに平和と結束を回復させるために、レジスタンスの神話はきわめて大きな貢献をなした。国家を分断するのではなく団結させ、ドゴールを再びその創設者であり統合力として強調するようなレジスタンスの神話が動員されたのであ

る。(72)

アルジェリア戦争におけるドゴールの行動は、レジスタンスをめぐって各派が自身の優越性を競ったのとは異なり、政敵からも、難題の解決と国内和解への寄与が称賛され感謝の意が伝えられた。共産党も、政治的にはドゴールに敵対し続けたものの、ドゴールのおかげでフランスの復権が実現したことを礼賛したのである。その点に関しては非ドゴール派の右翼も同様であった。(73)

一九六四年は、以上のドゴール＝レジスタンス神話が完成された年である。それは、アルジェリア戦争の中で生まれた傷とそれが再び開けた占領期の古い傷との両者が癒え始めた年であり、過去への追憶が社会工学的に設計された未来への楽観的な夢にとって代わられた年であり、フランスの新たな栄光にふさわしい過去のイメージ、いかなる外部からの侵略者に対しても常に戦ってきたフランス人というイメージが造成された年である。そしてそれにともない、ヴィシー政権と対独協力について語ることがほとんどタブー化された年であった。(74)

ドゴール＝レジスタンス神話を象徴する出来事が、ジャン・ムーラン――彼は一九四〇年六月のドゴールによるレジスタンスの呼びかけの後、フランス本国内で諸派に分裂していたレジスタンス各派を統一するのに尽力した、しかし「全国レジスタンス評議会」結成前にナチスによって惨殺された――の遺灰をフランスの歴史的偉人が眠るパンテオン（霊廟）へ移送しそこに埋葬するという儀式であった。フランスにおいて国民的コンセンサスを得る象徴や儀礼を創造することの難しさをよく理解し、一九五八年に権力復帰した後に新たな祝典を行うことのなかったドゴールが挙行した数少ないセレモニーが、このジャン・ムーランの遺灰の「パンテオン化 panthéonisation」であった[75]。

　式典は二日にわたり行われた。一九六四年一二月一八日の第一日目は、共産党を含む全レジスタンス勢力が参列し、文字通り対独レジスタンスを統一したジャン・ムーランにふさわしいものとなった。ただし、すでにこの初日にもセレモニーはドゴール派の式典という性格を帯びていた。ドゴールが（私人としてであれ）初めにオマージュを捧げ、しかも儀礼は軍事的装飾に彩られたからである（レジスタンスとは軍事的行動にほかならないと考えるのはドゴール派のレジスタンス観である）。

　一二月一九日の二日目の式典の性格は初日と大きく性格と異にしていた。式典は国家元首ドゴール中心に進められ、他のレジスタンス勢力は副次的役割しか与えられず、その重要性は非常に小さいものとなった。それはまさにドゴールこそがレジスタンスの功績を独占する存在であることを知らしめる試みであった。そしていっそう強まった式典の軍事セレモニー化は、フランス国内のかつての内戦を忘却させ（軍の使命とは外国の敵と戦うことである）、レジスタンス諸派の多様性を顕在化させない効果を発揮した。

　式典を通じてドゴールの傍らに立ち、ムーランに対する追悼演説を行ったマルロー文化大臣は、ドゴールが体現するものが個別な対独抵抗行為ではなく、理念としての抵抗運動であることを強調した。「たしかに抵抗した者たちは連合国に忠実な戦士でした。しかし彼らはフランス人の抵抗者ではなく、フランスの抵抗運動であることを望んだのです[76]」。さらに、この理念としての抵抗運動はフランス国民と分かちがたく結ばれていること、そしてそれこそがドゴール主義の精髄であることが唱道される。

「抵抗運動の統一性の中に国民の統一性のための戦いの主要な手段を見出すこと、それがおそらくは、戦後に人々がドゴール主義と呼ぶものをはっきりと示すことであったのです[77]」。個別の抵抗行為は、フランスの名において呼びかけを行ったドゴールを通じて、理念としての抵抗運動となる。その抵抗運動はフランス国民全体が参画する運動、すなわちフランス国民そのものと同じである。いわば、ドゴールとレジスタンスとフランス国民が同一視されるのである。マルローのこの演説の一節は、ドゴールが率いたレジスタンスの記憶の下にフランス国民を結束させようとする試みの頂点を記したものであろう。

一九五〇年代前半の恩赦法制定によって本格化した戦後フランスにおける「忘却の政治」は、このドゴール神話の完成をもって、その全面的な展開の様相を明らかにしたのである。すなわちそこでは、対独協力やヴィシー政権の「過去の忘却」がほどんど限りなく進められていたのであった[78]。

## 3　戦後イタリアにおける反ファシズムの弱体化

### なぜ「イタリアのニュルンベルク」はなかったのか

第二次世界大戦後、ドイツではニュルンベルク裁判が、日本では東京裁判が開かれて戦犯が裁かれた。しかしイタリアでは、同じ枢軸国であり、かつ一九二二年にファシズムが政権を掌握してドイツと日本よりも長く非民主的な勢力が権力の座にありながら、その勢力を裁く国際的な軍事裁判は開催されなかった。「イタリアのニュルンベルク“Norimberga italiana”」裁判の不在[79]と称されもする事態である。

この事態はなぜ生じたのだろうか[80]。そしてこの事態こそ、イタリアの「忘却の政治」の端的な現れとみるべき事実であろうか。

「イタリアのニュルンベルク」の不在はまず、イタリアの国際的地位にその理由を求めることができる。イタリアは一九四三年九月八日のバドリオ政権の連合国との休戦協定、二九日の本休戦協定の後、一〇月一三日以降に連合国側に立って対ドイツ戦に加わった。それ以降のイタリアは、旧枢軸国であると同時に「共同参戦国 cobelligeranza」という形で連合国側の一員となった。端的には、この連合国の一員であるというその国際的地位が国際的な軍事裁判を免れさせたのである。

しかし、共同参戦国はイタリアにとって無条件に歓迎すべき地位であったのではない。共同参戦国という地位は国際社会で対等な処遇を与えられないという意味で屈辱的なものであり、王国政府やレジスタンス勢力の広い層から、その地位の脱却が望まれるものであった。共同参戦国の劣等感を払拭して連合国と対等な地位を求めること、講和条約に旧枢軸国としての過去に対する厳しい懲罰的条項が含まれるのを回避すること、さらに戦後の国際社会で名誉ある地位を回復すること。これらが大戦中からすでに不可欠な課題と認識され、そのためには連合国の自国に対する印象を良好にすることが必要とされたのである。実際、その必要を満たすための努力がなされている。そしてそのための言動こそ、ファシズム時代に行われた犯罪を後景に押しやり、戦争責任をドイツに負わせ、さらにイタリア自身も犠牲者であったとする、つまりイタリアにおけるファシズムの「過去の克服」を曖昧にするものであった。それにともなって、反ファシズムの思想と運動は弱体化し、戦後に発足した新生イタリアの民主的政府の正統性としての反ファシズムは動揺し、反ファシズム化の徹底が困難になったのである。

イタリアが共同参戦国であったことは、「イタリアのニュルンベルク」を免れさせたばかりでなく、さらにその地位の脱却を試みるイタリアをして、ファシズムの「過去の忘却」への道を進ませたのである。

「イタリアのニュルンベルク」の不在にはもう一つ重要な理由がある。一九四三年夏の降伏から一九四五年春の解放までの約二年の間、イタリアは、北部から中部イタリアを制するドイツおよびその傀儡国家たるサロ共和国と、南部のイタリア王国とが敵対する「内戦」[81]状態にあった。その内戦は、連合軍の北部進撃を前に、ナチズム・ファシズム勢力を打倒して北イタリアを解放した国内のレジスタンス勢力の勝利に終わった。その後、反ファシズム勢力が独力で民主的政府の樹立を遂げ、反ファシズムを旗印に広く諸勢力を結集した民主的政府の下でファシスト・イタリアの戦争犯罪人が訴追されて裁かれ、また公職を追放されたのであった。イタリアには自らの手でファシストを裁く機会があったのであり、だからこそ、「イタリアのニュルンベルク」の不在という事態が生じた。「イタリアのニュルンベルク」の不在は、イタリアの戦争犯罪が問われなかったことを意味するものではなく、むしろイタリアが自らファシズムの過去に対して厳しい態度で臨んだことを示すものといえる。

それゆえに、これこそ、戦後イタリアにおける「忘却の政治」を封じるものだろうか。

ここで、フランスやスペインの例を想起しなければならない。戦後イタリアは内戦を経て誕生した。内戦を経験した新国家や新体制では、内戦が国内社会に残した亀裂や対立の再燃を回避するために、

「過去の忘却」の気運が支配的になることが往々にして生ずる。フランスやスペインがそうであったように、このことはイタリアにも該当するのである(82)。

ナチス・ドイツという絶対悪の措定に加えて、内戦とその和解の要請という「忘却の政治」を生みだす条件がイタリアほど早期に、また明確に揃っていた国はない。そしてイタリアでは戦時中からすでに「忘却の政治」が展開されていた。その具体的な様相はどのようなものであったろうか。まずは、イタリアがナチス・ドイツを絶対悪として自国の悪を相対化しようとしたさまざまな言動を概観し、その後、内戦とその和解という「忘却の政治」を展開させるパタンのイタリアにおける状況を考察することにしよう。

### 反ファシズム弱体化の開始

一九四〇年六月にムッソリーニがイギリスとフランスに対する宣戦布告をした直後から、両国によるイタリア諸都市への爆撃が開始された。まずはイギリス、続いてフランス、そして一九四三年七月の連合軍によるシチリア上陸以降はドイツからも爆撃がなされ、それは一九四五年五月初めまで続いた。

連合軍のイタリアに対する戦争は、軍事的側面のみならず、プロパガンダの攻防という側面ももっていた。上空から散布されたさまざまなリーフレットは、イタリア人にファシズムへの抵抗を促し、逆にドイツとの協力を拒否してドイツへの敵対的姿勢を強めることを呼びかけていた。そのようなリーフレット散布はまた、イタリア社会にパニックを生じさせてその士気を低下させたり対立を激化させたりすることで、降伏を早めることも目的としていた（これに対してファシズム側も、英米の空爆が民間施設を標的にしているといった対抗プロパガンダを行った）[83]。さらにアメリカとイギリスによるプロパガンダ攻勢は、リーフレットばかりでなく、ラジオ放送（ラジオロンドン（BBCのイタリア向け放送）、VOA、モスクワ放送、自由ミラノ放送（ソ連でトリアッティが制作））によってもなされた。

反独プロパガンダの内容は具体的にどのようなものであったか。一九四三年七月一七日にルーズベルトとチャーチルがラジオを通じてイタリア国民に送ったメッセージをはじめ、各種リーフレットやラジオ放送による連合国のプロパガンダの骨子をまとめれば、それはおおよそ次のようなものであった。第一に、ファシズム政権（あるいはムッソリーニ）とイタリア人民を区別し、戦争の責任をもっぱら前者にあるものとすること、第二に、イタリア人の本来のあり方（文明的かつ反ドイツ的国民である）を回復する必要性を説くこと、そして第三に、ドイツとイタリアは根本的に異質な国であることを強調し、ドイツの絶対的敵視とイタリアとの友好の可能性を示すこと、であった[84]。

連合国側としては、このようなプロパガンダによって、ナチズムに支えられたサロ共和国の存在を貶め、イタリア国民の戦争責任を不問に付すことでイタリア人を対独戦に駆り立てるための正当性を得ようとする意図があった。ここで興味深いのは、連合国が一九四〇年以降に行った以上のプロパガンダを、ほぼそのまま、イタリア側が模倣して活用したことである。一九四三年九月の降伏後、国王およびバドリオ政権あるいは反ファシズム勢力は、サロ共和国やナチズムと激しい戦闘を行った。その戦いにもプロパガンダ戦の側面があり、その内容は、連合国がイタリアに対して仕掛けたプロパガンダ戦とほとんど同じであったのである。とくに、イタリア国民はムッソリーニ率いるファシズムに裏切られ、意に反してドイツと同盟を組まされ戦争に駆り立てられたという点が強調された[85]。

降伏後のイタリアの最大の目的は国際社会において先進国と対等の地位を回復することであった。そうだとすれば、連合国のプロパガンダをそのまま活用することは不自然ではない。しかし重大なことに、そうしたプロパガンダが、結果としてイタリアのファシズム（の過去）に対する認識を鈍感にしてしまった。やや誇張していえば、すでに一九四〇年からイタリア社会には、連合国の反独プロパガンダを通じて、ファシズムを忘却させることになる条件が整い始めていたのである。

いかにしてイタリアはファシズムへの認識の厳しさを失い、反ファシズムの弱体化を招いていったのか。どのような主張や言動でそれらはもたらされたのか。

### 裏切り者の断罪

一九四三年以降のイタリアの内戦におけるプロパガンダ戦の焦点の一つに、イタリアを悲惨な戦争に巻き込み敗戦の憂き目をみさせることにした張本人は誰なのかという点があった。すなわち、「イタリア人がまず争わなければならなかった政治的道義の問題は裏切りの問題であった[86]」。

サロ共和国からすれば、九月八日に多大な犠牲と代償をもって独断で降伏したうえに首都から脱出した国王こそが、同盟国ドイツへの背信者であると同時に、イタリアという祖国とその人民を裏切る卑劣な行為を犯した者であった。こうした国王およびバドリオ政権批判は、多分にムッソリーニへの批判の集中を回避するためのものという性格が強かった。そしてサロ共和国は、国王およびバドリオ政権と反ファシズム陣営に対して自己の正統性を訴えるために、ドイツからの攻撃をかわす「緩衝国家」の機能を果たす「必要な共和国 Repubblica neccesaria」としてのサロという主張も行った[87]。

国王およびバドリオ政権側は、国王の安全と君主政体の維持という理由に加え、連合国との関係改善の必要性をもって、一九四三年九月八日の降伏と首都脱出を正当化しようとした。バドリオは、今やドイツはイタリアの敵であるという構えをとり、ドイツ側の豹変を強調することで、祖国への背信者という批判をかわし、国王の責任を回避しようとした。彼はムッソリーニを、イタリアの運命をヒトラーに渡してイタリアを準備と意思なき戦争に引きずり込んだ、祖国への背信者でありナチズムの手先であると厳しく非難した。その厳しさの前には、国王や軍や官僚がファシズムと協力した二〇年間の責任は曖昧となり、イタリア国民ももっぱら強いられた戦争の犠牲者としてみなされることとなった[88]。

九月八日に国王およびバドリオ政権が行った行為を、サロ共和国と同じく祖国への背信とみなしたのが、反ファシズム抵抗運動の結節点として一九四三年一〇月一六日に設立された国民解放委員会（CLN）に参画した諸党派である。しかし、その理由は大きく異なっていた。ドイツに対する姿勢が批判の対象であったのではない。反ファシストが断罪したのは、イタリアが内戦状態に入りドイツの攻勢も強くなるという緊急時に、軍と市民と協力してドイツおよびサロ共和国に抗戦しなかったこと、祖国の重大な危機に際してその職務を果たさなかったこと、つまり、もっぱらイタリア国民に対する国王とバドリオ政権の無責任な姿勢であった[89]。こうした認識を背景に、イタリアの解放を実現できるのは自分たちだけであるという意識が強まっていった。

ただし、「祖国への背信」をめぐる非難の応酬が展開され、国王およびバドリオ政権側と反ファシズム側との間には深い溝があったにもかかわらず、相当の一致点もあったことに注目しなければならない。端的にそれは、ファシズム体制とイタリア国民を峻別し、望まぬ戦争を国民に強いたムッソリーニの国民への背信とドイツのイタリアに対する裏切りを弾劾することであった。加えて、ドイツとの同盟の虚偽性、ドイツ軍の詐欺的行動、抑圧者というドイツの本質を暴露しようとする意向も共有されていた。(90)

国王およびバドリオ政権と反ファシズム勢力の間にこうした一致や共有が生まれ、それを軸に両者が共闘し、当面はその関係を維持したこと――その最大の意義は、ファシズムの戦争とその後の内戦の責任を、ムッソリーニと社会共和国、そしてドイツに一方的に負わせるという意識や論調を形成したことであった。ファシズム体制指導者とナチス・ドイツだけに汚名を着せるという姿勢をとれば、それ以外のすべての者の犯罪行為やその責任は問われずにすむ。そこから、ファシズムは例外的現象であって、国民のほとんどはそれとは無縁に暮らしていたという考えにいたるまで、そう遠くはない。

国王派と反ファシストの間には、さらに重大な関心が共有されていた。先に述べたように、一九四三年一〇月一三日以降、イタリアは連合国の「共同参戦国」という地位にあり、その曖昧な地位は最終的にイタリアに対する懲罰的講和の可能性をなお残していた。その屈辱的地位から脱し、厳格な戦争責任の追及を回避するためにはどうしたらよいのか――共同参戦国という屈辱的地位の改善は対独戦争の努力に比例する、というボノーミ(彼は翌年六月にバドリオの後継首相となる抵抗運動の指導者であった）がまさにこの日の日記に記した考えが進むべき道を明白に語っていた。そして連合国側も、イタリアの降伏条件を記したいわゆる「ケベック文書」（一九四三年八月一九日）の中で、イタリアの対ドイツ戦の積極性如何を、降伏条件検討の要件としていた[91]。

国を挙げて連合国に協力して対ドイツ戦に加担する以上、戦争は枢軸国政府と各国国民の共同責任であったという結論にいたることは許されない。換言すれば、対ドイツ戦の戦争動員に必要な前提は、イタリア国民はファシズムの戦争に一切の責任のない、ムッソリーニが勝手に始めた戦争の一方的な犠牲者であることを強調することであった。それはつまるところ、イタリア国民の「無実の前提 presunzione di innocenza」を掲げることにほかならない[92]。この主張は、国王およびバドリオ政権から反ファシストまで広い政治勢力から支持され唱道された。また、戦時に共同参戦国からの脱却を目指したバドリオおよびボノーミ政権であれ、戦後から講和条約締結（一九四七年二月一〇日）までのデ・ガスペリ首班の反ファシスト政権であれ、積極的な対ドイツ戦と有利な講和（国際的地位の回復）をリンクさせて考えていた点において違いはなかった[93]。

ムッソリーニ率いるファシズム体制とイタリア国民を峻別し、戦争責任は前者にのみあり、後者には「無実の前提」を与えるという姿勢は、ファシズムの歴史をイタリア史の中の例外的な時代として、本来のイタリア人の歴史とは無縁の時代としてあつかうという姿勢と親和性をもつ。たとえば当時の最高の自由主義的知識人クローチェは、ファシズムの時代を「二〇年の挿入期 una parentesi di venti anni」[94]と評する。すでに指摘したように、「かっこでくくられる時期」といった表現は、クローチェやイタリアの場合に限らず、忌まわしい過去をできるだけ封印したい者が用いる常套句である。

以上のような考えを共有する国王およびバドリオ政権側と反ファシスト勢力のいわば共闘関係が、政治状況の推移の中で強化されてゆく。反ファシスト勢力は当初、国王とバドリオ政権の祖国解放の能力を疑い、自らがもつ連合国との交渉の独占的地位を誇示した。しかし、ソ連のバドリオ政権承認（一九四四年三月一四日）と共産党の「サレルノの転回」(95)（同年三月二七日）を主たる契機として国王側と歩調を合わせることが多くなっていった。もちろんこの点では、一九四六年六月二日の国民投票までに統治機構に関する妥協の成立（共和制の容認）があったことも重要であった(96)。

以上のような広範に唱えられたイタリア国民の「無実の前提」の主張が、イタリア人のファシズムの過去に対する認識に、ナチス・ドイツとムッソリーニのファシズム体制のみが悪いという、一方的な責任の押しつけという性質を強く帯びさせたことは否定できない。

## 「イタリアも戦勝国である」

悪人はムッソリーニだけであり、「真のイタリア」はこの独裁者の犠牲者である――「真のイタリア」が意味するものは党派間で実に大きな違いがあったものの、体制と人民を峻別し、現実には広く存在した人民の体制への「合意」を否定すること、そしてファシズム期のレジスタンスと降伏後のドイツとの戦争の連続性を強調する点で、反ファシズム各派の見解は一致していた(97)。先に述べたようにこうした見解は、イタリアが厳しい講和条件を回避するために戦略的に主張されたという性格が強く、第一次世界大戦後のドイツが課せられた過酷な講和条件がヴァイマル共和国の挫折を導き、ナチズム台頭の原因となったことに注意を促す声さえあった[98]。さらに彼らは、共同参戦国としてのイタリアが、そしてムッソリーニに欺かれたイタリア人が、こぞって対ドイツ戦に加わったことが連合国の勝利に大きく寄与したことを強調した。

イタリア国民に責任はなく、またそのイタリア人の連合国勝利への貢献の大きさという反ファシズム陣営の主張は、反ファシズム陣営に批判的な凡人党（後述）にも共有された。凡人党は、ファシズム期を二つに分け、一九三〇年代半ばまでの「良き時代」は肯定し、ドイツと同盟関係に入ったその後の時代を否定した[99]。この見解は、連合国が打倒したのは後者のイタリアであって前者ではないという主張であった。凡人党にとっても、真の敵はナチス・ドイツであった。このように、イタリアも戦勝国の一角をなすというのは、イタリアの国際的地位を確保するための――それを実現する方法についての意見の相違は甚だしく大きかったにせよ――広く国民的に普及していた認識であった。

国内における抵抗についても同様である。たしかにファシズム体制への順応主義や日和見主義、そして「合意」がイタリア社会に広がっていたという指摘は、ファシズムを「国民の自画像」と喝破した自由主義知識人のゴベッティとロッセリーニの主張を援用した行動党を筆頭に、すでに党派横断的になされていたものである。社会の各部分にファシズムが深く浸透し、社会がそれを通じて病んでいたことを強調する同時代の分析には事欠かない[100]。しかしそうした指摘や分析は、個別的な観察に基づく指摘であって、それらによって反ファシズム陣営が唱道するファシズム体制に対する人民の抵抗という主張そのもののが動揺することはなかった。それどころか、イタリアの講和問題の具体的な議論が始まり、フランスやユーゴスラヴィアによるイタリア領への占領あるいはその威嚇に直面すると、すぐさまその種の指摘は棚上げされ見直されたのであった[101]。

共同参戦国として対ドイツ戦に参加したことの意義を強調するイタリア政府の姿勢は、一九四六年四月末にイタリア外務省が連合国側に送った「ドイツに対する戦争におけるイタリアの貢献」という文書に集約的表現を見出す。「血の貢献」を行ったイタリア、ナチ・ファシストと果敢に戦ってファシズム体制とドイツ占領の殉教者となったイタリア――イタリアの連合国側への協力姿勢は、このように表現されるまでに強調されたのである。一九四六年夏にイタリアにとって予想以上に厳しい講和条約の草案の内容が明らかになった時でさえも、デ・ガスペリ首相はイタリア国内でのストライキや地下抵抗運動、内外での愛国的な運動がファシズム体制の打倒にいかに大きな寄与をなしたのかを強調したのである[102]。

侵略戦争を始めた敵国として、国境修正、領土割譲、賠償支払い、軍備制限などの面で厳しい内容を課されることとなった一九四七年二月一〇日の講和条約が、イタリア国内に大きな失望と義憤を引き起こしたのはいうまでもない。しかしながら、それでもなお、イタリア国民の貢献がなければさらに悪い（ドイツ並みの）苛酷な講和条件が課せられたかもしれないというように、イタリアの対ドイツ戦に果たした役割の大きさを無視できない事実として強調する者も少なくなかった。そう考える人々は、共産党の政治家トリアッティや自由主義知識人のクローチェ、さらに軍部首脳のカドルナ将軍にいたるまで、広範に存在したのである[103]。

以上のように、イタリア国民が団結して連合国側に協力し、ドイツに対する戦争の勝利に貢献したことを強調することは、少なからぬ重要な事実を忘却させる効果をもった。レジスタンスが内戦や階級闘争の性格をもっていたこと、反ファシズム運動内に激しい党派的対立があったこと、連合国がイタリアを敗戦国として処遇したこと、連合国自体がイタリアに甚大な損害や打撃を与えたこと――そしてこれらの事実を隠蔽する「イタリアの貢献」という主張を支えているのが、ファシズムの犯罪の忘却、そしてそれがムッソリーニただ一人の責任であるという、それ以外の者の責任の忘却であった。

### 枢軸の忘却と犠牲者としてのイタリア

責任はすべてムッソリーニにあるという批判は、イタリアがドイツと同盟関係を結んだことにまでおよんだ。枢軸国側に立ったこと（一九三七年の日独伊防共協定への参加や一九三九年のドイツとの鋼鉄協定の締結）は、ムッソリーニとヒトラーの私的行為であり、それはムッソリーニがイタリア国民にある反独感情とリソルジメントの伝統に反して勝手に行った反イタリア的行為である、という批判が、バドリオ政権から反ファシズム勢力まで広範な政治勢力からなされたのである。「枢軸」とは畢竟、ヒトラーに騙されて一方的に結ばされた関係にすぎないことが大々的に喧伝されたのである(104)。

こうした批判は、連合国の反独プロパガンダに端を発し、戦後に刊行された、ファシズム政権下で外務大臣を務めたグランディの回想録や同じく元外相のチアーノの日記、さらにはヒトラーとムッソリーニの往復書簡などを典拠として主張されることとなった。とくに重要なのが広く読まれたチアーノの日

記であり、その結論は、ドイツ人は「われわれを裏切り騙した」というものであった。(105)

第二次世界大戦への参戦決定に関しても、ムッソリーニの勝手な行動とそれに対してイタリア国民が強い恐怖と怒りと反発を覚えたという見方が、戦後にさまざまな形で強調された。反ファシズム陣営は、イタリア国民全体は戦争に反対していたことを強調する点では一致していた。一九四二年の秋に始まる連合国による大規模な爆撃後にイタリア国内に広がって厭戦感情も、はるかそれ以前から存在していたものとされた。一九四八年に刊行され戦後の大ベストセラーとなったモネッリの『ローマ一九四三年』(106)を筆頭に、イタリア全土に反戦の気運や反独の感情があったことを描いた作品も少なくなかった。このような「望まれも聞かされてもいなかった戦争」（バドリオ）という見方が広がれば、国民の中にあった戦争への期待や好戦的雰囲気、勝利への確信、ムッソリーニへの支持といった事実は捨象される。(107)

「ムッソリーニが独断で結んだ同盟が国民の意に反して行った戦争」においては、イタリア国民はその犠牲者であり被害者である。犠牲者としてのイタリア国民という主張も、戦後早々に多彩な形で展開されている。なかでも加害者としてのドイツに対する被害者としてのイタリアという対照が強く打ち出されたのは、戦争そのものを行った兵士に関してであった。

まずもってイタリア軍人が一九四〇年から一九四三年にかけてバルカン半島を侵略し、現地住民に対して行った蛮行や抑圧行為については沈黙が守られ、あるいはその犠牲者数が実際よりも少なく見積もられるという傾向があった。残虐行為を支えるその残忍性と好戦性、ムッソリーニに対する熱情、「ファシズムの戦争」への信念なども隠蔽された。(108)

こうした沈黙や隠蔽とは裏腹に強く打ち出されたのは、ファシズム体制の偽りのプロパガンダに騙された兵士のイメージ、準備不足と無計画のまま戦地に送られた兵士のイメージであった。反ファシズムの長い戦いの中で命を落とした者はもちろん、ドイツのなすがままに遠くの戦線に十分な装備もなく送られた多くの若い兵士もまた犠牲者であると考えられた。こうした兵士像は、捕虜からの帰還兵支援のための「戦後支援省 Ministero dell'Assistenza postbellica」のパンフレットにおいて繰り返し登場した(109)。軍も反ファシストのメディアも、「ムッソリーニの戦争」を戦い捕虜となった兵士をも犠牲者とみなした。このような犠牲者としてのイタリア人兵士像を強調する背景には、党派による程度の差こそあれ、犠牲者としての戦死者や捕虜への尊崇の念が、内戦を経たイタリアに「国民的和解」をもたらすとする考えがあった(110)。

犠牲者としてのイタリア軍人に対して、加害者たるドイツ軍人は、過剰にその残虐性が際立たせられる。アフリカ（エル・アルメインの戦い）やソ連（ドン河の戦い）において、「同志」たるドイツ人兵士がイタリア人兵士に対して無慈悲で背信的で利己的な態度をとったことが強調される。それらは、イギリスの反独プロパガンダの転用であり、現地におけるドイツ人兵士とイタリア人兵士の関係の多様性を無視した一方的な告発であり、現在では実証的な修正を受けている。にもかかわらず、戦後に広がったのは、イタリア人のいわば「悲劇的叙事詩」であったのである(111)。

イタリアがドイツの犠牲となったことが強調された領域がもう一つある。イタリアにおける反ユダヤ主義的な政策である。イタリアにも、ファリナッチのように、一九三八年の人種法導入を主導した熱狂的な親ドイツ派の政治家がいた。そして多くの者が、人種法はドイツから一方的に強制されたものではなく、イタリア人の中にも、反ユダヤ主義的政策の基盤となる土着の文化的起源があることを知っていた。しかし戦後には、イタリア人が反ユダヤ主義的な強い傾向をもつことはなく、ムッソリーニの反ユダヤ主義はヒトラーを追随的に模倣したものと説明された。これも、党派横断的に共有された見方であり、いずれもイタリアにおける反ユダヤ主義の「感染源」がドイツとの同盟にあることを強調している。ここでもイタリアはドイツの犠牲者なのであり、自身の責任はほとんど語られることがなかった。[112]

## ナチズムによるファシズムの悪の相対化

ファシズムの犯罪や抑圧的な性格を忘却する最も有効な手段は、ドイツのナチズムを究極の悪としてイタリアのファシズムと比較し、ファシズムはナチズムほどは悪くはないという主張を行うことである。「ナチズムによるファシズムの悪の相対化」とでも表現すべき手法である。そしてその相対化がなされる際にしばしば使用される常套句があった。「「善良なイタリア人」と「邪悪なドイツ人」[113]」がそれであり、この単純化された善悪の対照を誇張することで、イタリアの責任の軽減が目論まれたのである。

「善良なイタリア人」と「邪悪なドイツ人」というこの相違の強調は、一九四三年九月八日のイタリア降伏の直後からなされ始めていた。反ファシストの亡命歴史家のサルヴェミニとラ・ピアナによる『イタリアをどうすべきか』（一九四三年刊。『イタリアの運命』と題された同書のイタリア語訳は一九四五年刊）という書物はその代表である――ギリシアやユーゴスラヴィアでのイタリア人兵士は、ナチスの兵士ほど残忍ではない。ドイツ人兵士が示す冷酷さや計算された野蛮性や「他人の苦難を喜ぶ心Schaden-freude」とは無縁である。もちろんイタリアにも犯罪者は存在する。しかしそれはファシズムの指導者たちである。しかし彼らはギリシアやその他の占領地において、イタリア人兵士を自分たちと同じような残忍な鬼畜に変えることはできなかった、というのである。[114]

こうした対照はその後、より具体的にはイタリアの講和条約締結交渉に際して、イタリアの大規模な領土縮小や莫大な賠償金支払い、戦犯の引き渡しといった、ファシストのイタリアによって侵略された国々からの要求を封じ込めるために切るべきカードとして、バドリオ政権からデ・ガスペリ政権まで、歴代のイタリアの国民連合政権によって用いられることになる。[115]

それを先取りするかのように、敗戦国としての将来に不安を抱く政府のある外交官が同種の議論を、サルヴェミニらの書物が翻訳されてイタリアでも読まれ始めた頃に行っていた。ベルリン駐在の経験もある外交官ルチオ・オッリの手になる『ムッソリーニとヨーロッパ』という書物（一九四五年刊）がそれである。

同書によれば、イタリア人兵士が悪事を働かなかったわけではない。「イタリア人兵士は、あちらこちらでちょっとした盗みやいかさまをした。それは戦時に占領を受けた地では不可避のことであった。しかしどのような階級の軍人であれ、市民の略奪を計画的に組織したり、虐待を組織したりする、そうした軍人を思い浮かべることはなかろう[116]」。しかしまさにドイツ人兵士はそのような行為を行い、その点においてイタリア人兵士との差は歴然としているという。「イタリア人兵士は、貧しい人々に固有の人間的な連帯感情をもって、ギリシアの飢えた人々にパンを分け与えた。ドイツ人は、後方支援物資つまり占領地の部隊のための食料の入った積荷を運ぶトラックにしがみつく少女を、銃の一撃で蹴散らかした[117]」。さらにイタリア人は、激烈な反ユダヤ主義に染まるドイツ人と異なり、「幾度となく、とりわけロシアにおいて、殺すぞと脅されたユダヤ人の女性や子供を武器をとって守るために、あるいはその人々が受けた蛮行に対抗するために、事態に介入したのである[118]」。

「ナチズムによるファシズムの悪の相対化」は、イタリアの一方的な政治的意向ではない。和平交渉の相手である連合国にも、同種の独伊比較の認識があった。それは同時期のイギリスの対独戦のプロパガンダであり、アメリカのジャーナリストからも主張されていた。広く読まれたマシューズ『ファシズムの所産』（一九四三年刊。イタリア語訳は一九四五年刊）によれば、ギリシアやユーゴスラヴィアにおけるイタリア人とドイツ人の行動は著しく異なり、イタリア人はファシストである前に、いやイタリア人である前に人間である。イタリア人は人間あるいは文明人として、女性や子供に危害を加えることに当然のごとく怯む。しかしドイツ人はそれを野蛮かつ冷酷な機械のごとくにやってのける、というのである[119]。

ある研究者によれば、「ナチズムによるファシズムの悪の相対化」のためのイタリアとドイツの比較は主に三つの領域で行われたという[120]。以上の議論はその指摘と一致している。三つの領域とは、第一にバルカン半島やロシアといった戦地における行動であり、第二にユダヤ人に対する対応であり、第三に国民性あるいは人間としての特質である。以下、それぞれの領域において、ナチズムあるいはドイツ人を究極の悪と見立てることで、ファシズムあるいはイタリア人の犯罪や責任が軽くみなされる、すなわち「忘却の政治」が展開されるその実例を、より詳しく具体的に考察することにする。

### 占領と戦争犯罪――「祖国への愛と忘却への愛」

「善良なイタリア人」と「邪悪なドイツ人」という対照は、一九四三年九月のイタリアの降伏から一九四七年二月の講和条約締結まで、イタリア人の戦争犯罪が国際的に、かつ過酷な条件の下で裁かれる最悪の事態を回避するために繰り返し用いられた。国王およびバドリオ政権から反ファシズム勢力にいたるまで、また社会から（とくにさまざまなメディアによって）もそれは強調されたのである。

イタリアとドイツの対照を根拠として実現が期待された要望には広範な要求項目が含まれていた。連合国へのイタリア人戦犯の引き渡しの拒否、自国でイタリア人を裁く権利の確保、イタリア人を虐殺したナチス戦犯を裁く権利の取得、イタリアは「人道に対する罪」とは無縁であるとの認定、講和条約における寛大な講和条件の実現などである。[121] いかにナチズムを絶対悪視することがイタリアの罪を軽減するために有効であると信じられていたのかが理解される。

そしてその際、ギリシアやユーゴスラヴィアなどバルカン半島の戦場や占領地におけるイタリア人兵士の「人間的な」行動のあり方が強調された。その人間性のために、イタリア人はドイツ人と異なって、計画的で集団的な虐殺を行うことはなく、占領の実態は非暴力的かつ非抑圧的なものであることが訴えられた。[122] ユーゴスラヴィアのパルチザンからの攻撃に直面した際も、ドイツ軍はその「戦争マシーン」

としての技術的優越性と狂気的なまでの人種的優越性を誇示して目的遂行のための冷酷な行動をとったのに対し、イタリア軍の反パルチザン戦には心理的な脆さや動揺が露呈し、残忍な行為も彼ら自身の生存のためのやむをえないものであったとされた（パルチザンの犠牲者であることが強調されることも少なくなかった）[123]。極限状況の中でイタリア人兵士も「暴力の内在化」と「野蛮性への適応」という変貌を遂げてゆく[124]ものの、強調されるのはあくまでもドイツ人兵士の暴力性と野蛮性であった。

CLNに参集する反ファシズム勢力内には、当初、国王およびバドリオ政権側と異なり、ファシズム政権の上層部の戦争責任や占領地でのイタリア人兵士の暴力行為を厳しく非難し、国際世論に向けてイタリアの戦争責任を明らかにすることこそが必要であるという声が強かった。しかし、一九四五年五月以降のユーゴスラヴィアによるトリエステやヴェネツィアへの侵攻を転機として、反ファシズム陣営にも国民的自衛の気運が強まり、同年後半にはイタリアの戦争犯罪告発の声は急速に弱まってゆく。その結果、自由派を中心にドイツ人とイタリア人の差異化が強調されるようになったのである[125]。反ファシズム陣営からも声高に、ドイツ人に対抗するイタリア人兵士が存在したこと、他国のレジスタンス勢力とイタリア人兵士の連帯、逆にバルカン半島でドイツ人兵士からイタリア人兵士が受けた被害や苦難の大きさなどが強調されるようになったのである[126]。

ドイツ人とイタリア人の人間性の違いが強調された事例として、一九四五年八月以降に表面化した、ソ連におけるイタリア人戦争捕虜問題を挙げることもできる。冷戦開始後に激しい左右の党派的対立の争点となるこの問題に関して、ソ連での従軍から帰還した後にレジスタンスに加わり、戦後は社会党の有力議員として活躍したトロイは、一九四七年の回想録において、イタリア人兵士がロシアの民衆と培った良好な関係や赤軍兵士から受けた厚遇などを具体的に描き、現地の住民がイタリア人とドイツ人を異質の存在とみなしていたことを示すさまざまなエピソードを紹介した。たしかにロシアにおけるイタリア人兵士の蛮行があったことも記されはする。しかし彼はそれを告発する意思はないことを言明している。政府と軍部の首脳の責任は追及されるべきところ、一般のイタリア人兵士の本性は「善良なイタリア人」だからである。そしてトロイは、ロシアにおけるイタリア人兵士の行動の「暗部」についての沈黙を促した感情を次の実に印象的な言葉で表現する。すなわちそれは、「祖国への愛と忘却への愛 carità di patria e amore di oblio」ゆえの行為である、と。(127)

## ユダヤ人を救うイタリア人

一九四〇年代にナチス・ドイツの反ユダヤ主義的政策が急進化するのに対抗するかのように、イタリアでは、政府から知識人、メディアにいたるまで、イタリア人によるユダヤ人の救済と支援の物語が盛んに語られた。これもまた、講和条約締結交渉やその後の国際社会における有利な立場を獲得しようとする動機から発するものであった。

政府レベルでは、クロアチア問題担当の首相府高官が一九四四年一〇月にある雑誌に公表した記事がそうした言動の端緒として知られる。その記事は、クロアチアのユダヤ人をドイツに引き渡す独伊間の合意に反して、外務省と軍の協力により引き渡しが阻止された経緯を克明に報告するものであった。(128)そしてイタリアが親ユダヤ的国家であることを広く知らしめようとする試みの頂点が、講和条約締結交渉に際して作成され、連合国に提出された「ユダヤ人共同体保護のために外務省が展開した取り組みの記録（一九三八―一九四三年）」という文書である。

この文書は、バルカン半島と南フランスでユダヤ人をナチスの迫害から救出するためにイタリア当局が行った行動の証拠を提示しながら、イタリアの外交は本来、人種主義的傾向をもたず、ナチズムの反ユダヤ主義的政策とは無縁であること（あるいは先に述べたようにドイツから強いられたものであること）を示そうとするものであった(129)。

イタリア人によるユダヤ人の救済と支援の物語は、ユーゴスラヴィアにおけるイタリア軍の首脳の回想録にも、各種の新聞や雑誌の記事にも、さらには文学作品の中にも見出され、かの物語がいかに広く受け入れられていたかを印象づける。

マラパルテ『崩壊』（一九四四年刊行）はその最も著名な一例である。元ファシストでコッリエーレ・デッラ・セーラ紙の戦地特派員としてドイツ軍の東部戦線の報道を続けたマラパルテは、一九四一年六月のモルドヴァのヤーシにおけるユダヤ人虐殺を目撃する。『崩壊』第二章の「鼠」と題された章(130)では、その壮絶な情景が、マラパルテがその後に赴いた占領下のポーランドの総督フランクに語る形で知らしめられた後、サルトーリという「ヤーシの大虐殺の夜に何度も身を挺して哀れなユダヤ人たちの命を救ったし、いまはひとりのユダヤ人のために体を張っていた」ヤーシのイタリア領事の活動が描かれる。そしてこのイタリア人のユダヤ人に対する人道的姿勢は、その直後に極めて残忍なドイツ人兵士が登場し、そのドイツ人兵士との対照からより強く読者の脳裏に刻まれることになる。すなわち、「鼠」の中でマラパルテは、次のようなドイツ人兵士のユダヤ人の子供に対する驚くべき行動を楽しげに話すフランクらの会話を耳にする——ポーランドのユダヤ人ゲットーには「鼠のトンネルに似たような穴がいくつかあって、そこから出るのです。夜中に壁の根もとを削って、昼間のうちは土と葉っぱを目隠しにかぶせておく。そういうトンネルをくぐって買い出しに行くのです」。ドイツ人兵士は、壁の根もとから現れた子供を「鼠」とみなし、その黒い髪の小さな頭を銃で打ち抜くゲームに興じていたのである。『崩壊』の中のこのくだりは、ユダヤ人に対する両国民の姿勢の隔絶した相違を、このうえなく鮮明に際立たせようとしたものにほかならない。

### 非人間としてのドイツ人

こうした残忍で冷酷なドイツ人像が行き着くところはどこか。それはドイツ人の人間性の否定である。ドイツ人の野獣性や非人間性を剔抉するために、考えうる限りの罵詈雑言がドイツ人、とりわけドイツ軍に対して向けられることになった。共産党に属し、ドイツ占領下のミラノでレジスタンスに参加した作家ヴィットリーニが潜伏中に執筆した小説『人間と人間にあらざるものと』(一九四五年刊行[131])は、そのタイトルからして、イタリア人とドイツ人を分かつ基準が、まさにその人間性の有無であることを端的に示す。

非人間的であるというドイツ人のイメージを決定づけたのは、戦争終結以前からイタリアの新聞各紙に報道された強制収容所や絶滅収容所での被害の壮絶さであり、その衝撃は戦争が終わり、収容所から生還した人々の生々しい証言が公表されることでより強烈なものとなった。その最も広く知られた例が、アウシュヴィッツを生き延びたレーヴィが一九四七年に刊行した『これが人間なのか』[132]であろう。このタイトルにも、ドイツ人の人間性を否定する意思がはっきりと示されている。

たしかにドイツ人のすべてが非人間的とみなされたわけではない。反ファシズム勢力を中心に、異常なナチズム体制からは切り離されたドイツ人がいること、反ナチズムに身を捧げる「善良なドイツ人」からなる「もう一つのドイツ」が存在することも指摘されてはいた。しかし収容所での実態が明らかになるにつれて、そうした区別も意味を失っていった[133]。ドイツのナチズムを絶対悪として措定し、その前にイタリアのファシズムの抑圧性や暴力性を軽減化しようとするさまざまな言動は、こうした人間観に支えられた、その意味でイタリア社会の直中から発せられたものであった。

以上に述べたことは、ナチス・ドイツを絶対悪化することを通じて、イタリアの国際的地位を向上させるという戦時中以来の強い希求が招いた「忘却の政治」の諸側面であった。戦後イタリアはこうした「忘却の政治」をすでに経験した地点から始まったのである。そして新生イタリアにおいても、「忘却の政治」の新たな展開がみられるのである。

## 反ファシズム的措置とその限界

先に指摘したように、イタリアが「イタリアのニュルンベルク」を免れたのは、イタリアが自力で国土を占領から解放し、ほぼ自国で独自にファシズムを裁いたからであった。しかしそれは、イタリア国内の政治的利害のために「過去の克服」が放棄される可能性があることも意味した。以下では、新たに民主主義国家として出発したイタリアにおけるファシズムの「過去の克服」の限界というこの観点から、戦後イタリアにおける「忘却の政治」を考察する。焦点となるのは、「忘却の政治」とは切り離せない内戦とその収束のための「国民的和解」の強調である。

ファシストの逮捕と訴追、公職追放などによるファシズム体制の「浄化 epurazione」[134]は、一九四三年七月二五日のムッソリーニ解任から九月八日の連合国との休戦協定締結までの間に、すでにバドリオ政権の下で、君主制維持と自身の政治的生き残りのためにファシストの影響力を縮減してゆくことが必要であるとの見地から開始されていた[135]。ファシストの中にいる多くの君主制支持者に配慮して国王はこの動きが拡大することを嫌っていたものの、バドリオはファシストの浄化措置を放棄することはなかった。なにより連合国が、解放されたシチリアと南イタリアにおいて自ら浄化政策を開始し、さらにイタリア国内からもファシスト追放の圧力が高まっていたのである。浄化による非ファシスト化を支持する勢力は、その後ろ盾を連合国に見出してもいた[136]。

九月二九日の本休戦協定と一一月一日の米英ソのモスクワ会談後の声明により、バドリオ政権は浄化政策の本格的な実施を求められ、より進んだ浄化政策を行うための制度を整備することとなった（一九四三年一二月末の浄化令制定と一九四四年四月の「ファシズムの全国的浄化のための高等委員」設置）。しかしながら、政権内部の浄化に対する温度差や連合国側の非ファシズム化の方針の非一貫性（対独戦やイタリアの国家機能の存続に必要と判断すれば浄化には反対した）などから、バドリオ政権による浄化は結局のところみるべき成果を挙げることはなかった[137]。

ファシストに対する浄化が加速するのは、一九四四年六月のローマ解放と同月一八日の国民解放委員会が主導権を掌握した反ファシズム国民連合政権たるボノーミ内閣の成立後のことである。まず、六月半ばには行動党のベルリンゲルが「ファシズムの全国的浄化のための高等委員」に就任した。七月二七日にはイタリアにおける政治的浄化のマグナカルタと評された「ファシズムに対する粛清のための法律[138]」が制定され、同法に基づく「ファシズムの粛清のための高等委員ＡＣＳＦ（Alto Commissariato per le Sanzioni contro il Fascismo）」を共和党のスフォルツァが、その代行を共産党のスコッチマルロが担うこととなった。彼らは、浄化のための制度を実効的なものとすべく、一九四四年の後半には各地で約一六〇もの「浄化委員会」を発足させた[139]。司法の面でも特別法廷として「ファシズム粛清のための最高裁判所 Alta Corte di Giustizia per le Sanzioni contro il Fascismo」が設けられた。

こうした陣容の下に、国家機構（軍部も含む）の浄化が断行された。その中心的役割を担ったのは、行動党、共産党、社会党であり、なかでもスコッチマルロは浄化の原理主義者というべき立場から大胆な浄化を進めようとした。九月にはファシズム体制の指導部を裁くべく最高裁判所の審理が始まり、ローマ警察のトップであったカルーソに死刑判決が下され、その翌日に執行がなされて世論の留飲を下げる効果を残した（後述のように翌年にはこの特別法廷はその機能を停止する。その間、一六の主要な裁判が行われ、多くのファシスト指導層に死刑や長期の懲役刑が科された[140]）。

しかし、この浄化のための装置が非ファシズム化の拠点として十全に機能するという反ファシズム諸派の期待は満たされなかった。ムッソリーニ、ボッタイ、チアーノ、ファリナッチ、グランディなどのファシズム体制の中枢にいた人物を召喚できなかったためだけではない。なにより浄化の急激な進行は、高等委員会内部にあった浄化に対する温度差を拡大し、さらに軍部と国王と穏健自由主義勢力（イギリス政府の支持を得ていた）とキリスト教民主主義勢力からの反発を生むことになったからである。そして一九四四年一一月にスコッチマルロが、ＡＣＳＦに積極的な協力を行わない浄化に消極的な閣僚や政党、官僚や司法を公然と批判したことは、政権内の対立を決定的にした。スコッチマルロは、「サレルノの転回」後、国民からの支持拡大と他党との連立の維持を重視するトリアッティ路線が支配的となっていた共産党内で厳しい批判にさらされ、スフォルツァとともにＡＣＳＦの職を解かれることとなった。閣内からは社会党と行動党が去る一方で、共産党はトリアッティを副首相として政権に残ることとなった（アメリカはこの第二次ボノーミ内閣を「保守的右派と極左の連合」と呼んだ[141]）。

このように一九四四年一二月には、浄化政策から共産党が、政権から社会党と行動党が退くという二つの後退が生じている。これにともないボノーミ内閣も、発足当初にもっていた反ファシズム的性格を大幅に後退させ、よりブルジョワ色の強い政権に変貌した。浄化政策は、首相の指揮の下、四名の委員が担当する形にその規模が縮小された[142]。

しかしファシズムへの裁きの動きが消えたわけではない。南イタリアにおける連合国独自の浄化政策は続いていた。さらに、一九四五年初頭から各地に人民法廷が現れ、パルチザンによる時に適正な法的手続きを無視した死刑を含む刑の執行が進められた。民衆レベルでのファシストに対する報復的な気運のこの高まりは、一九四五年四月後半のミラノ解放とムッソリーニ処刑において頂点に達した（「北部の嵐」）。(143)

民衆レベルでの浄化を再び突き動かす気運は、国家レベルでは、ボノーミ内閣の末期の四月二二日に「特別重罪裁判所 Corti Straordinarie di Assise」の設立という形に制度化された。(144) そして、六月二〇日に行動党のパルリを首班として反ファシスト勢力が再結集した内閣が成立し、首相代理として入閣した社会党のネンニが、空席となっていた「ファシズムの粛清のための高等委員」に就任した。それは、いったんは後退したファシズムの過去の清算にパルリ内閣として再び積極的に取り組む構えを示したものと思われた。(145)

しかし、パルリ政権で浄化政策を担当することになった社会党のネンニの前には、急進化する浄化の動きに警戒するブルジョワ政党と浄化の徹底した実現を断念した共産党の存在があった。とくに自由党は、包括的な恩赦を求めさえした。ネンニは、副首相その他の過重な任務に加え、連立政権内の結束と和平を維持しながら浄化を進めるという、困難な綱渡り的な道を進まざるをえなかった。

浄化委員の党派間での選定を終えて浄化政策の態勢を固めた後は、ネンニによる大胆な浄化が実現しえた時期であったかもしれない。八月四日に私企業の経営者や監査役、管財人を対象とする浄化法が政権内外からの批判を受けながらも成立し、浄化の対象は公務員以外にも拡大した。これには連合国からの支持があったにもかかわらず、しかしネンニにはそれを断行する積極性まではなかった（同法は後述の一一月の新浄化法をもって廃された)。また、上院議員七七名を最高裁判所に告訴したことも、パルリ首相以下、政権内部からネンニの専断的行動として強い批判を浴びた。ネンニの浄化政策は、王室、軍部、バドリオ元首相周辺の保守派勢力や、自由党やキリスト教民主党などの政権与党からも、いよいよ疎まれるようになっていった。

その後、一九四五年一〇月初頭の最高裁判所の特別法廷としての権限喪失や「特別重罪裁判所」の改組(「重罪裁判所特別局 Sezioni Speciali delle Corti di Assise」)[146]という事態が生じ、ファシズムの過去に対する清算の動きが鈍り、後退してゆく。

浄化は広範な人々に実質的損害や心理的恐怖を与えていたのである。ネンニは社会の広い範囲に浄化が脅威となっている現実を危険なものと認識し、その最大の原因が一九四四年七月二七日の浄化法にあるとみなした。そこでネンニは同法の規模縮小と簡素化を内容とする大幅な改正に乗り出すこととなった。その前提たる方針は、戦後復興に必要な浄化はできる限り早期に終結されねばならないというものであり、レジスタンス勢力の中にも、民主主義の発展は社会的和平の中でこそ実現する、急激な浄化はそうした環境にとっては不適切であるという認識が次第に強くなっていた[147]。その結果、一一月九日に公務員と民間企業の一部を対象とした新たな浄化法(いわゆるネンニ法)が成立した。ただし、このネンニ法の成立と引き換えに政権は大きな代償を払わなければならなかった。

大きな代償とは、政権内で自由党とキリスト教民主党の浄化政策への批判的な姿勢がより厳しくなったことである。その背景には、一九四五年以降、先に言及した凡人党(クアルンクィズモ)と呼ばれる新興政党が勢力を伸ばし始めていたという事情があった。政党配置の上で、キリスト教民主党と自由党の右側に位置することになるこの政党は、ナポリ生まれのジャーナリストであり劇作家であり映画監督でもあるグルエルモ・ジャンニーニが一九四四年に創刊した『凡人』(Uomo Qualunque)という雑誌に始まる運動に起源を有している。その主張の骨子は「凡人」の名の通り、政治エリートに対する一般民衆の利害を擁護しようとするところにあった。この場合のエリートとは、レジスタンスから解放の時代の政治の中心にあった既存政党であり、したがって凡人党の主張は政党支配批判の基調を帯びていた。より具体的には、反・反ファシズム、その具体的な表現としての、政党エリートの下で進められた反ファシズム的な浄化の動きへの厳しい批判であった。「凡人」は、一九四五年秋には八五万部をイタリア全土で販売するまでに成長し、一九四六年の総選挙で凡人党は、三〇議席を獲得して第五党に躍進した。(148)

自由党とキリスト教民主党は、浄化政策を厳しく批判するこの新興勢力と競合せざるを得ず、浄化の続行は党にとって致命的であるとみなしていた。(149) とりわけ党の規模がより小さい自由党にとってこの問題は深刻であり、自由党はネンニ法の成立と前後して政権からの離脱を決断したのである。キリスト教民主党も自由党の政権離脱による政権危機を不可逆的なものであると宣言した。その意味するところは、「自由党の離脱による解放委員会の六党合意の崩壊の必然的な帰結は、パルリの即時退陣である」というものであった。一一月二四日にパルリは辞任し、その後継首相にはキリスト教民主党のデ・ガスペリが就任した。デ・ガスペリ新首相は一二月半ばに、まもなく高等委員の制度を廃止するとの意向を公にした。(150) 一九四五年末の時点でネンニは政権各党の和平と結束を重視し、連合国もイタリア政治の安定とその西側統合を重視していた。浄化はそのいずれにとっても妨害材料でしかなくなっていたのである。デ・ガスペリ政権では、政権の主導権が急進左翼から中道右派に移り、もはや厳しいファシズムとの対決は望むべくもなかった。一九四六年二月一日の閣議で、三月末をもって高等委員を廃止することが決定され、首相管轄の小規模な「ファシズム粛清局 Ufficio per le Sanzioni contro il Fascismo」への権限移譲とともに高等委員はその使命を終えた[151]。一九四六年三月の時点ではイタリア全土で数千の「浄化委員会」が活動し、おびただしい案件が処理されていた。しかし一九四七年六月にその数は一二五に、一九四八年一月には六三に激減していたのである[152]。

## 一九四六年恩赦法

以上の浄化問題と並んで、未決勾留からすでに判決を受けた者まで、一九四五年末の時点で約二万人の刑事裁判の対象者（ファシスト以外の者も含む）の処遇に関しても、ファシズムの「過去の克服」の鈍化は進んだ。その時点で一万人以上が収監され、一九四六年にはさらにその数が増加し続け、刑務所の収容の応力が限界に近づいていたという物理的事情もあって、恩赦が現実的な政治問題となりつつあったのである[153]。

ただし、恩赦という政治的に重大な問題を一九四六年六月二日に憲法制定議会選挙と政体選択の国民投票を控えたデ・ガスペリ政権は進んで取り上げようとはしなかった。にもかかわらず、一九四六年五月に新国王となったウンベルト二世は（君主制存続の期待を込めて）新国王誕生にともなう恩赦を要求したため、恩赦問題は無視されざる問題となった。そこで所管のトリアッティ司法大臣は六月二日以前に小規模な恩赦を行い、より本格的な恩赦は六月二日以降に行って事態を乗り切ろうとした。しかしこれは新国王の同意を得られなかったばかりか、六月二日の後には大規模な恩赦が行われるという期待を高めることにもなった[154]。政権の当初の意向に反して、閣内でも世論においても恩赦に関する活発な論議が行われるようになったのである。

トリアッティ自身、司法問題の政治的解決、重大な政治的責任のあるファシストが刑罰を免れて活動を再開することには強い抵抗感を抱いていた。彼が六月一九日に閣議に示した案にはそうした抵抗感が反映され、実際、その案にキリスト教民主党は恩赦や減刑の規模が小さいとして強い難色を示している[155]。次第にトリアッティは、恩赦問題が、元ファシストを体制に再統合化しようとする保守派と、反ファシストのパルチザンの利益を念頭におく左派との対立を招き、その解決には重大な政治的決断を要するであろうことを認識するようになっていた。

一九四六年六月二一日にトリアッティが再提出した案が、閣議の承認を経て、翌二二日に議会で成立している。その際、恩赦法の立法趣旨および各条の意図をトリアッティ司法大臣が説明した。それによれば、恩赦法制定の目的は、まずもって、新たな共和国が内戦状態を克服し、「すべての善良なるイタリア人の和平と和解の体制」として発足するために、「この国が政治的かつ社会的に平和な状況に迅速に向かう必要性」を満たすことであった。そして、恩赦という措置が「この国の運命を信頼する強さの行為」にほかならないことが強調された。また、ファシズム時代は政治的社会的対立が激しく、政府への批判も許されず、その結果、とくに若年層に善悪の区別がつかない人々が増加した時代であって、そうした例外的状況で行われた犯罪の責任は厳しく問われるべきではないともされたのである（もっとも、恩赦が極めて重大な犯罪にまで拡大したり、国民の一般的な感情や平等の原則に背馳したりすることは避けなければならないとされた[156]）。

五年未満の懲役刑や財産刑を科された一般的な犯罪への恩赦から始まる恩赦法[157]の焦点は政治犯への恩赦であり、その最大の受益者は元ファシストであった。それは、ネンニが元ファシストに関して「かなり太っ腹な abbastanza ampia」と評するほどの寛大なものであった[158]。恩赦法案を決定する閣議に出席していたある大臣によれば、トリアッティは、もしファシストへの恩赦を渋れば、「解放後にかなり広範囲に行われた犯罪の恩赦に制限がかけられてしまう」との懸念を抱いていたという[159]。トリアッティが念頭においていたのは、解放後に「反ファシズム蜂起の運動がある種の勢いに任せて」行った政治的犯罪であり、彼はそれを恩赦の対象にすべきである考え、そう断言していた（一九四三年九月八日の「解放後の政治犯への恩赦」を定めた第二条への注解として、一九四三年九月八日から一九四五年七月三一日までの犯罪が対象とされた[160]）。

こうしてパルチザンが解放後に行った犯罪も恩赦の対象となった分、元ファシストへの恩赦や減刑は大規模なものとなった。「その他の政治犯への恩赦」を定める第三条により、先に述べた一九四四年七月二七日および一九四五年四月二二日のファシストに対する浄化策によって政治犯とされた者が免責の対象となった。たしかに政官軍の高官の犯罪、特別に残忍な行為、金銭目当ての犯罪は恩赦の対象外とされたものの、この例外規定には批判が極めて強く、実際の運用の際にはほぼ骨抜きにされた[161]。また、即時に恩赦の恩恵を受けない者も、死刑は無期刑に、無期刑は懲役三〇年に、五年以上の懲役刑はその三分の一が減刑され、五年未満の懲役刑は帳消しとなるという寛大な措置がとられた(第九条)。

この恩赦法には、元パルチザンやファシストの犠牲者から厳しい批判が寄せられた。なにより憤慨の対象となったのは、恩赦法策定の責任者が自由党やキリスト教民主党の政治家ではなく、共産党の司法大臣トリアッティであったことである。なぜかくもファシストに寛大な恩赦法が共産党の大臣の下で成立してしまったのか――しかしトリアッティは、批判は必ずしも的確なものではないとみなしていた。なぜならトリアッティは、恩赦法を、共産党がブルジョワや農民勢力との広範な同盟関係を結ぶという現実路線を続けることを望む以上は払わなければならない代償と考えており、彼ほど実際にそうした現実路線を存続させるために必要な恩赦法のあり方を理解していた者はなかったからである[162]。広範な改革を実現するためにはキリスト教民主党との同盟関係が重要であり、さらに共産党が左翼の国民政党に成長すること、そして共産党が国家と社会の指導的地位を確立するためには、少なくともかつてファシズムを支持した国民の一部の支持を獲得することが必要であるというのも、トリアッティが確信していたことであった[163]。

恩赦法成立前に約一万二〇〇〇人にまで増加していた刑事裁判の対象となったファシストは、恩赦法成立を経た一九四七年七月末には二〇〇〇人に激減していた。さらに一九五〇年に半減し、一九五〇年代半ばまでには数十人を残すだけとなっていた[164]。また、一九四七年末までに「重罪裁判所特別局」の活動がすべて終了し、一九四八年二月初めまでに公務員と財界の浄化に終止符が打たれた[165]。こうして一九四八年までに、一九四三年以降にファシストとしてあるいはファシズムへの協力行為のための責任を問われた人々の復権が完了したのである[166]。

一九四六年の恩赦法は、体制の「非ファシズム化」の決定的な終焉の画期であった[167]。恩赦とは公的制度によって課された想起の禁止、すなわち忘却である。戦後イタリア国家の出発点には、そのような恩赦＝忘却が存在していたのである[168]。

一九四七年に保守派のジャーナリストであるモンタネッリの手になる『善良なる人ムッソリーニ』という書物が出版されたのは、こうした反ファシズムの決定的な弱体化を象徴する出来事であった。この書物は、ムッソリーニの遺言（正確には、ムッソリーニから遺言を託されたコモ湖近くのある山村の司祭の依頼でジャーナリストたるモンタネッリが公表した統領の遺言）という体裁の書物である。「われわれの誰しも、ムッソリーニの遺言がないことを感じている」ところに、「それはここにある」と提示された書物である[169]。そしてモンタネッリはムッソリーニの口を借りて、戦後イタリアに蔓延する「反ファシズム」という謬見を厳しく批判する。「ムッソリーニ」によれば、イタリアのみならず世界の混沌の根底にあったファシズムと反ファシズムの敵対をイタリアはすでに克服し、そうした「気の滅入る対立から脱した」親愛なるイタリア人は、ファシズムとは「今や現代社会をむしばむ癌を消し去るためにイタリアと私が作り出した手段である」という明白な認識にいたっているという[170]。ここではイタリアにおける反ファシズムの役割、あるいはファシズムと反ファシズムの対立の意味が極小化されている。こうした対立の等閑視こそ、「忘却の政治」の中核をなす。

反ファシズムをさらに弱体化させるのに決定的であったのは、冷戦の開始であった。一九四七年五月末に政権から社会党と共産党が去り、新たなデ・ガスペリ政権は凡人党や極右勢力からも支持を受けるなど、反ファシズムの合意が政権を固める時代は完全に終焉した。そしてグラッシ司法大臣とアンドレオッティ官房長官を中心に、一九四五年一一月の「ネンニ法」を廃して新たな浄化法案が準備された。それは浄化を行う指針というよりはむしろ、官民を問わずいったんポストを追われた者の再雇用を促すためのものであった。その新浄化法が一九四八年二月七日に成立し、さらにデ・ガスペリ首相自身が発した指令によって、過去の浄化措置によって受けた職業上の損害への補償措置がとられることになった。こうして一九四八年までにほとんどの官僚および職員の再統合が完了した。ほどなくして「対ファシズム粛清局」も廃止された[171]。

冷戦の影響は、国際連合の戦争犯罪委員会が、イタリアの被占領国（主にユーゴスラヴィアとギリシア）の要求に基づいて作成した裁かれるべきイタリア戦犯のリストの中の誰一人として裁かれなかったという事実にも示された。ソ連とユーゴスラヴィアの対立も加わって、イタリアは戦犯引き渡しを引き延ばし続けることができた。一九五一年にはイタリア人戦犯を相互主義により裁くことを原則化し、ユーゴスラヴィアがイタリア人への自国の戦争犯罪（いわゆるFoibeの虐殺問題[172]）を裁かない以上、イタリアもその戦争犯罪を裁く必要がないとして、イタリア人戦犯は裁判を免れたのである[173]。

ボッビオによれば、一九四八年四月一八日（第一回総選挙の日付）以降、反ファシズムではなく冷戦を前提とした反共産主義が共和国の正統性の中核となった[174]。冷戦が始まって、西ドイツがイタリアの外交パートナーとして重要性を増したことも、イタリア国内における反ファシズムの弱体化に寄与した。その傾向は、次に述べるように、一九五〇年代にさらに強まることになる。

### ナチスの戦争犯罪の等閑視

ファシズムへの厳しい態度の弱体化は、かつて執拗なまでにその絶対悪視を行ったナチス・ドイツによるイタリア人への蛮行を不問に付すという事態にまで進む。

ドイツ占領下ギリシアのロードス島における多くのイタリア人の殺害に関与したヴァーゲナーを筆頭とするいわゆる「ロードス島グループ」の九名(イタリア人捕虜やイタリア人と見間違えられたギリシア人殺害の罪により、一九四八年にローマの軍事法廷で有罪判決を受けた)が、一九五一年二月から一一月にかけて釈放され、西ドイツに送還されたことは、その象徴的な出来事であった(これ以後、イタリアに収監されているのは、イタリアにおいてドイツ軍が行った最も悪名高い二つの虐殺[175]とされる、アルデアティーネの虐殺の実行責任者カプラーと、マルツァボットの虐殺の責任者レーデルだけとなった)。

イタリアが、ナチス・ドイツの戦争犯罪に寛容な姿勢をとり始めたのにはいくつかの理由がある。調査の不十分さという技術面での理由に加えて、政治的な理由、すなわち、イタリア人自身に対する訴訟への不安やイギリスとアメリがドイツ復興を速めようという意向をもち始めたこと、そしてドイツとの外交関係が重要になったという事情があった。

政治的な理由の中では、一九四八年までは、イタリアが占領した地域における戦争犯罪により訴追されたイタリアの市民と軍人を守ることがとくに配慮された。ユーゴスラヴィア政府が犯人の引き渡しを求めるかもしれないという不安がイタリアの政府および各党派を深刻なまでに不安にさせ、それが彼らをしてドイツ人戦犯に関する責任要求を控えるようにさせたのである。しかし一九四八年六月には、ソ連とユーゴとの対立から、そうした訴追の可能性は低下し、以後、冷戦下での西ドイツとの関係が大きな比重を占めるようになった(176)。

一九五一年に実行されたイタリア政府による「ロードス島グループ」釈放は、こうした独伊の外交関係の変化を背景としていた。具体的には、それは、一九五〇年一一月末に西ドイツとイタリアとの間で交わされた秘密合意の産物であった。実際に合意を交わしたのは、西ドイツのキリスト教民主同盟の政治家ヘフラー(アデナウアーの特使)とイタリア外務次官ゾッピであり、それ以上のレベルでの関与は史料的には証明されてはない。しかし、これほど重要な政治的決定に、首相デ・ガスペリや外相スフォルツァの関与があったことはほぼ確実である(177)。

「ロードス島グループ」の釈放は、より広く、一九五〇年代から六〇年代初頭にかけて、イタリアがナチス・ドイツの戦争犯罪を裁く姿勢を放棄した動きの一部であった。もともと、一九四五年八月以降にイタリア(ローマの軍事検察庁)は、共同参戦国の一員として、連合国からドイツの戦争犯罪人を告発する権限を手にした(「ロードス島グループ」は告発され有罪判決を受けた数少ない例の一つであった)。しかしその後、ドイツ人戦犯の刑事訴追のために収集されたほとんどの資料は、刑事手続きを始める権限をもつローマの軍事検察庁に渡されることがないまま最高軍事検察庁の下に保管され、一九六〇年には軍事検察総長によって「暫定的な保存文書化」という措置に付された。この措置によって訴訟の進行は妨げられ、ドイツの戦争犯罪の免責が確保されることになったのである。[178]

三〇年以上の時を経て、一九九四年にこれらの調査資料が発見された。いかなる理由で資料が「恥辱の戸棚"armadio della vergogna"」[179]に隠匿され続けたのか、その理由について二〇〇六年に発表された議会の調査委員会の調査報告は、英米のドイツ政策の変化を背景に、一九五〇年代の軍事検察首脳部が急速に機能不全に陥っていったという司法技術的な理由を強調し、少なくともイタリアに政治的な理由があったことは否定した。ただしこの調査報告には少数派の意見が付されていた。その意見はほかならぬ「ロードス島グループ」釈放の事例をも引照しつつ、イタリアが戦争犯罪の責任追及を恐れ、西ドイツとの外交関係を重視した結果が、イタリアによるドイツの戦争犯罪の責任追及の矛先を鈍らせた原因であると断じたのである。[180]

### 戦後イタリアとレジスタンス神話

以上のように、一九五〇年代初頭までにイタリアにおける反ファシズム的傾向は弱体化していた。したがって、反ファシズムを支えたレジスタンスが、戦後イタリアの盤石の建国神話となることは困難であった。

先に述べたように、不動の時期はそう長くは続かなかったものの、体制と市民社会を包含する抵抗神話および英雄神話を構築し、それが「忘却の政治」を展開させたフランスのような経験は、イタリアにはなかった。

たしかに、レジスタンスが建国神話になって、「忘却の政治」に資することになったとの評価はある。いわく、「再生と解放のための暴力は、さまざまな国々において過去への関心をそらす、とりわけイタリアにおいてはファシズムの過去に対する責任を解消することに適したレジスタンス像を作り上げた。その結果、パルチザンの人間が、国外に追放された人間よりも優れているのみならず、そうした人々を完全に無きも同然の存在にしたのであった[181]」。

ナチズムとファシズムに対するレジスタンスが建国神話として重要な役割を果たしたことはたしかであろう。しかし、先に述べたフランスに比べても、イタリアのレジスタンス神話にある種の限界があったことは否定できない。たとえば、武装したパルチザン、若くて強い男性のレジスタンス戦士のみが賞揚された。フランスでは全国民的な抵抗が強調され、抵抗運動に際して犠牲者となる悲運に見舞われた者も神話化された。しかしイタリアでは、犠牲者あるいは殉教者はほとんど無視された[182]。

さらに、レジスタンス神話を支えた政治勢力の点でもイタリアは脆弱であった。ここでもフランスは、ドゴールとその支持者がレジスタンスを組織化し、一九五〇年代末以降はフランス政治において絶大な権力と権威を有してレジスタンス神話を完成させた。これに対してイタリアの場合、ドゴールに匹敵するカリスマ的指導者は不在であり（ただし、国民解放委員会と行動党の中で最も指導力と影響力のある政治家としてパルリを挙げる者もいる)[183]、共産党と行動党がレジスタンスの二大主体であった。しかし行動党は一九四六年以降に消滅し、共産党も冷戦下で政権から排除された。そして戦後政治の中核を占める政治勢力であるキリスト教民主党は、レジスタンスと密接なつながりのある政党ではなかった。キリスト教民主党支配下のイタリア戦後政治で最も重視された大義がもはや反ファシズムではなく、反共産主義であったことは先に述べた通りである[184]。

このようなことをふまえれば、より端的に、「レジスタンスは、イタリア人の集合的記憶における建国神話として確立されることはなかった[185]」という見解が示されるのも不自然ではない。

しかし、このことは戦後イタリアにおいてレジスタンスの神話の政治的重要性が小さいということを意味しない。戦後イタリア国家の建国神話を考える場合には、やや図式的ながら、次のような見取り図を念頭におくべきだろう。

それはある種の分業体制である。政治体制は、反ファシズムから反共産主義への動きの中心にあったキリスト教民主党に支配される一方で、市民社会では、レジスタンスと反ファシズムの流れを受け継ぐ共産党が高い支持を得ている、という状況である。換言すれば、新たな民主的イタリアの再生は、ファシズムの忘却と反ファシズムの記憶の双方に基礎をおいていたともいえる。あるいは、ファシズムの過去について忘却を選んだ政治的勝者は、敗者に対して記憶面での寡占を許容したともいえる。

もっともこのような分業論も、あまりにその断絶が強調されすぎるというきらいはある。レジスタンス神話は共産党の独占物ではないとも指摘されるからである。ある論者によれば、レジスタンス神話の政治的活用に関しては、共産党が自身の立場の正当化のために推進しただけではなく、イタリア人民がファシズム体制に加担したことを消し去りたい保守派や穏健派にも無縁ではなかったという。彼らは急進的な粛清は望まず、緩やかな浄化のプロセスによってこそトラウマなき政治体制の移行は可能であると考え、その前提として、すべての責任をムッソリーニとその周辺の者に負わせようとしていた[186]。しかし大勢としては、体制の正統化事由からレジスタンスの遺産が大きく後退したことはたしかであった。代わって政治体制を正統化したのは、反共主義に加えて、国家の経済的復興と安全保障の喫緊性であった。マーシャルプランは、一九五〇年代の経済成長の道筋に先鞭をつけ、NATOはイタリアの軍事的脆弱性を補って余りあった。さらに、ヨーロッパ統合の動きがこれに加わる。ただしそれは、かつてのレジスタンス参加者が夢見ていたようなユートピア的なものではなく、現実的な外交政策の要請から追求されたものである。今やイタリアの外交は、NATOとECの二つの軸に支えられ、イタリアは大戦中から希求してきた西側社会の対等な構成員であるという地位を獲得することができたのである。このような冷戦下の西側の一員として、そのファシズムの過去はいっそうのこと彼方に忘却されるようになっていったのである。

総じて、イタリアの敗北の記憶、国際的な孤立の恐れ、戦後社会における経済と安全保障の面での弱さが、親西側的な経済政策と安全保障政策を正当化したのである。同時に、穏健な中道の連立政治が、イタリアを安定させ、経済復興を成功に導くことを明示することで、国内社会の正統性の軸がより強く定まることとなった。つまるところ、「一九五〇年代の経済成長の時代においては、記憶を実践的に使用することに、ある種の集団的な忘却がとってかわることになったのである」[187]。

戦後の政治体制がこのように正統化されていったとすれば、レジスタンス神話は市民社会にこそ根を張った。少なくとも社会レベルにおいてレジスタンス神話は、強固に存在し続けたのである。ただし、そのうえで、市民社会におけるレジスタンス神話が、ファシズムの「過去の克服」にどのような意味をもっていたかが問われなければならない。レジスタンス神話の強さは、自国のファシズムの過去に対する厳しい姿勢を自動的に意味するとは限らないからである。

まず、戦後イタリアでは、数十年にわたって、レジスタンスの記憶そのものが、心理的にも社会的にも、この時代の重要な側面を正確に想起することへの頑な障害となってきた、という指摘がある[188]。

その障害として挙げるべきは、まず、先に述べたように、ドイツ人全員がナチスのような蛮行を行ったわけでもないにもかかわらず、ドイツ人をナチスと同一視する「敵」に対するステレオタイプがあった。また、レジスタンス運動の無垢な純潔さの強調（運動内の腐敗や蛮行は軽視された）もあった。しかし、ファシズムの正確な姿を語ることを避けさせた点でなにより重大なのは、レジスタンス運動の英雄主義と国民的結束が過度に強調されたことである。

戦後のイタリアの建国期にあって、真のイタリア国家の民主主義のために反ファシズムを強調するよりも、「イタリア社会が全体主義権力体制と深く結びついていたことを明らかにすること」を本質とする「反神話」が育まれ成長したかもしれない。しかしこの道は選択されず、実際に採られたのは、レジスタンスの反ファシズム的な英雄主義を強調する立場であった[189]。こうした立場は、「内外の野蛮人に対する人民の革命としてのレジスタンス」という性格を強調する。それは、ファシズムの過去の実態を正視せず、ファシズムをイタリア史に突発的に挿入された事故とみなす。ここでもイタリアの再建に必要とされたのは、クローチェが述べたのと同じく、ファシズムの過去を「かっこでくくられる時期」とすること[190]、すなわち「過去の忘却」であった。

# 第2章　和平のための忘却

## ——一九七〇年代の南欧

## 1　忘れられた独裁体制と「忘却の政治」

### 戦後西ヨーロッパに存在した独裁体制――ポルトガルとスペイン

一九七〇年代にポルトガル、スペイン、ギリシアといういわゆる南欧諸国における権威主義体制が倒れ、以後、民主主義体制に向けての移行が試みられた。この政治変動過程における「忘却の政治」の展開はいかなるものであったか。

第1章で体制移行期における「忘却の政治」というこの問題を論じた際に、前提たる歴史的事実として重視したのは、戦間期から第二次世界大戦下のヨーロッパ各地においてナチズムの直接的または間接的な影響を受けて非民主主義体制が樹立され、それが終戦とともに打倒されたことであった。本章においても、まずは一九七〇年代まで南欧に存在した非民主主義体制について論じる。戦後の西ヨーロッパに非民主的な政治体制が存在したことは必ずしも自明なことではないと思われるからである。

第二次世界大戦を通じて、ヨーロッパのファシズム国家は打倒されたのではなかったか。第二次世界大戦後の冷戦の時代は、自由民主主義陣営と社会主義陣営の闘いであり、前者は後者を容認せざる非民主主義体制と厳しく批判していたのではなかったか。したがってそのような西側陣営には、非民主的な権威主義体制が存続する余地はなかったのではないか。

しかし、第二次世界大戦後の西ヨーロッパにも非民主主義体制が存在したことは厳然たる事実であり、冷戦下の東西イデオロギー対立を前提にやや誇張して述べれば、戦後西ヨーロッパにおける権威主義体制は、「忘れられた」非民主主義体制といえるのかもしれない。

「忘れられた」非民主主義体制——ここで具体的に念頭におかれるのは、第二次世界大戦を生き延びたポルトガルのサラザール体制とスペインのフランコ体制である（ギリシアの場合、その権威主義体制は一九六〇年代の軍事クーデタにより成立した）。ドイツのナチズム体制やイタリアのファシズム体制の崩壊に、第二次世界大戦における連合軍の動向が決定的な意味をもっていた以上、ポルトガルとスペインにおける権威主義体制の存続の理由として、両国が第二次世界大戦に対してどのような姿勢をとったのかが検討されなければならない。この点ではまず、ポルトガルもスペインも第二次世界大戦に参戦することなく中立を維持した国であったということが指摘されるべきである。

従来からイギリスとの密接な関係を築いていたポルトガルは、イギリスとの同盟関係の維持を外交政策の基軸に据え、第二次世界大戦勃発と同時に中立を宣言した(1)。ドイツのヨーロッパ各地への攻勢が著しかった一九四〇年後半から一九四二年末までの期間は、ポルトガルもドイツとの関係を重視し、その外交方針はイギリスとの同盟重視から英独等距離外交へと変化した。しかし、ドイツの劣勢が明らかになると再びイギリスとの関係を重んじ、さらに中立を、イギリスやアメリカに自国の政治体制の存続と経済的利益の確保とを認めさせる交換条件として駆使する外交を展開した。イギリスにとってイベリア半島の中立は戦略的にも極めて重要であり、ポルトガルの交換条件を呑んでも実現すべきものであったのである。こうした大戦中のポルトガルと連合国との関係は、スペインの場合よりも良好であった。第二次世界大戦後の反植民地主義の国際的潮流は、依然として植民地帝国であったポルトガルにとって決して好ましいものではなく、最初の国連加盟申請はソ連の拒否にあって実現しなかったものの、同じく植民地を維持した西側諸国による黙認に加え、冷戦開始後にポルトガルの戦略的重要性が高まったことで、ポルトガルの政治経済軍事面での西側統合が進んだのである。それはアメリカとイギリスを筆頭とする西側世界がサラザール独裁体制の存続を容認することを意味した。

また、たとえばヨーロッパの冷戦の最前線にあった西ドイツの政権与党であるキリスト教民主同盟内には、ポルトガルの植民地喪失はサラザール体制の崩壊を招く一方でポルトガルにおける共産主義の勢力拡大につながり、さらにそれがスペインに波及してイベリア半島の共産主義化という絶対に容認できない事態を生むという警戒心が存在した。そしてその警戒心からサラザール体制が支持されることになったのである。(2)

スペインも第二次世界大戦には参戦していない。(3)しかし戦争への姿勢の振れ幅はポルトガル以上に大きかった。第二次世界大戦の開戦時には、内戦の人的物的損害(および復興のための資金を連合国から調達する必要性)のために中立を宣言した。しかし、ドイツの攻勢とともに英仏との領土問題を有利に解決しようと、枢軸国側に立っての参戦を考え始めて「非交戦状態」となった。参戦は国内経済の悪化やイギリスのドイツに対する攻撃を前に実現しなかったものの、一九四一年六月には「道義的交戦」となって枢軸国に最も接近することとなった。しかしアメリカの参戦とともに再び中立を宣言した。その際、スペインは外交方針を対英米と対ソに分け、アメリカの要望通りにスペインが反共と「カトリック・デモクラシー」の国であることを強調した。このような、枢軸国の側に完全に与することなくアメリカの容認する範囲で行動したことが、スペインが第二次世界大戦を生き延びることができた最大の要因であった。

ただし、アメリカはスペインを大戦後の国際社会に受け入れる意向はなく、国連もスペインをファシズム国家と認定して、国際的に孤立させる決議を一九四六年に行った(4)。しかし、まもなく始まった冷戦は、ポルトガルの場合と同じく、アメリカにスペインの戦略的重要性(反共勢力の拡大の必要性とその地政学的地位の重要性)を認識させ、スペインをめぐる国際状況を大きく変えるものとなった。一九五三年にはスペインとアメリカは軍事同盟を締結し、この時にフランコは「最終的に内戦に勝利した」という言葉を発することになったのである。西側陣営内でのフランコ体制の存続が確実になったことをこれほど露骨に示す言葉はない。

このポルトガルとスペインの独裁体制が一九七〇年代に倒れ、両国では民主化が進む。そしてその際、独裁体制の過去に対してどのような態度がとられるのかが重要な政治争点となったのである。

**ギリシアの軍事独裁政権**

一九七〇年代のポルトガルとスペインに存在した独裁政権は戦間期に成立し、第二次世界大戦で連合国に打倒されることなく存続した非民主主義体制であったのに対して、一九七〇年代のギリシアの独裁政権はそのような存在ではない。それは戦後ギリシアの右派を中心とする民主主義体制が一九六七年の軍事クーデタで打倒された結果として誕生した非民主主義体制であった。

第二次世界大戦後にギリシアも内戦を経験している。そしてギリシアの軍事政権についても、スペインのフランコ体制が内戦の産物であったように、「さまざまな形で、直接的にも間接的にも、この政権転覆は内戦の結果である」[5]といわれることがある。内戦終結後に成立した右派政権も、それをクーデタで倒した独裁政権も、反共産主義と反左翼という点での強い共通性をもつからである[6]（内戦時から一九七四年まで共産党（KKE）は非合法化されていた。しかし、統一民主左翼（EDA）には多くの元ギリシア人民解放軍（ELAS）に所属した者がいた）。

しかし、内戦後のギリシアではまがりなりにも民主的な議会政治が展開された（度重なる選挙制度改変と政権や軍部による選挙干渉はもちろん無視できない[7]）。一九五〇年に行われた内戦後の初めての選挙の結果は分極的な多党制をもたらし、その中から諸派に分裂した自由派を中心とする中道派政権が成立している。この自由派政権は、内戦後のギリシアの和解の実現を求める政権であった（ただし、まさに内戦の敗者に対する恩赦問題が政府内の対立の焦点となった）。そしてギリシアの国内政治はアメリカの強い影響下にあり、そのアメリカが左翼への寛容な姿勢をとる自由派政権を好ましいと思わなかったにもかかわらず、冷戦の最前線たるギリシアでは、冷戦下で共産主義体制の非民主性を批判する冷戦のイデオロギー戦略の必要から、自由で民主的な政治体制が維持されたのである（ギリシアで議会制民主主義を堅持しようとするそうしたアメリカ側の態度が変わるのは、一九六〇年代半ばのパパンドレウ政権以降である[8]。

戦後三度目に行われた一九五二年の選挙で、フランスのドゴール派をモデルとしたパパゴス率いるギリシア結集党（ES）が圧倒的多数派を掌握して以降、ギリシア政治は、一九六〇年代半ばまで右翼政権の下にあった[9]。パパゴスを継いで右翼政党（新設された国民急進同盟（ERE））の中心となったカラマンリス（彼は軍事政権後の初の首相となる）は、一九五五年から一九六三年まで八年間におよぶ戦後ギリシアにおける最長政権を実現し、ギリシアに政治的安定と急速な経済成長をもたらした。内戦後のこのギリシア政治の統治の実態は、右派の政治家と国王、軍の将校、そしてアメリカによって政治権力が分有されるという「右翼エリート政治」とでもいうべきものであった[10]。

しかし、戦後ギリシアを支配したこの「右翼エリート政治」に対しては、一九六四年から六五年にかけて、ゲオルギオス・パパンドレウを中核として復活した中道派がその権力の独占を打ち破った。一九五〇年代初頭以来のこの中道派政権の下では、さまざまな自由化の動きが進んだものの、しかしそれ以降のギリシア政治は、党派対立による不安定な政治と国王の政治介入を主要な原因として、混迷の度合いを深めてゆく。

パパンドレウ政権下での自由化の動きの中で、第二次世界大戦中の対独協力の政治犯の釈放問題が、とくに右派勢力からの反発を招いていた。戦後ギリシアの右派政権は、枢軸国への協力者に対しては、おそらくどのヨーロッパ諸国に比べても穏健で消極的な姿勢をとっていた[11]。一九四五年に訴追された八万人の大半は左翼であり、しかも冷戦の最前線に立つギリシアの国内世論は、国民的和解に資するとされる包括的恩赦を望まなかった。それどころか、対独協力主義者はドイツの抑圧からギリシア人を守った者として評価されさえした。そして内戦を経た一九五〇年代以降の右翼政権下のギリシアでは、レジスタンスの称賛も対独協力主義者の批判も行われなかった。このようにタブーであり続けたナチスへの協力の問題にふれ始めたのがパパンドレウ政権であり、これが右派、とりわけ軍部には国家の安定を危うくする危険な行為に映ったのである。

内戦終結以降、軍部は国家の守護者としての高い自意識を抱いており、その軍部にとって国家を脅かすものとして排されるべきは、共産主義勢力、ソ連、加えて分権化や自由化に好意的な中道派であった(12)。そして来たる選挙で中道派のいっそうの躍進が予想される中、共産主義からギリシア国家を守るという口実の下に断行されたのが一九六七年四月のクーデタであり、以後、一九七四年七月までギリシアは軍事独裁政権の下におかれることになるのである(13)。

**南欧諸国の民主化と「忘却の政治」**

以上のように、第二次世界大戦後の西ヨーロッパにも非民主主義体制が存在した。そしてそれらの独裁政権が一九七〇年代に次々と倒れ、民主化への移行が各国で進行する。ポルトガルのサラザール体制の崩壊を嚆矢とするそれらの動きは、民主化の「第三の波」(ハンチントン)と呼ばれる、後に広く人口に膾炙する一連の世界的な民主化の潮流の始点となるものであった。

しかしながら、西ヨーロッパに第二次世界大戦後も存在した独裁体制が南欧に集中し、それが一九七〇年代以降に次々と民主化を経験したことはたしかであるものの、南欧諸国の民主化には、第二次世界大戦後の各国の民主化（ハンチントンによれば民主化の「第二の波」）がナチズムとファシズムのヨーロッパ支配の解体という現象を共通の背景としていたような意味での、各国が等しく直面し共有した時代状況があったわけではない。南欧諸国の民主化は各国の独自の状況で生じたという性格が強いのである。

したがって、程度の差こそあれ、ナチズム支配を受けた国々が解放後に経験した、「すべてをナチズムの責任に帰する」ような種類の「忘却の政治」が南欧諸国で展開されたわけではない。

南欧諸国の民主化において、どのような「忘却の政治」が展開されたのか（あるいはされなかったのか）という観点からみた場合、なによりスペインの経験が突出している。スペインの独裁体制は、第二次世界大戦後のヨーロッパにおける最も包括的な「忘却の政治」をともなって民主化したのである。

スペインにおける高度な「忘却の政治」の背景を、第二次世界大戦直後に民主化を経験した国の場合と比べた場合、スペインの独裁体制の存続期間が、第一次世界大戦後から第二次世界大戦終結までという比較的短い時期に存続したファシズムやナチズムに比べてはるかに長かったことがまずもって重要である。長期にわたる独裁支配の持続は、独裁の存続に加担する社会層の拡大を招き、独裁体制の支持者と独裁体制への反対勢力との明確な線引きを困難にし、その結果、独裁体制崩壊後に旧体制への断罪的措置を講ずることが困難となる(14)（同様のことは旧東欧の共産主義体制にも該当する）。

長期にわたって独裁体制が存続したという点ではもちろんポルトガルも同様である。しかしポルトガルの民主化は、時期をほぼ同じくするスペインのケースとは対照的な、独裁体制の過去との断絶が強い事例として論じられることがほとんどである。すなわち「忘却の政治」とは縁の薄い民主化の事例としてポルトガルは言及されるのである。

こうしたスペインとポルトガルの違いを生む要因として何を強調するのかについては論者により違いがあるものの[15]、現状では体制移行の形態の相違（旧体制との断絶性が顕著なポルトガルと連続性が高いスペイン）を重視する見解が有力であり[16]、さらに移行形態の相違を生む要因として、民主化への原動力の所在の違いが指摘されている[17]。

ただし、ここで見逃してはならないのは、ポルトガルの民主化過程にも「忘却の政治」の側面を見出すことができるという点である。すなわち後述のように、ポルトガルの民主化過程における急激な過去との断絶は、ポルトガル政治社会の分極化と社会的混乱を招き、結果として、旧体制の支持勢力の復権を招く一因となったのである。しかも旧体制との断絶による体制移行が社会の安定を乱したことは、その直後に始まったスペインの民主化過程において、ポルトガルの経験をいわば「反面教師」とし、過去との連続性が配慮される民主化を促すことにもなったのである。

ギリシアの独裁体制は、スペインやポルトガルの場合と異なり、もともと正統性が低く、しかも非常に短期間しか存続しなかった。しかしギリシアは、「ギリシアのニュルンベルク」（後述）と呼ばれることがあるように、第二次世界大戦後のニュルンベルク裁判以降、規模は小さいものの、初めて独裁体制

（軍事政権）の政治家を訴追した国である。

このギリシアも興味深い「忘却の政治」の事例を提供する。ギリシアの軍事独裁政権は、先に述べたように、内戦の所産として誕生したという側面をもっていた。しかしながら、それが内戦の直接的な産物であることはスペインほどに自明ではない。ここから、内戦が残した亀裂の克服と独裁の負の遺産の克服を分離して行うことが可能になり（内戦と独裁のこれほど強い峻別はスペインにはない）、民主化過程では、もっぱら後者の独裁の評価が焦点となったのである。その結果、ギリシアでは内戦がギリシア社会に残した負の遺産はなお忘却され続けたのである。

以上のように、南欧諸国の民主化には、スペインの「忘却の政治」を頂点にしつつも、他の二国にも（スペインとの比較の観点からも興味深い）「忘却の政治」が展開された。

そこで以下では、まず、ポルトガルとギリシアの民主化過程における「忘却の政治」を概観し、その後に節を改めてスペインにおける全面的な「忘却の政治」を詳しく検討することにしたい。

### ポルトガルの民主化における過去への「戦略的沈黙」

ポルトガルの独裁体制の崩壊は、一九七四年四月のアフリカの植民地戦争に反対する軍人クーデタによって生じた[18]。独裁体制の倒壊後、「国軍運動」が中心となった救国評議会が設立され、救国評議会はスピノラ将軍の下での臨時政府の樹立を宣言した。しかしまもなく、臨時大統領に就いたスピノラと左傾化する「国軍運動」との関係が悪化し、スピノラは辞任に追い込まれた。スピノラによる権力奪還のためのクーデタは失敗に終わり、「国軍運動」左派と共産党が一九七五年三月に革命評議会を設立して権力を掌握することとなった。「国軍運動」左派の主導の下では大企業国有化や農地改革などの社会主義的な改革が行われた。しかし、一九七四年四月以降の「進行中の革命プロセス」と呼ばれる局面は、一九七五年一一月の社会党や社会民主党の支持を受けた「国軍運動」穏健派による急進派排除のクーデタにより終結する。

旧独裁体制の支配層に対する浄化が行われたのは、この約二年間の「進行中の革命プロセス」の時期であった(一九七六年の新憲法制定までは、さらに「国軍運動」急進派や共産党に対する厳しい浄化が行われた)。ポルトガルの体制移行は、スペインの場合に比較して独裁体制との「断絶」が際立つ事例であり、その象徴が軍部や政治警察を筆頭に多方面で断行されたこの浄化(saneamentos)であった。革命当初は旧体制への「協力」が厳密に解釈されたものの、次第にさまざまな旧体制のエリートの行動が独裁体制と結びついているとみなされるようになり、それにともない浄化の実行に拍車がかかっていった。[19]

このようにポルトガルでは、革命的状況の中で旧独裁体制の負の遺産の一掃が試みられた。部門ごとの違いはあるものの、政治警察と軍部という旧体制の権力機構の中心に対して厳しい処罰的措置がとられたことはポルトガルの特徴である。クーデタによる旧体制との断絶とその後の革命状況の発生という、国家そのものが危機に直面した体制移行の性質が、そうした厳しい対処を可能にする余地を生み出したといえる。[20] 一九七五年二月の報告書によれば、体制倒壊後に一万二〇〇〇人の政軍官財の各界の重要人物への浄化措置が断行されたという。[21]

しかし、旧体制の遺産の一掃が革命状況の中で行われたポルトガルでも、先述の通り、一九七五年末に自由民主主義を望む穏健エリートが権力を握り、民主主義の定着が体制の最重要課題となる（一九七六年四月の新憲法制定から一九八二年の憲法改正（大統領と軍部の権限縮小）までの時期がそれに該当する）と、従来の激しい浄化策は撤回された。そしてさらにその後は、浄化の対象者の「再統合」、つまりは「復権」が行われた。民主化は旧独裁体制に対する懲罰的措置の撤回と同じ意味をもっていたのである。[22] 換言すれば、民主主義体制の定着過程で目指されたのは「国民的和解」であり、独裁体制の遺産の克服というよりも革命状況となった体制移行期の遺産の克服であった。[23]

このように、ポルトガルにおける民主主義は、革命勢力を排除した議会制民主主義を支持する政党によって定着することとなった。すなわち、共産党の排除と穏健派の政党の（連立）政権の下での「政党を通じた定着」[24]である。民主主義を定着させたこの政党システムの特徴から、独裁の過去に対する民主主義体制の姿勢の特徴を、ある研究者は過去に対する曖昧な態度を許容する「戦略的沈黙」と呼んだ。共産党が排除されていることに加えて、旧体制の代弁者となる政党もないことから、独裁体制の犯罪の徹底的な追及とその追及の拒絶の中間的な姿勢がとられたというのである。[25] この「戦略的沈黙」もまた、ある種の「忘却の政治」であるということができよう。このような政治方針の下では、旧独裁体制下の人権抑圧や圧政の実態の「真相」を解明したり、あるいはそれらを博物館や記念碑などを通じて「記憶」したりする試みは乏しくなる。「断絶」により始まったポルトガルの体制移行は、かくして「忘却の政治」を終点としたのである。[26] 換言すれば、ポルトガルの民主主義の土台にも、「忘却の政治」が存在したのである。

## ギリシアにおける内戦と独裁の記憶と忘却

ギリシアの軍事独裁政権は、先に述べたように、内戦の所産であるといえる側面をもつにせよ、それが内戦の直接的な帰結であることはスペインほどに自明ではない。ここから、内戦が残した亀裂の克服と独裁の負の遺産への対処を分離して行うことが可能になり、軍事政権からの体制移行の過程では、もっぱら独裁の評価が焦点となった。その結果、内戦をめぐる「過去の克服」の問題は忘却され続けた。すなわち、ギリシアの独裁政治から民主政治への体制移行期に行われたのは、まずもって軍事政権の責任追及であった。

独裁政権崩壊後の新民主主義党（ND）のカラマンリス政権下では、「ギリシアのニュルンベルク」と称される、一九六七年四月二一日の軍事クーデタの首謀者に対する裁判が行われた。また、一九七三年一一月のアテネ工科大学の事件に対する裁判も実施された。これらに加えて、独裁政権による拷問に対する六件の裁判が開かれ、そのうちの二件はギリシア憲兵に対する軍法会議であった。この裁判をアムネスティ―インターナショナルは、ニュルンベルク裁判以来、拷問の責任を追及した初めての裁判例であると評価した。[27]

こうした独裁政権の責任追及を可能にした背景には、独裁とその崩壊によって生じたギリシアの社会規範の変容があったとされる[28]。その意味するところは、軍事政権崩壊とその後の激動の中でもたらされたギリシア国民の結束の実現である。具体的には、基本的人権と文民統治の擁護、NATOからの離脱と基幹産業の国有化、さらには反共産主義の非正統化と暴力の拒絶において国民的合意が成立したことである。軍事政権の崩壊はまた、民主主義揺籃の地であるギリシアがなぜ独裁に屈したのかという自問を促すことにもなった。内戦以来の民衆の政治的排除やアメリカへの依存、政治体制における国王と軍の役割などが自省の対象となった。

独裁政権崩壊後の新政権の首班に就任するために亡命先のフランスから帰国した元首相のカラマンリスは、軍に対する裁判、民主化、キプロス問題をめぐる交渉という難題に取り組まなければならなかった。「国民的和解」はこうした困難な問題に取り組むための政治的基盤として必要なものであった。換言すれば、一九七四年以降に目指された「国民的和解」とは、内戦の過去の傷を癒すための目標というよりは、ポスト独裁時代の現実の政治的問題の解決のための政治的構想であった。あるいは「国民的和解」の議論の焦点は、独裁とその後の民主主義への「体制移行 metapolitefsi」期に向けられ、内戦の克服ではなかったということもできよう。逆に、「国民的和解」はギリシアに民主主義を回復することに関して唱道される一方、内戦に関する国民の記憶の分裂は依然として残ったのである。それゆえにカラマンリス政権が、あくまで「過去の清算」を軍事独裁政権期に限定したことは理解できなくもない。カラマンリスは、ギリシアが内戦を——スペインのように——「忘却」する、しかし独裁政権の犯罪には——スペインと異なり——相応の対処を行うことを望んだのである[29]。

しかし、一九八〇年代以降のギリシア政治には、「国民的和解」が現れるどころか、民主化に取り組んだスペインが回避に努めた分極的な政治状況が顕在化した。その理由は、一九八一年に「変化」を求めて政権に就いた全ギリシア社会主義運動（PASOK）が、「過去の克服」の問題を独裁政権以前にさかのぼって積極的に政治争点化したからである[30]。PASOKは、一九七四年から一九八一年までのカラマンリス政権期を含めたギリシアにおける「非民主的政治の数十年」を終焉させたことを誇った政治勢力であった[31]。

実際、二大政党間に分極的な対立を生み出した争点は、階級に根差す社会経済問題ではなく過去に対する歴史的記憶の相違であった。なにより、内戦と暴力（一九一五年の国民的分裂と一九四四年から一九四九年の内戦）、軍事クーデタと独裁（一九三六年から一九四〇年のメタクサス独裁と一九六七年から一九七四年までの軍事独裁）、共和制か君主制かという政体をめぐる対立——これらの記憶こそが、民主化後のギリシア国民の政治的アイデンティティーを規定した[32]。それにより生じたのは、内戦の歴史を各党派が政治的に活用することであり、その結果として二大政党の厳しい対立が生じたのである。

国内政治の分極化にともない、メディアや教育機関が内戦の歴史を客観的に論じることは困難になった[33]。一方、内戦に関する議論の政治化とともに、軍事独裁政権の記憶は急速に薄れていった[34]。しかし内戦をめぐる議論がとどまることなく激化し続けたわけではない。PASOKにより始められた内戦の記憶の政治争点化には、次のような反動が生じたからである。

一九八九年六月のPASOK政権崩壊後の総選挙では、政治腐敗の撲滅と並んで新たな「国民的和解」の実現が野党勢力から声高に叫ばれた。選挙結果を受けて成立したのは、NDとKKE（を中心とした左翼諸政党の連合）という、かつての内戦の勝者と敗者に近しい勢力（両者には多くの内戦を戦った者や軍事クーデタ以前のギリシア政治でそれぞれ体制側と反体制側として活動した政治家がいた一方、PASOKには一九四〇年代からの左翼陣営で政治経験を積んだものは少なかった）による前代未聞の連立であった。

この政権の下で、一九四四年一〇月から一九四九年末までの対立が初めて公式に「内戦」と呼ばれるようになった[35]。一九八九年に「内戦」という言葉が公的に認められる前には、右派はその戦いを「反乱」あるいは「ゲリラ戦」と呼び、左派は人民解放戦争という言葉を用いた。どちらも「内戦」という呼び名を嫌ったのは、双方とも相手を対等な存在として認めず、そのため当然に相手の愛国心さらには国民性を否定したからである（敵はアメリカあるいはソ連にコントロールされている外国の手先であるとされた[36]）。ここでは、「内戦」という位置づけは、かつて厳しく対立した相手をギリシアの国民と認めることであり、それは「国民的和解」を実現するための一つの方策でもあったのである。

この連立政権はまた、グラモスの戦い終結四〇周年に際し、一七〇〇万の監視記録文書の焼却を行った。この焼却処分は、スペインの「忘却の政治」に類する行為であるといえるかもしれない[37]。NDとKKEが内戦の各陣営の利害を代弁する政治的党派である以上、あるいはそれは過去の傷の政治的な治癒措置であったということもできよう。

たしかに、この政権が打ち出した「国民的和解」は、左右の両翼からのパパンドレウ挟撃のために活用された党派色が濃いものである（左派はこの焼却処分に対して賛否が分かれ、KKEは賛成し、PASOKは反対した）。しかしそれは、内戦後の亀裂を克服し、「国民的和解」を実現するために展開されるという「忘却の政治」の発生のパタンそのものでもある。当のパタンはギリシアでも展開されたのである。

この文書焼却は、一九八九年以前にも繰り返し行われていたことが判明している。「一九八〇年代のPASOK体制の間には、破壊は内戦期の憲兵の貴重な文書館におよんだ」という。[38]たしかにPASOK政権下での歴史問題の政治争点化は、歴史の議論においてタブーがなくなったという肯定的な側面を有しており、その意味では、スペインにおける執拗な「忘却の政治」の持続よりは健全であるという評価も可能である。[39]しかしより注目すべきなのは、「忘却の政治」が内戦の記憶を呼び覚まそうとしたPASOK政権下でさえも行われていたことである。やや誇張していえば、それは、ギリシア社会に根深く残る内戦の負の記憶を封印する「忘却の政治」の一定の不可避性を示すものではあるまいか。

## 2　和平と和解のための忘却――スペインの経験

### スペインの民主化と「忘却の政治」

おそらく、戦後ヨーロッパ政治の中で最も徹底した「忘却の政治」は、独裁から民主体制への移行期の、さらには民主体制下のスペインで行われたものであろう。それはたとえば、「困難で痛みに満ちた過去に対して、それに取り組まないという選択をもって応えた、新しい民主主義の歴史の中での最も著名な事例[40]」と評されるものである。

一九七五年一一月二〇日のフランコ死去によるフランコ体制の崩壊と民主主義体制への移行の過程[41]は、革命的な断絶を経ることのない、体制側と反体制側の間の「合意の政治」をその特質とする。移行はフランコ体制下の法律により決定され、国王ファン・カルロスにより指名されたフランコ体制内の政治家スアレスの主導の下に進められた。新体制発足に際しての「基本法」と目された政治改革法は、フランコ体制下の議会で審議され成立したものであった。その結果、旧体制と新体制との間には高い人的制度的連続性が保たれ、それが新体制による旧体制に対する厳しい裁きを封じる一背景となった。一九七七年六月に行われた民主化後の最初の総選挙でも、スアレス率いる民主中道連合（ＵＣＤ）が勝利し、社会労働党（ＰＳＯＥ）を抑えて第一党となって政権党となった。ただし過半数までは達しなかったため、その後の議会運営には野党の協力を要し、いっそう「合意の政治」色が強まったのである。

「合意の政治」の形成をもたらした要因としてはさまざまな要因が挙げられる[42]。まず、フランコ体制下で、民主主義を支えうる一定の政治社会変容がみられたことである。経済成長と都市化を背景に、権威主義体制の下での部分的な自由化が進み（たとえば、Playboy 誌は禁止の対象であったものの、マルクス主義者の書いた経済誌や大学テキストが普及した）、一九七〇年代以降はＰＳＯＥや共産党といった政党も活動を本格化させ始めた。しかもこのＰＳＯＥや共産党という反体制政党は、体制側が示した改革姿勢の前にその急進的な行動の余地を狭められ、現実主義的な政党の性格を強めていた。政治改革法の審議の際にはこれらの政党もまだ非合法であり、その準備作業に参画することはできなかったものの、すでにそうした姿勢は明らかであった。

スペインの民主化が円滑かつ協調的に進んだことは、そこに暴力がなかったことを意味しない。各地で暴力事件、「バスク祖国と自由ＥＴＡ」による軍や警察を狙ったテロリズムが起こっており、政治的安定が何にもまして優先される事項となっていた[43]。暴力の広がる状況が内戦期を想起させ、それが平和的な体制移行を選択させたのである。さらに、バスクとカタルーニャの民族問題の非争点化、一九七七年に国際的孤立と独裁からの脱却のシンボルとしてのＥＣへの加盟申請がなされたことも、平和的な体制移行の背景をなした。

移行が「合意の政治」に沿って進められたことのより具体的な意味は、それが体制側と反体制側との交渉および協定締結を通じて進められたということである。憲法や経済社会問題に関する「モンクロア協定」（その目的は主要な全政治主体が新たな民主的憲法を受け入れる雰囲気を醸成することにあった[44]）、カタルーニャやバスクの自治憲章の策定は、主要な政治勢力のエリートによる非開放的な交渉をもって実現した。こうした性格に注目してスペインの民主化を「協定を通じた移行 pacted transition」と呼ぶことがあり、その一環として注目されるのが、内戦と独裁の過去を忘却することについての協定、すなわち「忘却の協定 Pacto de Olvido」である。これがスペインにおける「忘却の政治」の中核をなす。

「忘却の協定」は公的な合意ではない。それは、過去をめぐる対立が生じるのを避けるために、各政治主体が過去に対して意識的に選び取った沈黙ないし無視の姿勢をさす[45]。各党派による歴史や過去の政治的利用の回避の合意、あるいは政治家による歴史（とりわけ近い歴史）に関する沈黙の合意ともいえよう。[46]

この「忘却の協定」を高く評価しているサントス・ジュリアによれば、同じ忘却でも、「忘却に陥る caer en el olvido」ことと「忘却を進んで行う echar al olvido」ことの二種類がある。[47] スペインの「忘却の協定」は、いうまでもなく後者の「忘却を進んで行う」の典型的な事例である。そしてこの区別には、amnesia（記憶喪失）と amnestía（意図的忘却、さらには恩赦）の区別が対応している。

「忘却を進んで行う」姿勢の制度化が、後に詳述する一九七七年の恩赦法である。そしてその恩赦法以外の制度的な具現物をもたない「忘却の協定」は、恩赦法に尽きるものではない。ある論者によれば、スペインにおける「忘却の政治」は、民主主義の制度設計にともなう、過去のある側面を忘却するための集団的で文化的な試みである。[48] 具体的には、フランコ時代をなるべく話題にしない、公職追放はしない、内戦は国際的次元（ファシズム対共産主義）を強調して国内では悲劇とみなし一方的責任の押しつけは避ける、新たな国民的シンボルを創造する、これらがスペインの「忘却の政治」である。

「忘却の協定」は、独裁から民主主義への移行を平和裏に行いたいという各派の切望に支えられていた。そして内戦の実態を明らかにするような過去にふれる動きは歓迎されなかった。[49] たしかに、民主化後の一九八一年二月の軍部によるクーデタ未遂までは、共同墓地の発掘といった試みもなされなかったわけではない。しかし、民主主義体制に対する脅威が懸念通りに実在することが明らかになって以降は、一九九三年にＰＳＯＥが総選挙で勝利し政権交代が実現するまで、「忘却の協定」は不可侵ともいうべき位置を与えられたのである。しかもその後に「忘却の協定」への批判が高まり、内戦の記憶を回復し独裁を批判する動きが現れたにもかかわらず、スペインの民主主義体制にとって「忘却の協定」は必要であるという認識が大きく揺らぐことはないのである。

### 内戦のイメージの変遷

内戦の再燃が民主化を危うくするという認識が、スペインの民主化を平和的に実現させた大きな要因だとして、では、どのような具体的な内戦の記憶が存在していたのか。なぜこのような問いを発するのかといえば、四〇年にわたるフランコ体制期において内戦のイメージも変容したからである。

フランコ体制はその建国神話として「聖戦」としての内戦を据えた。それは、祖国を破壊する共和派とその背後に潜む外国から祖国を救済し解放する、あるいは無政府主義勢力に対してカトリックの教義を防衛するための聖戦であった。したがって戦没者とは、フランコ側に立って戦い、共和国側に殺された者のみをさしていた。[50]「百万人の死」という犠牲者を誇張するフレーズも体制によって定着させられた。[51]

一九六〇年代の社会変容を背景に、こうした聖戦や十字軍としての内戦のイメージが変わり始める。それは、罪と責任の共有というべきものであった。[52]つまり、内戦の責任は双方にあり、だからこそそれは繰り返してはならない国民的悲劇であり「兄弟殺し」である、という点が強調されるようになったのである。これに対応して、内戦終結二五周年の一九六四年に体制側が公的に喧伝したのは、フランコの勝利ではなく「フランコの平和」、すなわち平和の時代が四半世紀も続いたことであった(53)。

民主主義体制への移行を経験したスペイン人の大半は内戦を直接的には知らない。したがって内戦やフランコ体制のイメージに関し、とくにその残酷さや過酷さの認識のなまなましさの点で、世代間のギャップがあるのは当然である(54)。また、市民への抑圧は、一九五〇年代までの独裁前期の方が六〇年代以降の後期よりも苛烈であったうえに、その経験は次第に歴史となって遠ざかり、しかも一九六〇年代以降は経済成長という功績が体制のイメージの良好化に資した。そしてこの経済発展にともなう消費社会の登場が過去への関心をいっそう弱めていた。内戦直後の時期は経済的に困難な時期でもあっただけに、フランコ体制に対する前期と後期のイメージの違いはさらに大きくなっていった。とくに一九六〇年代以降にスペインにも消費社会とアメリカニズムという先進国に共通の現象が現れるとともに、内戦の経験の忘却が加速し、フランコのイメージも善悪で割り切れない両義的な性格を帯びるようになっていった(55)。

後に詳述するように、こうした内戦観の変化を背景に、「忘却の政治」は市民社会にも基盤を広げてゆく。フランコ死去の時点で、内戦の実態に関する確たる国民的な合意があったわけではない。どちらがより責任があるのかという議論が始まったわけではなく、どちらにも責任はあるからそれを繰り返してはならないという姿勢が確認されたのである。内戦の実態を解明し「過去の克服」を成就したうえで到達した「国民的和解」の状態が、「二度と繰り返さない "Never again"」の精神を生み出したわけではないのである。忌まわしい過去にはふれないという姿勢の共有がその実情であった。

そしてフランコの死のその直後には、数ヵ月の内にこのように記憶された内戦が教訓としてその真価を発揮できるか否かが試されるという雰囲気が広がっていたという[56]。二度と繰り返してはいけない内戦の具体的な教訓とはいったい何であったか。

第一に、体制移行後のスペインをみれば、その政治制度は、政体にせよ選挙制度にせよ議会の形態にせよ国家の領域構造にせよ、第二共和制を徹底的に否定しそれを反面教師として構築されたことがわかる[57]。

第二に、メディアでは一九三〇年代との違いが強調され、政治における合意の重要性が強調された。政党の行動様式もそうしたメディアの気運と無縁ではいられなかった。憲法が国民投票で承認されたことをもって内戦の終結とみなした人も多く、国民の政治文化における合意重視の傾向は顕著になっていた。とくにフランコ時代の政治教育によって、内戦は第二共和制という未熟な民主主義の帰結であったという認識が広められ、正義や自由や民主主義よりも、和平や秩序や安定の方がより優先されるべき価値観となっていた[58]。

内戦の教訓の第三として、そして最も重要であると思われる教訓が、「二度と繰り返さない」の精神に支えられた「国民的和解」を制度化することであった。それが一九七七年の恩赦法に結実する。

**「過去の忘却」の制度化——一九七七年恩赦法の成立**

「忘却の協定」を象徴するのが、民主主義体制下の議会が最初に、しかもほぼ全会一致の賛成を得て一九七七年一〇月に成立させた恩赦法であった。[59]

フランコ死去の前から、反体制派の最大の要求は恩赦であった。その要求には独裁の歴史に等しいといって過言ではない伝統がある。象徴的なのは非合法時代の共産党が一九五六年六月に発表した「国民的和解のために。スペインの問題の民主的平和的解決のために」という文書であり、そこでは独裁が内戦という国民的対立を前提にしているならば民主主義は国民的和解に立脚しなければならず、そのために最も必要なのが恩赦だという論理が展開されていた。また、カタルーニャ議会は一九六〇年代以降、「自由、恩赦、自治」というスローガンを掲げた。そして一九七五年一一月二〇日にフランコが死ぬとその要求はさらに強まり、街頭を埋め尽くしたデモ参加者は「平等、自由、恩赦」と口々に叫んだ。[60]

このような背景の下、新国王ファン・カルロス一世即位にともなう一一月二五日の恩赦を経て、一九七六年六月三〇日には政治犯を含む恩赦を実施する国王勅令法（七月三〇日施行）が成立した（ただし対象となる政治犯の範囲は極めて限定的であった）。この勅令法の序文には、「過去の抑圧的遺産を、すべてのスペイン人の友愛的調和の中に忘却すること」と記されている。[61] たしかにこれは体制側からの措置である。しかし、忘却を基礎とする民主化を進める準備ともいえた。この恩赦には内容の不十分さに多くの不満があったものの、「最も望ましい恩赦の中の最も十分な恩赦とはいえない、しかし可能な恩赦の中の最善のものではある」（El País 紙）というような肯定的評価もあったのである。

そしてスアレス自身、民主化を進める意思を示すために、フランコ体制下の最後の首相ナヴァーロの下で行われた恩赦よりも踏み込んだ恩赦を行う意向を抱いていたのである。[62]

恩赦の要求がとくに強かったのは政治犯の多くが集中していたバスク地方であり、その恩赦要求の声の前に一九七七年三月には先の国王勅令法が改正され、より多くの政治犯が釈放された。しかし、ETAのメンバーには収監が続く者も少なくなかった。しかしその後、五月二〇日になって、バスク人の収監者をも釈放する決定がなされた[63]。

一九七七年六月の総選挙においては、共産党もPSOEもフランコ体制に対する責任追及をせず、その主要な要求は収監者および亡命者に対する恩赦の実現であった[64]。内戦時の暴力や人権侵害には双方が加担したとはいえ、内戦の勝利者であるフランコ体制側の方が大規模であったにもかかわらず、左翼は過去の責任の追及に固執することはなかったのである。

フランコ体制に対する最も厳しい裁きを求めるかに思われた左翼政党のこのような姿勢は何に由来するものなのだろうか。スペインの民主化が「合意の政治」を通じて行われた理由として先に指摘したように、まずは、スアレス政権の改革志向の前に、いたずらに混乱を招く革命路線よりも確実な民主化を優先する党の現実主義があった。

たとえば、スペイン共産党書記長カリージョは、民主主義と合法性の確保のために、処罰と責任の明確化を犠牲にするという対応を表明している。それにすべての者が賛成したとはいえなかったにせよ、彼に公然たる批判を行うことは難しかった。ソ連共産党になお忠実なポルトガル共産党の革命路線への強い反発とユーロコミュニズムの党に変貌したことも重要であった。PSOEも、一九七〇年代の西ヨーロッパ各国の社会民主党の影響を受けながら、ゴンサーレスに代表される若い世代が穏健なヨーロッパ志向の左翼政党へと党を変化させていた[65]。

こうした変化の背景には、左翼政党が抱える内戦期に対する極めて強いトラウマ（左翼陣営内の厳しい対立や共和国側によるアナーキスト弾圧に対するうしろめたさもトラウマの一つであろう）もあった。移行期において暴力が頻発した（ＥＴＡの犯行が多い）ことも左翼の体制批判を鈍らせた。一九七三年一二月のカレロ・ブランコ暗殺の直後、共産党もＰＳＯＥも暴力反対の声明を出し、フランコ体制と交渉の意向であることを繰り返していたのがその証左であった。そして実際の移行期には、先述のように軍部のクーデタ未遂など民主化が暴力によって脅かされる現実的可能性があり、それだけに平和と秩序への希求が広く社会の中からも高まっていたのである[66]。

そして左翼の姿勢に最も影響を与えたのはスアレス政権の体制内改革としての民主化という巧みな政治戦略である。強い現状維持的志向が体制側から示され、それを前提とした改革が進められた。司法界の人的な連続性は非常に高かったし、軍の秩序維持の担い手（より深刻にはクーデタの担い手）としての存在感と脅威は決して無視できるものではなかった。このような体制側および保守的勢力の存在を前にすれば、ＰＳＯＥ幹部で後のゴンサーレス政権で政府要職にあったゲーラが、「われわれは、右派が同じ行動を繰り返さないという条件で、右派がしてきたことを忘れる」と述べたのはごく自然の反応であった[67]。

このような政治状況の中で成立したのが一九七七年の恩赦法である。

この恩赦法は、内戦以来のあらゆる政治犯への恩赦（一九七六年法は他者の生命を犯す罪については恩赦の例外とした）を実施するものであった。[68] さらに、フランコ体制下での政治犯の捜査と訴追に関する活動の違法性や、公安部門が犯した人権侵害の罪は問わないという「自己恩赦[69]」を含むものであった。

先に述べたように、恩赦法の制定は反フランコ体制側の最大の要求であり、その実現はスペインの民主化に不可欠なものと認識されていた。[70] それは政治的な復権（政治的恩赦）のみならず、労働者に対する職場復帰や補償など（労働恩赦[71]）を含む包括的な性格を帯びたものであった。

体制側も恩赦を拒絶はしなかった（その点でスアレス率いるUCDとフランコ体制支持者を代表する国民同盟（AP）とは異なる）。ただし、反対派が求めるような包括的恩赦法は想定していなかった。しかし一九七七年恩赦法は、六月の総選挙が生んだ政治勢力の拮抗状態の中で審議され、民主体制下の議会が生んだ初めての、そして最も合意と妥協の性格が強い法律となった。

恩赦法の策定を通じて政府と野党の対立争点となったのは、主に労働恩赦、ETAの収監者の恩赦、反フランコ体制の軍事組織（UMD）のメンバーの恩赦の三つであった。[72] UCD政府は労働恩赦に反対であった。なぜなら、それが経営者側の敵対心を掻き立てるおそれがあるからであった。UCDはETAの恩赦にも反対であった。民主的な選挙の後も人を殺し続ける人々が恩赦を受けることは世論が容認しないというのがその理由である。そして民主的軍隊への全面的な恩赦には根本的な反対を示した。その背景には政府側の譲歩の行き過ぎを警戒する軍部の存在があった。

政府の当初の提案には、一九七七年六月一五日までに行われた政治的意図をもった全犯罪への恩赦は含まれていたものの、労働恩赦に言及はなかった。しかし労働恩赦は反対派の恩赦要求の中でも極めて重要な意味を与えられていた事項であった。その野党の当初の提案には、フランコ体制の犯罪の免責についての規定は含まれてはいなかった。しかしこれは体制側にとって極めて重要な条項であった[73]。ただしそれは、フランコ体制の政治指導層が責任を回避するために求めたというよりは（移行過程の諸改革の主導権はその政治指導者側にあり、訴追を恐れる必要はなかった）、むしろ反体制派の要求を受け入れることに強い反発を示しかねない軍部を慰撫するための提案という性格をもっていた[74]。

こうした双方の最も重要な要求を相互に容れて恩赦法は成立したのである。すなわち、与党のUCDはその後の一連の立法措置を講ずる形で労働恩赦を受け入れた。その代わりに反対派は、「あなたが与えるものに対して私は与える"do ut des"」をモットーに、政府当局者や役人、公的秩序の維持者の恩赦を認めたのである[75]。

結果的には、先に挙げた三つの対立争点のうち、反対派は最初の二つを実現した。労働恩赦は体制側の免責との交換という性格が強かった。ETAに対する恩赦に関しては、それが政治的暴力の停止に決定的な貢献をなすであろうという認識が広がり、そして実際に同組織の政治指導者の大半はそれを放棄する意向を示したのである。たとえばPSOEの議員ベネガスが議場で述べたところによれば、「今からバスク民族には平穏さを求めたい。そしてわれわれの民族には包括的恩赦をあえて求めたい。なぜなら、恩赦は一〇月六日まで、および疑うことなく六月一五日以降に犯された事件のために現在（バスク地方の）Basauri と Martutene の刑務所に収監されている人々にも効力を有するからである[76]」。これに対し、UMDメンバーの恩赦に関して反対派が譲歩したのは、軍部の意を汲んだことに加えて、恩赦法がフランコ体制に対する合法的な戦いの象徴であると同時にその際の人民の動員の中核であり、したがってその成立が民主主義の最初の勝利であると受けとめられたという、ある種の達成感があってのことであった[77]。

これらの対立点は、一〇月三日に、それを解消するための統一委員会の設置が合意され、その場で妥結がはかられた。同委員会は、議会全会派の代表から構成され、政府と野党の提案に基づいて合意案を策定することを目的とし、そしてその目的は即座に達成された。すなわち委員会は、参加者全員からの支持を集めた法案をすぐに完成させた[78]。法案はその後、一九七七年一〇月七日に議会下院に提案され、一四日に成立した。上下両院でほぼすべての政党が同法を称賛し、同法は下院の九三・三％の賛成票で可決されたのである（賛成二九六、反対二、棄権一八、無効一[79]）。

この結果が示す通り、議会審議の最中から、ほぼすべての党派から恩赦法は肯定的に評価された。表現の違いこそあれ、また政府与党と野党を問わず、UCD、PSOE、共産党、バスクとカタルーニャの民族主義者、カタルーニャ社会党、諸派グループという審議に参加した党派からは、恩赦法が「国民的和解」を促し、忌まわしい過去を忘却し、新たな未来志向のスペイン国家の始点となるといった趣旨の見解が示された[80]。「明らかに恩赦法の審議は内戦の記憶に形作られていた」のであり、「恩赦によって、なによりもまして、内戦における勝者と敗者とを象徴的に同等にあつかうことが目指されたのであった[81]」。そして、恩赦法成立という「この日こそ、内戦がついに葬り去られたのである」とうたわれたのであった[82]。

メディアも同様に肯定的であった。たとえば、一九七三年に設立されながら創刊号の発行がフランコ死後まで許されず、その存在自体が民主化の象徴ともいうべきEl País紙（政治的には社会労働党に近い）はこう述べている。

恩赦は、国家理性と、内戦という兄弟殺しと長期の独裁のような人民にとって残酷で痛ましい出来事を忘却して新規まき直しをする必要性とによって正当化される例外的な行為である。民主的なスペインは、これからは前方を見て内戦の責任と事実を忘れ、独裁の四〇年間を考えないようにしなければならない。過去を見るのならば、その目的はただ一つ、惨禍の原因とその再現を阻止する方法は何かを省みることしかない。国民は歴史の記憶をもたずにいることはできないし、またそうすべきでもない。しかし、それが寄与しなければならないのは、未来に向けた共存という平和的な事業を促進することなのであって、過去に向けての遺恨を助長することではないのである。(83)

一九七七年の恩赦法が、スペインにおける「忘却の政治」の極みであることをこれほど明白に述べた文章はなかろう。

この恩赦法は、フランコ時代に行われた人権侵害の司法的捜査への障害となって立ちはだかることとなる。(84) しかし、恩赦法に対して同時代的に批判を加えた論者はほとんどいない。(85) 議会におけるほぼ全党的な賛成やメディアの肯定的評価の背景には、スペインの民主化の当時はまだ、移行期正義を求める国際社会からの圧力がなく、国際法制の面でも恩赦を禁じたり制限したりする段階になかった、という事情もあった。(86) 先に指摘した通り、たしかに国連は一九四六年の段階でフランコ体制をファシズムと認定し、スペインとの関係の断絶を決議してはいる。しかしその直後に始まった冷戦の中で、反フランコ体制の姿勢は実効性を失っていたのである（加えて、フランコ体制の西側世界に対する日和見主義的外交は、スペインの国連加盟とアメリカとの安定的協調関係の実現を可能にさえした）。

恩赦法の成立後、議会諸派は社会経済政策、政体、地域問題についての合意を行い、一九七八年末の憲法案の可決をもって、合意による民主的スペインの骨格整備は完了した。内戦と独裁の過去を忘却しつつ進められた民主化がその最初の課題を終えたのである。

しかし、「忘却の政治」はその後もなお続いた。UCD政権側にとっては、その出自がフランコ体制にあることに衆目が集まることに利点はなかった。ただし、「忘却の政治」が続いたその推進力は、主に野党のPSOEの側にあった。具体的には、次の総選挙に向けて党を近代化するために「忘却の政治」を続行したのである。階級政党から国民政党への脱皮を目指すPSOEは、スペインが民主国家となって統合ヨーロッパの一員となることを目指し、その実現のためには過去に拘泥するのは得策ではないと判断したのである。換言すれば、忘却はスペインの近代化とヨーロッパ化のために必要であった[87]。和解のために過去を忘却するというより、新たなスペインを創造するために過去を忘却することが求められたのである。

### 「忘却の政治」の持続

こうして、一九八二年の総選挙での勝利後、一九九六年までの一四年にわたるPSOE政権時代にも

「忘却の政治」は持続することになった。内戦と独裁の過去に関する格段の取り組みはない。「この時代を「大いなる沈黙と記憶なき時代」とみなす calificar a estos años como los del 'gran silencio' y los de la 'no memoria'」論者もいるほどである。[88]

実のところ、一九七九年から一九八一年までに共同墓地の発掘といった「忘却の政治」を破る試みもあった。しかしPSOEは記憶の回復ではなく「記憶の棚上げ」[89]を選択し、あくまで「忘却の政治」を継続させた。その重要な背景には、先にも繰り返しふれた一九八一年二月二三日の軍のクーデタ未遂があった。これは、成立間もない民主主義体制に現実的な脅威が実在することを知らしめ、「忘却の協定」遵守の気運が党派を超えていっそう広がり定着する重要な契機となった。[90]

こうした民主主義に対する潜在的脅威があったことに加え、内外の山積する難題に取り組む時間が必要であったことも、「過去のトラウマからの解放であり、それに直面することを拒むという忘却」[91]が選ばれた理由であった。そしてなにより最も重要な課題として、スペインの新たなアイデンティティーを創出することが迫られていた。

PSOE政権は長期政権となった。「忘れて先に進め」が政権のスローガン的言葉であった。[92]内戦勃発五〇周年の一九八六年に同党は、内戦は想起すべき出来事ではなく歴史であるとし、その非争点化に努めた。[93]文化大臣を務めたゼンプルンは、一九九三年のインタビューで、普通の生活を送りたいのなら忘却が必要だと述べた。[94]

より具体的にみれば、PSOE政権下では、一九七七年恩赦法の見直しの動きもなかったし、文化政策あるいは教育政策を通じてフランコ体制による抑圧の過去への理解を高めるという動きもなかった。一九八六年には、「戦没者の谷」[95]とは別の小さな記念碑を作るのみであった。[96]「過去の否定的あるいは問題のある部分を忘れることは、はっきりと肯定的なものと解釈される」[97]という言葉さえ語られた。

このようなPSOE政権が続行した「忘却の政治」の最大の推進力は、先述のように、スペインの統合ヨーロッパへの接近と加盟への動きである。PSOEは、中央集権（自治の否定）、政治的挫折（独裁による民主化の失敗）、経済的後進性といった、スペインがもつその伝統的な国家イメージを忌避し、それを払拭しようと努めた。[98]ゴンサーレス首相は、戦後の西ヨーロッパ諸国がヨーロッパ統合を進めながら民主化と経済成長を進めた経験に、スペインの「新しい野望の最前線」を見出していた。[99]

PSOEのヨーロッパ志向は、伝統的にナショナリズムを強調してヨーロッパには距離をおく右派からも次第に受け入れられ、またカタルーニャやバスクの分離主義志向の強い地域からの理解も得られた。しかしここで改めて強調すべきは、PSOEの積極的なヨーロッパ政策は、内戦と独裁という民主的ヨーロッパの理念に反する過去の歴史の恥部を隠す効果をもつとの期待と不可分であったことである。したがって、ほぼすべての党派が、程度の差こそあれヨーロッパ化を進めようとしたのは、「「忘却の協定」を通じて抑えられてきた記憶の政治、あるいは過去からのある種の逃避[100]」にほかならなかった。よ り直截にいえば、民主体制下に生きる多くのスペイン人にとって、「フランコ主義を忘れ、自らをヨーロッパ人に変貌させようとすることは、ある意味で、模倣を通じた「現代スペイン」の創造であり、われわれの歴史の再解釈でさえある[101]」のであった。

こうした「忘却の政治」は、政治エリートが合意しただけでは長続きはしなかったろう。それが持続しえたのは、先に示唆したように、市民社会の関与があってこそであった。具体的にいえば、市民社会に内戦をめぐるさまざまな恐怖が広く行き渡っていたという事情が重要であった――暴力に訴えたという点では体制側と変わるところはないという「共犯」の恐怖、家族親族に殺人を犯した者がいるという恐怖、忌まわしい過去の傷が口を開いてしまうことへの恐怖、一九三〇年代の混乱や内戦が再来するのではないかという恐怖、そしてそのような過去にふれることが民主主義体制を弱体化させてしまうのではないかという恐怖。(102)

こうした恐怖を背景とするいわば「共同責任」論が、体制側にも反体制側にも、そのどちらの側にも責めを負わせられないという意味で「忘却の政治」の中核をなす思想となった。一方的断罪の回避という内戦の解釈の変化は、先に指摘した公式的な宣伝面に加えて、まさに市民社会においても生じていたのである。その結果、内戦はスペイン国民の集団的悲劇であり、どちらも過ちを犯したことが強調されるようになっていた。内戦からは、体制批判ではなく、「二度と繰り返さない」という政治的教訓が繰り返し引き出されたのである。そこではもはや、内戦の起源や原因については問われなかった。優先されたのは内戦の実態には入りこまないという「過去の忘却」であった。(103)

この社会における「忘却の政治」についてさらに具体的にみてみよう。(104)

実際にはナショナリスト側の殺人のほうが多かったにもかかわらず、国民の多くはその点を告発しようとはしなかった。一九五〇年代から六〇年代に登場した反フランコ政権の知識人集団は、その親世代とは異なる内戦イメージを抱くようになっていた。すなわち、この集団に代表される新たな世代の主張は、「明らかにこの若い世代は、どちらかに加担するよりは、戦争によって生じた亀裂を克服し、勝者と敗者の間の断絶を治癒しようとした[105]」というものであった。内戦観をめぐる世代格差が生まれ、内戦の原因についてかつてのフランコ政権による建国神話的な党派的説明とは別の説明が求められるようになり、その結論として「共同責任」論が生まれ、勝者と敗者の和解が求められるようになったのである[106]。

このように、市民社会において独裁体制と対決する姿勢が弱まることで、民主主義体制への移行期、さらには新たな民主主義体制下において、独裁体制の責任を厳しく追及し政治争点化する社会からの動きが萎えることとなったのである。この「忘却の政治」は、リベラルあるいは左翼系のメディアも、そしてカトリック教会[107]も支持するところであった（市民社会のこの政治的動員力の弱さは、スペインの民主化が政治エリート間の閉ざされた空間での合意形成を通じて進められたことの、メダルの裏側であった）。

以上の「忘却の政治」は、民主化後も教育文化行政をフランコ時代の官僚がそのまま続けて運営したことで、さらに社会に根づくこととなった。初等教育の歴史教育では、一九八〇年代半ばまでフランコ時代に厳しい記述がなされることはなく、事実に基づく歴史教育は遅延した[108]。また、民主化によって報道の自由が法的に確保された後も、テレビやラジオの報道は実質的な国家の管理下におかれ、一九八〇年代半ばまで内戦や独裁に関する批判的議論がなされることはほとんどなかった[109]。

旧体制の残滓が「忘却の政治」を支え、未来への志向も「忘却の政治」を支えるのがスペインの経験である。内戦と独裁の国というイメージを払拭するために、民主化に際してスペインの近代国家としてのイメージが強調された。その「近代性」の中心にあったのが西ヨーロッパ諸国と同等の安定した民主主義国家であった[110]。体制移行後しばらくは、内戦と独裁の過去に関心を抱く者は学者や知識人に限定され、一般人の過去への関心は薄れていった。とくにスペインがECに加盟した一九八六年生まれの世代は、「過去にほとんど関心をもたない」若者であった[111]。

### 「忘却の政治」への挑戦と終わりなき「忘却の政治」

「忘却の政治」に批判がなかったわけではない。内戦や独裁の過去を正視しようとする気運は、すでにPSOE政権の後半にみられた。代表的なのは歴史教育の分野であり、一九九一年の「教育制度基本法」によって歴史教育の目的が、不変の事実の暗記ではなく「現代世界とそれに影響を与える前提と要素についての分析と批判的評価」となり、歴史教科書には初めて、独裁の起源と変容、そのスペイン社会の権力構造からみた意義などが記載された。独裁に関する「忘却の協定」が破られ始めたのである[112]。

こうした動きとその本格化は、一九九六年総選挙でPSOEが下野して以降、野党となった同党側が主導してのことであった。政権を握った国民党（PP）のアスナール新政権の右翼的な「憲法愛国主義」への傾斜（それ自体、後進的で停滞したスペインというイメージを、誇り高い文明と立憲的自由主義的政治の伝統をもったスペインというイメージ（それには内戦や独裁の過去はそぐわない）に刷新しようとする意味で「過去の忘却」であった[113]）への批判、そしてPSOE内からの、とくにEl País紙を筆頭とするリベラル系メディアによる歴史問題の喚起がその契機となった。左翼自身がフランコ神話の持続に加担した責任があることに対する認識、そして歴史を真摯にみつめることが民主主義の質を高めるとの認識が芽生え始めたのである。ある政治学者によれば、「スペインにおいては、反フランコ主義の文化がないところでは真の民主的文化はありえない。そしてそのためには、生き生きとした歴史的記憶が必要なのである(114)」。

そうした過去に関する認識の変化の背景には、一九九〇年代末以降の市民社会からの歴史見直しの気運の高まり、とくにチリのピノチェトの逮捕を契機とした「歴史の噴出 irruption of memory」と呼びうる状況(115)があった。スペインでは、二〇〇〇年にジャーナリストのシルヴァによる「歴史的記憶回復協会 ARMH: Asociación para la Recuperación de la Memoria Histórica」が結成されたのが特筆される。その活動の目的は、内戦と独裁の犠牲者の復権や共同墓地の発掘（行方不明者調査）、オーラルヒストリーを含む内戦と独裁関係の史料整備などであった。

「忘却の政治」を見直そうとする動きには、いわゆる歴史修正主義的な反発が生じている。アカデミズムの歴史学界からは黙殺されながら、高い販売部数を誇ったモアのスペイン史書はその潮流の代表であった。内戦については、共和主義者による民主的なスペインへの破壊行動をフランコこそが止めてスペインを救済したとされ、左翼が内戦と独裁による犠牲者数を誇張していることが非難された。さらにＰＳＯＥや市民社会の諸団体による「忘却の政治」の再検討の動きに対する強い牽制がなされた(116)。

「忘却の政治」が政治争点化され始めたＰＰ政権下の一九九九年九月には、議会における初の独裁政権への非難決議が検討され、二〇〇二年一一月にはＰＰも内戦とフランコ体制への批判声明に加わっている[117]。その後、「忘却の政治」からの大きな転換が、二〇〇四年に政権に復帰したＰＳＯＥのサパテーロ政権下においてなされた。政権発足後、二〇〇六年七月には「内戦とフランコ主義の犠牲者の状況に関する研究のための一般報告」という文書がまとめられ、移行期正義を追求する姿勢が明らかにされた[118]。内戦と独裁の下での犠牲者調査や補償問題の検討が具体化され、二〇〇七年六月には内戦の史料を収集していたサラマンカの文書館に歴史記憶センターが設立された。そして「忘却の政治」見直しの動きは、同年一〇月の歴史記憶法の制定に結実した。

民主主義体制への移行を導いた和解と融和の精神を賛美し、数々の人権侵害を行ったフランコ体制の非難を主たる内容とする前文から始まる歴史記憶法は、全二二条からなる法律である[119]。その主要目的は、内戦と独裁の間に政治や思想や宗教を理由に迫害や人権侵害を受けた者の権利の回復と、その人々と家族の記憶の回復である。この目的を達成するために内戦と独裁の間に下された行政や司法の決定の違法性が宣言され、回復されるべき具体的な諸権利が挙げられた。行方不明者の捜索や無名共同墓地の発掘などの政府の義務に言及がなされ、フランコ時代の残滓たる公共物の撤去が定められた。とくに「戦没者の谷」はフランコ賛美のための政治的利用が禁止された。さらに内戦と独裁に関する史料の収集と管理のための施設設立も決定された。

こうした内容の歴史記憶法は、ほぼすべての条項が党派的対立の対象となり、かつての恩赦法制定とは対照的に、議会での審議は難航を極めた。なかでも激しい論議となったのは、フランコ時代の司法が下した判決の合法性や墓地発掘の是非、フランコ時代の記念碑（とくに「戦没者の谷」）の処理などの問題であった。結果として法案に最大野党のＰＰの支持はなく、歴史記憶法は左翼諸政党とバスクとカタルーニャの地域政党の間の苦肉の調整作業の末に成立した。採決は法案全体にではなく逐条的に行われた（だからこそフランコ体制の非難を含むある程度大胆な内容となった）[120]。

ＰＰおよび保守系メディア、そしてカトリック教会の反対理由は、なにより歴史記憶法が「忘却の政治」を無視したことにあった[121]。しかし反対は左派からも寄せられた。たとえばカタルーニャの急進的な地域政党であるＥＲＣにとっては、いわば「非ナチ化」のみがフランコ時代の痕跡を消し去って真の民主主義を実現することができるのであり、歴史記憶法にはなお「忘却の政治」が継承されていると受けとめられたのである。サパテーロ政権の歴史政策への反対者を批判したＡＲＭＨも、政府の取り組みは不十分であると批判した[122]。知識人や歴史家の場合、相対的に歴史記憶法の支持者が多い左翼内の温度差が右派に比して著しかった。歴史記憶法の不備を批判する者もいれば、右派と同じく歴史記憶法が「忘却の政治」を蔑ろにしたものであると批判する者もいたのである[123]。

たしかにこの歴史記憶法の成立を通じて、内戦への、とくにその犠牲者への関心[124]が喚起され、右派の間にも過去の解明に対するある程度の寛容な態度がみられるようになった（それにはフランコ体制との蜜月関係の過去を見直す動きを示し始めたカトリック教会の動向が影響を与えていた）。また、「忘却の政治」を支える共同責任論を維持するために使用が避けられてきた「内戦」という語への抵抗感も小さくなった[125]。これらが「忘却の政治」におけるある種の変化であること否定できない。

しかし総じてみれば、この歴史記憶法はスペインにおける「忘却の政治」への挑戦ではあったものの、真実委員会の未設置、保存文書へのアクセスの困難さ、教育政策との連携の欠如、フランコ時代の失踪者の調査の不徹底、共同墓地の民間への委託など、その内容が不十分であったことは否めない[126]。ピノチェト拘束のガルソン判事による内戦時代の犠牲者の共同墓地調査も、国際的な一九七七年恩赦法に対する批判的見解の高まりに沿った行動であった側面はある。しかし、ガルソンの行動がスペイン民主主義の土台をなす恩赦法を無視したとの批判は強いのである[127]。

歴史記憶法への評価が必ずしも高くないだけではない。二〇〇八年の総選挙（一期目のサパテーロ政権への信任投票的性格を帯びた）でPSOEが勝利したことでPPに対する差異化のために歴史問題を引き出す必要は薄れ、さらに経済危機も加わって、「忘却の政治」を再考する気運が弱体化したのである。そして二〇一一年選挙でPSOEが敗北し、PPが政権復帰すると、「忘却の政治」を見直す動きはさらに弱まった。その顕著な現れの一つが、PSOE政権下の二〇〇九年から治安維持を理由に非公開となっていた「戦没者の谷」がPP政権下で二〇一二年に再び公開され始め、「戦没者の谷」の将来の位置づけに関する専門委員会の答申――フランコの遺骨の私的墓地への移送と内戦における犠牲者の家族のための追悼施設への改組を提言していた――が、前政権による一方的な政治的評価の反映であるとして棚上げとなったことである[128]。

世論の動向をみれば、「過去の克服」に関しては歴史記憶法の制定をもって足れりとする傾向が強い。世論の関心は、内戦と独裁の犠牲者の救済にあり、その責任追及には向いていない。こうした世論のあり方もまた、「忘却の政治」の存続を支えている。サパテーロ自身、自身の政策が世論を導くよりもそれに従ったものであることを認めている。(129)

以上を要するに、スペインの独裁体制から民主主義体制への移行は「合意の政治」を特徴とし、それは一九七八年の憲法制定をもって終結した。しかしながら、「忘却の政治」はその後もさらに続いた。たしかに「忘却の政治」への挑戦あるいはその方向転換を目指す動きが一九九〇年代末以降に展開され、二〇〇七年には歴史記憶法の制定もなされた。にもかかわらず、「忘却の政治」は持続し、その象徴たる一九七七年恩赦法は、廃止されずに今もなお有効である。

改めて、なぜ「忘却の政治」は存続しているのか。

まず、恩赦法とスペイン民主主義との結びつきがある。(130) 先に述べたように、スペインの恩赦法は体制の民主化後の議会が最初に成立させた法律である。スペインの「忘却の政治」は民主的起源を有する、あるいはスペインの民主化は「忘却の政治」を前提としていたのである。そしてなにより、「民主的移行の成功が、スペイン人の過去への取り組みのあり方に大きな影響を与えてきたという結論を避けることは難しいように思われる。換言すれば、過去と向き合うのではなく過去を忘れることを前提としたポストフランコ時代の民主主義の成功そのものが、ある程度、過去への取り組み方が正しいものであったというスペイン人の信念を支えている(131)」。

そして、過去を想起することへの抵抗の強さがある。それは、内戦の起源や責任の所在に関する社会的合意がなく、合意といえば、それを繰り返してはいけないということに尽きている点に現れている。

換言すれば、宗教的言説を含め、それ以上の国民的和解を促す主体や思想がない。たしかに、体制移行時の過去に関する広範な沈黙は、すでに民主主義体制が定着した現在では存在してはいない。それは歴史記憶法をめぐる議論が示す通りである。しかし、共通の歴史像に関する合意の不在のために歴史が社会を分断する争点であり続け、したがって沈黙が、そして「忘却の政治」が、なお優先されるのである。(132)

# 第3章　いかに共産主義の過去に対処するのか

## ——一九八九年以降の旧東欧

## 1　「過去の克服」の試みとその限界

### 過去へのさまざまな対応

共産主義体制崩壊後、旧東欧の多くの国々の政府は反共産主義の立場を明らかにした。それは、旧体制への拒絶の姿勢を際立たせ、新体制の正統性を確かなものとし、新政府が新たな政治と経済の方針を示すために必要なことであった。そしてそれらは言葉だけの表明ではなく、実質的な政策や措置をともなっていた。具体的には、共産党の禁止、共産主義体制を讃える公共の施設や象徴の撤去、共産党幹部や秘密警察のメンバーや国境管理員の訴追、共産主義体制下で不当な処罰を受けた人々の復権と補償、秘密警察文書の公開、共産党員の公職追放、共産主義時代に没収された財産の返還、といった政策や措置であった(1)。

これらの政策や措置は、移行期正義の追求の試みといえる。そして、そうした試みを妨げる政治状況に「忘却の政治」の展開を認めることができるのであり、後にこの点について具体的に論ずる。しかし、序章で述べたように、共産主義体制の崩壊後にその過去に対してとられた姿勢は移行期正義の追求に限定されず、それ以外にもさまざまな対応がみられた。移行期正義の追求は、それらの最も重要な、しか

しその中の一つにすぎない。他の対応にはどのようなものがあったのだろうか。(2)

## 「太い線を引く」——忘却

移行期正義の追求は、共産主義の過去の拒絶を前提とする。しかし、共産主義の過去の拒絶は、必ずしもその実態を解明しようとする姿勢に連なるわけではない。共産主義の過去の否定が、過去と現在の間に一線を画すことで過去の忘却を志向する場合がある。(3)

この対応の典型とされるのがポーランドであり、その事情は次のようなものであった。

ポーランドでは、一九八三年に発せられた戒厳令が六年後に解除された後、カトリック教会の立会いの下で共産党と反体制勢力の自主管理労働組合「連帯」の間で行われた円卓会議形式の交渉の結果、初めて共産党に属さない人物の立候補が認められた選挙が行われた。選挙後、同じく円卓会議形式での交渉で初代の大統領に決まったヤルゼルスキは、連帯の指導者であるマゾビェツキを首相に任命して組閣を委ねた。民主主義体制への移行形態からして新政府の存続には、旧共産党とその衛星政党の支持が必要であった。

議会を前にしたマゾビェツキの最初の演説に、共産主義体制の過去への対応に関する有名なくだりが登場する。それは、「われわれは、自身と過去の間に太い線 (gruba linia/thick line) を引かなければならない」、能力と新政府への忠誠だけが公務員の評価をするにあたっての唯一の基準であるべきである、というものである。マゾビェツキがその後に繰り返し強調したところによれば、この発言の真意は、彼の政権は政権発足後に行うことに対してのみ責任を負う、ということであった。しかしこの「太い線を引く」という表現はその後、「過去のことは水に流す」、すなわち「過去の忘却」の端的な表現として頻繁に使われるようになったのである。(4)

しかし皮肉なことに、こうした「太い線を引く」という表現の本来の意味とは異なる使用は、必ずしも不適当なことではない。なぜなら、大筋において、旧共産党支配体制に対するマゾビェツキ政権の対応は、体制側と反体制側の交渉というポーランドにおける体制移行の形態に規定されて、限定的なものにならざるをえなかったからである。実際、マゾビェツキは、過去との間に「太い線を引く」ことで旧共産党勢力を守り、その下での犯罪や腐敗を放置したとして非難されたのである。(5)

しかし、こうした「過去の忘却」が、実際にポーランドにおいて首尾よく貫徹されることはなかった。ある研究者によればそれは、共産主義体制の崩壊後の旧東欧諸国では、新体制を支える反共産主義の大義が強かったために、社会においては過去をめぐる複数の評価が競合する状態が生じた（未来の社会に対するイデオロギー的コンセンサスが、旧社会を非難する方法についてのコンセンサスの形成を困難にするという逆説が生じた）からであった。一九八九年には、歴史の終焉という発想、西欧の体制への羨望、共産主義の社会モデルの根本的な拒絶が決定的な現実であったため、広くこの地域における社会の多元性は、一方では過去の真実を究明するか、他方では共産主義の遺産の一掃に躊躇して過去の忘却を求めるか、過去に対する諸政党の間での評価の競合として実現したというのである。その意味で、旧東欧諸国における共産主義の過去への対応は、過去の告発を断行したドイツ、過去を忘却することへの合意があったスペインとは異なる第三の道としての、（主に政治的目的に資する）「手段としての断絶 instrumental cleavage」と呼ばれるものであった(6)。

概して旧東欧諸国では、後述のように共産主義の過去に厳しい態度で臨むことにはさまざまな障害がある。だからといって「過去の忘却」が容易に行われるわけではない。「過去の克服」問題が、党派間の政治的対立の中で重みをもち続けるというのが、旧東欧諸国においてしばしばみられる現象なのである。

**「オスタルジア」――ノスタルジア**

移行期正義の追求が共産主義の過去への厳しい姿勢を示すものだとすれば、それとは正反対に、消え去った共産主義体制を懐かしみ、それに憧憬の念を抱く人々もいる。そうした人々は、抑圧的な独裁体制としての共産主義体制に反発すると同時に、体制転換後に市場経済が導入され弱肉強食の原理が広がった新しい世界にも失望ないし脅威を感じ、共産主義体制下で普通に営まれていた平穏な日常生活に懐旧の念を抱く。いわゆる「オスタルジア Ostalgia」である。

「オスタルジア」の起源は旧東ドイツにあり、統一ドイツにおける旧東ドイツ国民のアイデンティティーの不安定さと東西ドイツ間の経済格差を背景に広がったものである。このノスタルジアは、反西欧的傾向や旧共産主義体制の復活を求める政治的な性格をもつというよりは、むしろ、主として文化の領域におけるカウンターカルチャーとしての性質を濃厚に帯びている。過去の生活世界の痕跡を物理的に保存することやその痕跡を文化の領域で再生させること、旧体制の日常の姿を理想化する象徴を作り出すことなどがその具体的な内実をなす[7]。そして「オスタルジア」は、旧東ドイツに限定されず、広く旧東欧諸国にみられる現象である。

ノスタルジアを類型化するある試みを参考にすれば、旧東欧諸国の「オスタルジア」は、「今とは異なる場所と時間を夢見ながら、廃墟という、時と歴史が錆びついたものから離れることはない」という姿勢、すなわち「内省的ノスタルジア reflective nostalgia」と呼ばれるタイプのノスタルジアに属する[8]。その本質は、歴史と過ぎ去りし時の流れを瞑想することにあるとされる。そして集団的というよりは個人的な、それゆえ多様な過去のイメージが湧き上がる。そこには、移行期正義の追求にみられるような共産主義体制に対する厳しい姿勢はほとんどなく、したがって共産主義体制が帯びた抑圧的性格は限りなく忘却される傾向にある。「オスタルジア」も、「過去の忘却」の性格を多分に帯びているのである[9]。

ノスタルジアを失われた過去のある状態への渇望とするならば、この「内省的ノスタルジア」とは別のタイプのノスタルジアも存在する。「復古的ノスタルジア restorative nostalgia」と呼ばれるものがそれである[10]。過去に対する姿勢としてそれは、国民や民族という集団の真の姿が存在すると考え、歴史の展開の中で歪められたその始原の姿を完全に再生することを目的とするものである。そして「始原の再生」を求める際に前提とされるのが、歴史を二項対立的に把握する見方である。とくに旧体制の崩壊後の数年間は、歴史を「黒か白か」「善か悪か」の二元論的に立って判断する傾向が支配的となり、共産主義時代は暗黒の時代、あるいは全体主義が支配する時代とみなされることが多かった。

このような過去の把握の仕方は、共産主義時代を半ば強引に単調な（歴史的変化のない）時代としてとらえ、旧東欧の各国民国家が本来の進むべき道から逸脱した時代や民族本来のあり方が封印された時代、あるいはその国の歴史の中の「かっこでくくられる時期」とみなす姿勢に通じている。

そしてそこからは、なるべく共産主義期の意味を軽視ないし無視するような過去への姿勢が生まれる。極端な形としては、共産主義とは「東洋」から移入された「アジア的専制」であるとする場合さえある。こうした歴史への態度は、共産主義時代を全体として外国（ソ連）の介入の時代ととらえることで、共産主義体制を指導した政治エリートのみならず、それを支えあるいは黙認した一般市民の責任を曖昧にする効果をもつ[11]。いうまでもなくこうした共産主義の過去に対する姿勢こそ、「すべての責任はナチズムにあり」の見地と同様に、「忘却の政治」を展開させる要因となる。

以上のように、「ノスタルジア」は旧共産主義体制をいつまでも記憶にとどめるような過去への態度のようでありながら、共産主義の実態をできるだけ客観的に解明したり、その暗部を剔抉したりするものではない。それはむしろ「過去の忘却」と親和性をもつ過去への姿勢なのである。

## 移行期正義の追求とその構造的制約

忘却とノスタルジアと異なり、移行期正義の追求は、共産主義体制への厳しい姿勢を前提とする。しかし、旧東欧諸国では移行期正義の追求は難航することが少なくなかった。つとに指摘されてきたように、たとえば第二次世界大戦後のドイツの「非ナチ化」に比べて、旧共産主義国の「非共産主義化」の規模は小さく、またそれに対する一般的な関心も低かったとされる[12]。それにはいくつかの構造的な制約条件があったと考えられるだろう。

まず、共産主義体制の変容がある。概して、共産主義体制が定着してゆく一九四七年から一九五〇年までが体制の抑圧的性格が最も強まった時期であった。個別には、一九五三年の東ドイツやチェコスロヴァキア、一九五六年のハンガリー、一九七〇年のポーランドなどを、体制側の弾圧による犠牲者が多かった時期として挙げることができる。しかしその後、とくに崩壊前の一〇年ほどの一九八〇年代の各国の共産主義体制にあっては、それ以前に比べて抑圧的な性格が後退し、体制の暴力による犠牲者も少なかった。こうした抑圧的性格の後退は、強力な反体制派の不在の産物でもあった（有力な反体制派の存在したポーランドでさえ、体制の抑圧はほぼ非暴力的であった）。体制による露骨な暴力的弾圧と反体制派の不在のために、共産主義体制のエリートの権力移譲はおおむね報復や糾弾の連鎖を生むおそれのない平和的なものになった[13]。

また、各国における共産党の規模の大きさが挙げられよう。全人口の一割、勤労層に限定すれば一五％が共産党員であり、その家族や親族を考慮すれば全人口の三割から四割が党員ないし党員に近しい人々であったと考えられる。党と国民の間には密接な関係があり、その関係は必ずしも体制への支持や同意を意味はしないものの、実質的な両者の協力あるいは「共犯」関係があったということができる。こうした状況では、犠牲者と迫害者の間に明確な線引きをすることは容易ではない[14]。

さらに共産主義体制崩壊後にほとんどの国が経済的な危機を経験したことの影響がある。経済的窮乏の中では、当面の物質的な側面に関係のない政治的争点の優先順位は低く、とくに「過去の克服」に関する問題が強い関心を喚起する対象になることは難しい(15)。

そして一九八九年の共産主義体制の崩壊が、各国の内発的な政治運動によって実現したというよりは、国際的あるいは経済的な要因によってもたらされたことの影響も大きい。その結果、たしかに共産主義体制を拒絶はするものの、そこには社会が共産主義体制に厳しい批判を向けることはなかったという自省がともなうこととなった。また、自国の共産党支配におけるソ連の影響力やその強制をことさらに強調して、その国の社会やエリートの責任を軽視する傾向もあった(16)。

最後に、共産主義崩壊後に、以前と同じ国境線を維持した国は少なく(体制崩壊の前後で同じ国境を維持したのは、ポーランド、ハンガリー、ルーマニア、ブルガリア、アルバニアの五ヵ国のみである)、そのため新国家は旧体制の継承者であることを拒むことができた、という点を指摘できよう。こうした事情は、多くの国で、新たな体制の指導者が過去についての責任の当事者ではないと主張することができた背景をなしたのである(17)。

**移行期正義の実現度**

共産主義体制崩壊後に発足した民主的な新国家が、移行期正義の実現を目指す政策や措置をとった場合、その政策や措置の限界ないし挫折の局面に「忘却の政治」の展開をみることができる。ただし、旧

東欧諸国は数が多いうえに、各国が移行期正義という理念に対してとった姿勢も多様であった。(18)

そうした旧東欧諸国における移行期正義の追求の展開を考察する際、ルーマニア政治の専門家であると同時に、この地域の移行期正義問題の比較研究の第一人者であるスタンが提示するその全体的な見取り図が有益である（ただし、ユーゴスラヴィアの解体から生まれた国々の大半は含まれてはいない）。旧東欧諸国と旧ソ連邦の構成国のかなりを視野におさめる稀少さゆえに、長いながら引用に値する。

共産主義の過去をいかに清算するのかという観点からみれば、東ヨーロッパ諸国と旧ソ連の諸共和国は、「移行期正義が完全に無視される」から「移行期正義が徹底的に追求される」という連続線の上のどこかにグループを形成して位置することになる。

われわれの分析が示すところによれば、アルバニア、スロヴァキア、旧ユーゴスラヴィアのスロヴェニア、ロシア、ベラルーシ、ウクライナ、モルドヴァ、アルメニア、アゼルバイジャン、ジョージア、そして中央アジアのカザフスタン、キルギスタン、タジキスタン、トルクメニスタン、ウズベキスタンは、浄化、文書へのアクセス、裁判を通じた過去の清算にほとんど関心を示さないでいる。ここで言及した旧ソ連邦諸国においては、近い過去をいかに清算するのかは優先順位が高い問題ではないのである。スロヴェニアは、上述の三つの領域のどれ一つにおいても進展を残してはいないし、スロヴァキアは二〇〇一年に初めてごく限定的なパージを行い、二年後に秘密文書への部分的なアクセスのための環境づくりを渋々と準備し始めた。アルバニアは、パージを立て続けに行ったとはいえ、それらはほとんど過去とは関係のないものであり、むしろそれが反対派を弱体化させ、政府に選挙に際しての事前のアドヴァンテージを与えることとなった。

以上の国々の対極にあるのが、東ドイツであり、この国だけがポスト共産主義時代の幕開けに三つの方法を用いて移行期正義を積極的に追求したのである。東ドイツに近い位置にあるのが、早期にラディカルな浄化を断行して広範な旧体制の代表者たちを失職させたチェコ共和国である。もっとも、秘密文書へのアクセスは遅れ、訴訟を行う余力もなかった。この先頭グループには、エストニア、ラトヴィア、リトアニアも属する。これらの国々は独立宣言に続く数年間に国籍法や選挙法や審査法を通じた浄化を実施し、残された豊富とはいえない秘密文書へのアクセスを市民に認め、一九四〇年代後半の強制移送に責任のある旧内務人民委員部の職員を容赦なく追及した。

以上の二つの極をなすグループの間のどこかに位置するグループが、ポーランド、ハンガリー、ルーマニアである。ポーランドは二〇〇六年に浄化を再び実施する立法措置を講じた点でハンガリーに先行する位置にある。そのハンガリーもルーマニアよりは進んでいる。ルーマニアでは、移行期正義の三つの手段のすべてが活発に議論されながら、どのような形にせよ浄化を政治的に具体化することに支持が得られず、秘密文書への真っ当なアクセスもようやく二〇〇六年になって始まり、最終的に裁判が行われたケースはほとんどなかった。(19)

整理すれば、移行期正義の実現度で、スタンは旧ソ連邦の構成国と旧東欧諸国を以下の四つのグループに分類した。実現度の高い順に、

①東ドイツ、チェコ共和国、バルト三国
②ポーランド、ハンガリー
③ブルガリア、ルーマニア
④スロヴァキア、スロヴェニア、アルバニア、旧ソ連邦の諸共和国（バルト三国を除く）

スタンが観察したこの順位は、取り上げている国や若干の評価の違いはあれども、共産主義体制崩壊後の新国家において、政治勢力の間で過去の独裁体制に対する評価をめぐりどれほど強い反共産主義の合意が形成されているのか、その合意の強さの順にほぼ重なっている。すなわち、社会に近年の歴史に関する強い反共主義の合意が形成されている国家があり（バルト三国）、そうした合意が存在せず、反共的リベラルと旧共産党が歴史について公的議論を重ねる国家（ハンガリー、ポーランド、ウクライナ）、そして過去への無関心が支配的で過去への取り組みをしなければならないという意識が弱い国家（ブルガリア、ルーマニア、セルビア、アルバニア）が続き、最後に、共産主義体制の正統性が残り、その過去に関する議論がほとんど行われない国家がある（ベラルーシ、モルドヴァ、ロシア（共産主義は帝国の遺産の一部とみなされる）)[20]。

スタンの移行期正義の実現度のリストにおいて念頭におかれている措置は、引用文中に明記されているように、浄化、文書へのアクセス、裁判である。多くの研究者が指摘するように、旧東欧諸国における移行期正義の追求は、おもに浄化を通じて行われた。そして、同じく多くの論者が述べるように、浄化策には抵抗の動きや不支持の見解が示されることが少なくなかった。各国の興味深い具体例を以下で検討する前に、どのような要因が浄化への反対論として展開されているのかを瞥見しておく。

浄化策の実施に消極的あるいは反対の議論の論拠となるのは、おおよそ次のようなものである（序章の2も参照）[21]。

――政治行政における人的資源を欠乏させる。

——浄化の対象となった人物のみならずその家族にも社会的疎外感やスティグマを与える。

——適正な法的手続きが必ずしも保障されない。とくに、

——処分を裏づける情報として秘密警察文書が用いられることが多い（信憑性や道義面での問題がある）。また、

——処分が政治対立あるいは復讐の連鎖を招きかねない。

——民主主義の定着の観点からは、処分による個人の人権や自由への侵害が否定的影響をもたらす。

## 浄化はなぜ遅れたのか——ポーランド

先に述べたように、民主化ポーランドの初代首相マゾビェツキもその後継のビエレツキも、「太い線を引く」構えをみせていた。それにもかかわらず、ポーランドでは長らく共産主義体制の「過去の克服」問題が消え去ることはなかった。実際、ポーランドは旧東欧諸国の中で共産主義体制を打倒した最初の国でありながら、本格的な浄化法を制定するまでには八年以上の長い歳月を要している。すなわち、ポーランドという国は、「浄化の遅れ late lustration」の典型国なのである[22]。

浄化問題の解決に時間を要しただけではない。ポーランドにおいては、いったんは妥結したかにみえた浄化問題が再び政治争点化した。そして、浄化問題と旧共産党体制下の公安の秘密文書へのアクセス問題という「過去の克服」問題が政治化して政争の具となり、それが政権交代の原因になるまで激化したのである。

「太い線を引く」という姿勢が共産主義の「過去の忘却」を意味するとしたら、ポーランドにおける浄化問題は、公的論議からできるだけ早く浄化問題が消え去ることへの高い期待がありながらも、それが未決の政治争点として存在し続けたということになる。こうした忘却への期待と、実態がそれを許さないという事情との落差はなぜ生じたのだろうか。

ポーランドにおける浄化政策を概観するならば、まず指摘さるべきは、一九九〇年代前半の浄化措置の法制化の試みがすべて挫折していることである。初の非共産党政権である連帯系のマゾヴェツキ政権も、それに続いたビエレツキ政権も、「太い線を引く」ことを標榜したのに対し、一九九〇年一二月の大統領選挙をワレサは公共機関の「非共産主義化」をスローガンに掲げて戦ってマゾビェツキを破り、一九九一年一〇月末の初の自由選挙の後に成立したオルシェフスキ政権は、前二政権の「太い線を引く」方針からの決別を宣言した。同政権は、秘密警察との協力を行った政治家や政府高官の検証を求めた議会の決議をうけて、一九九二年六月四日に大統領と議会に対して、検証によって協力者とみなされた六六名の名簿を提出した。しかし、このリストにはワレサ自身のみならず他の反共産党の政治家も含まれていた。リストはすぐさまリークされ、ワレサは大統領権限を用いて翌日、オルシェフスキを罷免した。[23]

もともとオルシェフスキは、連帯系の政党が分裂して挑んだ一九九一年選挙でワレサ派を破った反ワレサ派に属し、首相就任後も、軍隊や警察の指揮権、さらに「非共産主義化」の程度をめぐって、大統領と厳しい対立を繰り広げていた。ワレサは、毅然として浄化問題に臨もうとしていたオルシェフスキや検証活動の責任者であったマチェレヴィッチ内務大臣を快く思っていなかった。オルシェフスキ首相は、辞任に際し、自身の内閣は、共産党体制と結びついた暗い政治勢力の陰謀の犠牲となったと示唆した。(24) そこには、浄化の徹底には、旧体制のみならず、新体制のエリートからの抵抗も強いことが示されていた。

一九九三年総選挙で旧共産党の民主左翼連合が第一党となって農民党とともに政権を獲得し、一九九五年には同党のクファシニェフスキがワレサを破って大統領職をも掌握して以降は、浄化問題は政治的議論の場から退けられ、まさに忘却されたかにみえた。

しかし、一九九五年末に民主左翼連合のオレクスィ首相にKGBのスパイ疑惑がワレサや野党から指摘されるにおよんで、再び浄化問題が政治の焦点になることとなった。そしてその帰結として、民主左翼連合と旧連帯系二政党の共同提案によって（民主左翼連合は選挙での敗北を回避するために）、ポーランドで初めて、限定的な内容ながら一九九七年四月に浄化法が、一九九八年一二月に文書公開法が成立するにいたった（二つの法律ともに実際に運用が始まったのはさらに遅く、しかもそれぞれ大幅な修正を経た後の一九九九年と二〇〇〇年であった）。

浄化法は、すべての国民から選出されて公職の座にある者、司法界の裁判官や検察官、主要なメディアの要職にある人々などに、共産主義体制との協力関係の有無を申告させ、その真偽を旧共産党の公安秘密文書と照らして判断し、虚偽の申告をした者に対しては訴追がなされ、一定期間は公職につくことが禁じられるというものであった。文書公開法は、「国民記憶院」（後述）を旧共産党文書の保管のために設立すること、研究者やジャーナリスト、秘密警察の捜査の犠牲者となった市民に文書へのアクセスを認めることをその内容とした[25]。

しかし、一九九七年に「「連帯」選挙行動」に敗れて政権を失いながら、二〇〇一年に政権の奪還に成功した民主左翼連合は、浄化法の骨抜きを試みた。ただしこれらの試みはいずれも失敗している。それどころか、浄化法の強化の方向が、今までにない形で登場することになった。すなわち、二一世紀に入り、浄化政策をさらに徹底しようとする動きが出てきたのである。

浄化法強化の背景には、ポーランド政界の腐敗撲滅の動きの高まりがあった。ポーランドでは、二一世紀に入って「リヴィン事件」(大手映画制作会社の社長リヴィンが、活字メディアのテレビ業界への参入を制限するメディア法の修正の工作を行う対価として、国内最大部数を誇る日刊紙Gazeta Wyborczaの編集人ミフニクから賄賂を受け取ったことが、二〇〇二年末に明るみに出た。リヴィンは自身の行動が、ミレル首相を初めとする民主左翼連合の政治家の代行であることを明らかにし、大きな政界スキャンダルに発展した)を端緒に、元共産党の政治家をめぐる政治スキャンダルが続発した。ポーランド国民は、一連のスキャンダルの背後には、地下経済、組織犯罪ネットワーク、それらを支えなお影響力を保持する旧共産党の秘密警察が存在すると認識し、それらの腐敗した結合体を打破するために浄化法の強化の声を強めたのである[26]。また、「国民記憶院」(後述)の活動によって、民主左翼連合(旧共産党)関連の文書公開が進み、とくに民主左翼連合とカトリック教会との関係が明らかになったことも、浄化法強化の気運を高めた[27]。

こうした変化こそ、いわゆる「太い線を引く」ことを国民が疑問視し、より強力な浄化法の制定を求める動きを導き出すものであった。二〇〇五年選挙で第一党になり政権を掌握したカトリック保守派の「法と正義」は、浄化政策の強化を一九八九年後の「第三共和制」から「第四共和制」への国家構造の抜本的変革を求める動きと評した。もともとこの表現は、中道派の「市民フォーラム」が用い始めたことに鑑みれば、浄化政策の強化は、ポスト共産主義時代のポーランドにおいて、国家の抜本的な政治的刷新を求める動きが広がっている証左と解することができよう(28)。

実際、「法と正義」政権の下、二〇〇六年末から二〇〇七年初頭にかけて浄化法はその適用さるべき範囲を大幅に拡大され、社会のエリート層だけでなく、中流の一般の職業層までもが旧共産主義体制との協力関係を問われることになった（しかし、この新たな浄化法は二〇〇七年三月に公布されたものの、その後、五月に憲法裁判所が旧共産党との関係をあまりに広くとらえすぎているとして、一九九七年法から拡張された部分に対しては違憲判決が下された(29)）。

二〇〇七年以降、ポーランドにおける浄化問題はかつてのような政治争点としての重要性をもたなくなった。共産主義の崩壊から時間が経過したという事情からすれば当然ではあろう。ただし、憲法裁判所の判断が浄化法の適用を混乱させているため、さらには、二〇〇七年に「法と正義」から政権を奪取した「市民フォーラム」が、浄化の進展に批判的であったリベラルから左翼にかけてのメディアや文化人の支持をとりつけるために、次第に浄化問題への取り組みから退き始めたという事情もそこにはあった(30)。

以上を要して、改めてなぜポーランドではいわゆる「浄化の遅れ」が生じたのか。まず、各党派が浄化問題を権力闘争や選挙対策として利用しているということがあろう。しかしこの見方では、あまりに浄化政策のもつ規範的な意味が軽視されてしまう。すなわち、浄化政策の強化には、腐敗撲滅に示されるような民主主義の質的向上といった、その実現に時間と労力を要する社会的要請があることを見逃してはならない。「ポスト共産主義の民主主義の質的な向上のために、より根本的に浄化や文書へのアクセスを進める必要があるのは、それが反腐敗の闘いや、公務員や政府当局の人間の背景を知る市民の権利と結びついているからである。……ポーランドの場合、こうしたことはしばしば、共産主義体制と密な関係にあった役人が、共産主義時代のネットワークを利用して、彼らの古い権力を新たな経済権力に替えたという話とつながっている。だからこそ、多くの市民や政治エリートが「太い線を引く」こと、そして恩赦（忘却ではない）という選択肢を疑問視しているのである[31]」。

しかし、「太い線を引く」ことが、共産主義体制が崩壊して四半世紀の後になお批判の対象となっているということは、それだけ「太い線を引く」ことへの執着、つまりは「忘却の政治」への要求が高いことを逆に示してもいるのである。

### 浄化先進国の逆説――チェコ共和国

チェコスロヴァキアは旧東欧諸国の中で移行期正義の実現の面で最も進んだ国の一つであった[32]。先に述べたように、旧東欧における移行期正義の追求の特徴は、浄化が中心に行われた点にあるとされる。

通常はパージ（公職追放）という語が用いられるケースに、やや古めかしい、しかし「啓蒙」とか「純粋化」といった独特の含意を帯びる「浄化 lustration」という単語を復活させた功績はこのチェコスロヴァキアにある。この国が、一九九一年一〇月に旧東欧諸国の中で初めての浄化法を成立させた国であった。さらに、後述のように、他の移行期正義の実現のための措置も広範に講じられた。そしてチェコでは、一九九〇年の体制転換後の最初の選挙での敗北以来、旧共産党が一度も政権に復帰したことがない。その要因の一つにもチェコが移行期正義の実現を積極的に展開してきたことが挙げられることがしばしばある。

しかし興味深いことに、こうした旧体制の清算が徹底して行われたチェコでも、共産主義がチェコ社会に残した対立が克服されたとはあまり認識されていない。より直截に表現すれば、チェコが旧東欧諸国の中で最も積極的に行っている移行期正義のための諸政策の、チェコ社会における評価は高くないのである。[33]

それはなぜだろうか。共産主義の過去に対して曖昧な姿勢をとり続け、清算すべき負の遺産を野放しにしているのならば、そうした政権の評判が悪いというのは驚くべきことではない。まさに忘却は罪という批判が政権に突きつけられることになろう。しかし、忘却どころか、しかと過去に向き合っている、その評価が芳しくないというのである。この状況の背景にはいかなる事情があるのだろうか。

「和解なき正義[34]」の追求というのがチェコにおけるこの状況を表す的確な言葉である。

たしかに旧体制を清算するような移行期正義のための諸措置が、早期にそして大胆に講じられた。しかしそこに共産主義時代とその崩壊期に生じた社会的対立を緩和するような配慮はみられなかった。補償（金銭支給、復職、没収資産の返還など）は純粋に犠牲者個人向けのもので、加害者と被害者の関係改善や犠牲者の社会統合のために社会全体で補償を進めようとする気運はなかった[35]。旧東欧諸国の中で最も早い一九九一年の浄化法を初めとする旧体制との断絶も、社会的対立を克服するどころか、その持続と定着をもたらすこととなった[36]。さらに、和解に通じるとされる「真実」の追求——チェコでは真実和解委員会は設置されず、メディアの報道や密告者リストあるいは秘密警察文書の公開などを通じて行われた——も、犠牲者が期待した、社会的認知や孤立感の解消、旧体制の過去への社会的関心の喚起といった要求を十分には満たさず（「過去の忘却」を望み、「真実」追求はその期待に背くとの不満を抱く者もいた）、その結果、和解がもたらされるというよりは、過去の対立が持続することとなったのである[37]。

二〇一〇年のある世論調査によれば、チェコにおいて、移行期正義の目的は「正義」の追求であると回答したのは約三七％であり、そうではないと考えた人の割合（約三〇％）とほぼ同じであった一方、「和解」であると考えた者は二〇％に満たず、半数以上が「和解」という目的の存在を否定し、チェコ社会に共産主義時代から引き継がれた社会的対立が根強く残ると認識していたのである[38]。

なぜこうしたことが生じたのか。

第一に、チェコでは、正義の追求こそが過去に対する態度として正しいという（ある意味では極めて真っ当な）理解があまりに強かった。そのために、過去の清算には和解をもたらす、あるいは社会の亀裂を修復することも必要であるという点にほとんど配慮がなされなかった。また、勝者が敗者を罰することこそが、敗者を新体制に従順にし順応させる最も有効な手段だと考えられていた。これには、チェコが直面した二〇世紀の幾多の体制変動のたびに、新体制が旧体制を徹底的に否定してきたという歴史的経験が影響していよう。

第二に、移行期正義のための諸施策に、和解のためのものがほとんどなかった。真実和解委員会はもちろん、対話の場や、共産主義時代の抑圧的行為に対する謝罪の言葉を述べさせる機会もほとんど設けられなかった。初代大統領のハヴェルは、一九八九年に「和解なき正義」の追求が報復的懲罰的措置に転化する可能性があることを恐れ、そうした方向性に警告を発していた（ハヴェルは、第二次世界大戦後のドイツ人の「追放」に示されるような、旧敵に対する報復的な政治文化がチェコにあることを認識し、戦後のチェコ人にはより高次元の道徳的立場をとることを求めたとされる）ものの、ハヴェル以外のチェコの政治エリートにはそうした思慮はなかった。(39) 一九九一年の浄化法に対するハヴェルの影響力も、議会との対立から実効性を失い、その結果として限定的なものとなっていた。(40)

第三に、対立を抱えた社会に修復的な効果をもたらし和解を促す施策が有効に機能する限りにおいて、旧体制に対する厳しい措置が必要であるとの観点からすれば、チェコではその想定そのものが崩れていた。一九九一年の浄化法は当初、民主主義の定着までの五年に限定して制定された。その後、一〇年に延長され、最終的には恒久化してチェコの民主化そのものが浄化という厳しい措置と等しくなってしまったのである。

以上のチェコのケースから引き出せる教訓――「和解なき正義」の追求は、権力を握る人物を交代させただけの権力闘争であるとみなされる公算が高い。移行期正義が実現するためには、和解の要素が必要であり、正義の十全な実現のためにも和解が必要である。その際、和解には正義追求の観点からは容認できない「過去の忘却」がともなうかもしれない。しかし、チェコの例は、正義の実現は「過去の忘却」に反するものではなく、ある種の「過去の忘却」があってこそよりよく実現できる、国民もそう意識しているということを逆説的に示しているのである。

### 移行期正義の実現の障害――ルーマニア

ルーマニアは、先のスタンの移行期正義実現度のグループ分けでは第三のグループに属していた。[41] 一見するとこのルーマニアの順位づけは意外に思われるかもしれない。なぜなら、移行期正義の実現を促すと思われる要因に、この国は事欠かないからである。[42]

なにより旧東欧諸国の中で唯一、暴力によって共産主義体制を打倒した国である。その激しさの延長で、新体制下において旧共産主義体制が厳しく裁かれると考えるのは不自然ではなかろう。そうした考えは、革命的手段で打倒されたのは最後まで改革の姿勢を示さない頑迷な共産党とセクリターテという大規模な国家保安局（秘密警察）を中核とする抑圧的な体制であったこと、その体制下で飢餓や人権蹂躙に多くの国民が苦しんだこと、そしてスルタン的体制ともいわれる旧態の独裁によって社会全般にわたる搾取が行われたことを鑑みれば、なおのこと当然のように思われる。

実際、ルーマニアは、非公式で強制力をもたないながら旧東欧諸国の中で「市民（世論）法廷」を設けた稀な国であり、共産主義期への記述を盛り込んだ教科書の導入を早期に行った国でもある[43]。

しかし、総じてルーマニアにおける移行期正義の実現は進んでいるとはいえない。旧東欧諸国の移行期正義の実現手段の典型が浄化法の制定であるとすれば、ルーマニアは二〇〇六年という最も遅い時期に浄化法を制定した国であり、その意味では移行期正義の最後進国と位置づけることさえ可能かもしれない。たしかにルーマニアも、後述のように裁判を含め浄化法制定以外の多様な手段によって移行期正義を追求はした。その点で、ルーマニアは移行期正義問題にほとんど関心を抱かなかったとまでは断ずることができない。しかしそれらも成果をあげているとはいえず、移行期正義の実現の最後進国という評価に大きな修正はなされない。

移行期正義の諸策が進捗をみせない、その大きな背景をなしているのが、ルーマニアにおいては共産主義体制崩壊後も、旧共産党勢力の統治が長きにわたって続いたことである。

ルーマニアでは、一九八九年一二月に共産主義体制が倒れ、チャウシェスク大統領夫妻が銃殺された後、救国戦線評議会が権力を握った。救国戦線評議会はその統治の正統性を、「街頭とバリケード」、すなわち市民社会の反体制運動であることに求め、そう主張した。しかし、共産主義体制下のルーマニアでは、反体制勢力が育成され組織化されることはなく、共産主義体制崩壊後も、共産党に代わって権力を実際に行使する政治主体を欠いていた。共産党の人材を完全に排除して国家を運営することは不可能だったのである。実際、救国戦線評議会はまもなく中堅以下の旧共産党員を包摂して、彼らが運営する組織となった(44)。

この救国戦線評議会は一九九〇年選挙に際して政党登録し、その後、中道の左派と右派の二党に分裂する。そしてこの二政党のいずれかが政権の座にあり続けていた。より勢力の強い中道左派の社会民主党政権には、野党として、共産主義時代以前に起源をもつルーマニアの「歴史的」政党が対抗し、その国民自由党とキリスト教民主民族農民党の二党を中心とする民主会議が政権を奪取した際も、政権は救国戦線評議会の分裂から生まれた中道右派の民主党(と社会民主党(上記の社会民主党とは別の政党)を中心とする選挙連合たる社会民主同盟)との連立政権であった(45)。

このように、旧共産党の後継勢力が政権の座にあり続けていることが、ルーマニアにおける共産党支配の「過去の克服」を困難にしている。この点を念頭にルーマニアの移行期正義をめぐる一般的な状況をみれば、それはおおよそ次のようなものであるといえる。

まず、移行期正義実現のための措置の対象は、戦後の共産主義体制の全体ではなく、一九八九年革命の際に革命勢力を弾圧した人々に限定されている(後述)。

また、政党に代表される政治社会に比べれば、市民社会の方が移行期正義の実現に積極的である。しかし、その市民社会のさまざまな政治主体にしても、お互いを協力相手というよりは潜在的な敵とみなし、その結果、市民社会からも統一的な移行期正義の実現策が提案されることはなかった。

そして、浄化法制定が遅れたルーマニアで、旧共産党政権による人権抑圧に対する措置としてとられたのは、非司法的手段であった。秘密警察の文書公開、真実委員会、「市民法廷」、「記憶」面での対応

（共産主義支配を想起させるものの除去）などである。その一方で、法律の未整備、被告の年齢や健康問題、明確な証拠の欠落などが司法的処理、すなわち訴訟を困難にした[46]（後述のように、実効性は別にして、一九八九年の事件を対象とする裁判の数そのものは多い）。

さらにルーマニアにおける移行期正義のための諸措置には国際社会からの働きかけがほとんどなかった。体制崩壊からEUへの加盟申請まで一〇年もの歳月があった。一〇年が、移行期正義追求のための財政的支援を受けられないまま、また、理念の面でもヨーロッパの人権や正義という価値観に支えられないまま、過ぎ去ったのである[47]。

旧東欧諸国の移行期正義の実現方法の特徴である浄化についてみれば、二〇〇六年という旧東欧諸国で最も遅いその制定には、先に述べた旧共産党の政権参加の持続という事情を初めとして、さらにいくつかの原因を挙げることができよう。

まず、救国戦線評議会は、共産主義体制の犯した罪をチャウシェスクとその家族の犯罪に個人化することに成功した。そのために、多くの旧共産党員を含む政党が参画する歴代政権は、浄化法の制定に消極的な姿勢をとった。また、浄化の対象組織の規模も関係している。ルーマニア共産党は最盛期には成人人口の三分の一にあたる四〇〇万人の党員を抱えた巨大な組織であった。また、セクリターテは、人口規模を考慮すれば、旧東欧における最大の秘密警察組織であった。そうした党や秘密警察を対象にする浄化が困難を極めるのは想像に難くない[48]。

ただし、ルーマニアにおいて浄化法制定の要求自体が遅かったわけではない。その要求は、すでに一九九〇年三月に、反救国戦線評議会勢力（その中心は、市民社会のさまざまな結社と上述の民主会議に参画する「歴史的」政党）が発表したティミショアラ宣言の中にみられた。しかしこのティミショアラ宣言は、五月の総選挙で圧勝した救国戦線評議会からきわめて冷淡な反応しか受けなかった。その後、一九九六年選挙で（救国戦線評議会から生まれた）社会民主党が敗れ、民主会議が政権を握った際、ティミショアラ宣言の起草者でもあるキリスト教民主民族農民党の政治家シェルパンは、チャウシェスク銃殺と共産主義体制の解体が党と軍と秘密警察に与えた衝撃の大きさを指摘し、それが「旧体制」勢力の結束を惹起して反革命の大きな流れが生まれたと述べたのである。彼は新政権に浄化法の成立を期したものの、しかし新大統領のコンスタンティネスクは、政権交代をもって浄化法の必要性はなくなったとし、政権交代後も浄化法制定が実現することはなかった[49]。

その後も、浄化法は政党間のいわば政争の具となって実現を阻まれ続けた。それが実現するには、浄化法のおかれた政治的文脈の変化が必要であった。すなわち、浄化が、旧共産党勢力の公職追放というよりは、ルーマニア政界の腐敗の一掃、ルーマニアの民主化ないしヨーロッパ化という意味づけを与えられることが必要だったのである[50]。

ただし、浄化法の早期の制定には失敗した民主会議を中心にした政権は、一九九九年にセクリターテの文書へのアクセスを認める法律を成立させることには成功している。そして、選挙候補者や公務員の経歴調査と秘密警察が集めた個人に関する文書公開を任務とする「セクリターテ文書調査のための国民評議会（CNSAS）」という組織を発足させた（CNSASについては後述）。しかし、その構成員は議会における各党派の勢力に比例して配分されたために、組織自体が党派対立を内包し、それが組織を政治化してしまった。それ以降、中立性を失った同組織に対する国民の信頼は低い[51]。しかも秘密文書への直接的なアクセスは二〇〇六年まで許されず、申請者の一部にしかその文書を公開しないといった文書公開の実効性や迅速性にも疑念がもたれた[52]。ここでも、移行期正義の追求が政治対立を招くことで阻害され、実質的に共産主義の「過去の忘却」が進むという現象をみることができるのである。

## 2　忌まわしい過去の競合と忘却

### 克服すべき過去の選別――ルーマニア

「過去の克服」という場合、その「過去」は一つではないことも多い。ある国の歴史の中に存在した忌まわしい「過去」が複数あるならば、それらはどのようにあつかわれるのだろうか。過去の記憶に軽重や優先順位をつけることなどできるのだろうか。ある過去を厳粛に記憶する一方で、その過去の重さの前に他の過去の記憶が薄れ、あるいは忘却されるなどということがあるのだろうか。

ある国が忌むべき過去を複数かかえる場合、それらが競合し、いわばある過去の記憶による別の過去の軽視ないし無視という事態が生じることがある。共産主義体制の成立以前に、権威主義体制やファシズム体制を経験した国が多い旧東欧諸国（第1章の1を参照）ではこれが甚大な政治問題となりうる。そうした「過去の記憶の競合による忘却」の実態はどのようなものか。

この問題に関してはルーマニアが興味深い事例を提供している。

一九八九年に共産主義体制が崩壊した際のルーマニアは、三つの抑圧体制ないし出来事に歴史として直面することとなった。第一は、一九四〇年から四四年までのアントネスク体制によるホロコースト[53]であり、第二は、一九四五年に成立した共産主義体制（チャウシェスクの実権掌握をもって前後期に分けることも可能である）、そして第三に、一九八九年一二月にチャウシェスク体制が国民を弾圧し多くの死者を出した事件である。

ルーマニアにおける移行期正義についてはすでに述べた。司法的措置に関して、ルーマニアは他の旧東欧諸国に比べれば訴訟の数は多い[54]。しかしその対象は一九八九年の事件に関するものがほとんどである。犠牲者の数や抑圧の厳しさの点で、ホロコーストや共産主義体制前期の方がチャウシェスク体制や一九八九年の事件に比べてより深刻であったとされるにもかかわらず、それらの時代の体制の責任者は司法による裁きからは免れているのである。アントネスク体制下の犯した犯罪については一件の裁判もない。一九五〇年代から六〇年代にかけて行われた抑圧行為についても同様である。結審した裁判としては、一九八〇年代の二件の体制犯罪に関わる裁判があるだけである[55]。

ルーマニアの共産主義体制の倒壊が暴力をともなう革命により実現し、その後に政治権力を掌握した救国戦線評議会に多くの旧共産党員が参画したことが、こうした事情に大きな影響を与えている。革命の正統な継承者であることを自己の正統性のよりどころとして求めた彼らにとって、チャウシェスクとその一族をスケープゴートにするのがそのための最善の方法であった。そこではチャウシェスク一族を劇場的に葬り去ることがなにより重要であり、逆にチャウシェスク体制の歴史に関する議論や評価を行うことは避けられた。それにもまして、ホロコーストや共産主義体制前期の過去は、遠く過ぎ去った、重要性をもたないものとみなされたのである。[56]

しかしながら、このほぼ唯一の関心となった一九八九年の事件に関する裁判さえ、実質的な内容をもたないものである。なぜならまず、一九八九年の革命を弾圧しようとした共産党指導部に対して科された刑罰は、その後、共産主義体制下で制定された恩赦法によってなきものとなった。共産主義体制下の官僚が犯した人権に対する諸犯罪の告発も、旧体制下の刑法が定める公訴時効の壁に阻まれた。二〇〇六年には「共産主義の犯罪調査機構」が初めてセクリターテや旧共産党幹部に対する装置を行おうとしたものの、成功したものはない[57]。

真実の解明という面ではどうか。この点では、ファシズムの過去についても共産主義の過去についても、二一世紀に入ってから、それぞれ調査委員会が設置されたことが注目される[58]。

「ルーマニアにおけるホロコースト研究のための国際委員会」は、二〇〇三年にイリエスク大統領が、社会民主党政権のホロコーストやアントネスク体制に対する曖昧な姿勢を批判する国際的な圧力を受けて設置したものであり、委員長にはホロコーストを生き延びたノーベル平和賞受賞者のヴィーゼルが就任した（ヴィーゼル委員会）。また、二〇〇六年には全体主義研究で知られる政治学者ティスマネーヌを委員長とする「ルーマニアにおける共産主義独裁の分析のための大統領委員会」が市民運動の要請を受けて発足した（ティスマネーヌ委員会）。前者は、「ホロコースト否定」（後述）を初めとするルーマニアのユダヤ人弾圧に対する誤認を正すことを目的とし、後者は共産主義体制の非合法性や暴力性の告発を行うことを課題とした。

ヴィーゼル委員会は二〇〇五年に最終報告書を出し、その勧告に沿って、専門研究機関の創設、アメリカのホロコースト博物館との協力関係締結、ブカレストのホロコースト記念碑の造営などの成果をあげた。さらに歴史教科書にはホロコーストの記述が増えていった。その一方で、報告書には、「ホロコースト否定」の立場からの強い反発もあった。

ティスマネーヌ委員会も二〇〇七年に最終報告書をまとめ、その勧告内容の実施に関して大統領に助言を行う顧問委員会を立ち上げた。ティスマネーヌ委員会活動の最大の成果は、セクリターテの全秘密文書をその調査のために新たに設置したCNSASの管理下に移したことであった。しかし、党派的対立の中で顧問委員会の活動は停滞し、CNSASの活動も数々の妨害を受けた。このティスマネーヌ委員会の他に、「共産主義の犯罪調査機構」も共産主義の過去に関する真実解明のための組織であった。しかしその活動に特筆すべき成果はなかった。

歴史教育に関しては、先に述べたように、共産主義期に関する記述を盛り込んだ教科書の導入は早かったものの、二一世紀に入るまで共産主義体制への批判的記述が入ることはほとんどなかった。そこには、一九七〇年代以降の愛国主義的な教育を受けた職業歴史家の影響が大きかった[59]。

このようにファシズムと共産主義の過去に関する真実の解明作業は、体制崩壊後、約二〇年を経てようやく始まった。これは、一九八九年革命の直後に、救国戦線評議会が、革命の英雄を讃え、チャウシェスク体制の瓦解を象徴的に表現するさまざまな措置を迅速に講じたのとは対照的であった。

克服すべき過去が複数ある場合、それらの関係はどうなっているのか。ルーマニアの事例は、それらの間に明らかな優先順位があることを示している。換言すれば、ある過去を選別しそれを特別視することで、他の過去が軽視されることがある。改めて、なぜそうしたことが生じるのだろうか。ルーマニアについてはおおよそ次のような事情が考えられる。

先に述べたように、ルーマニアの場合、共産主義体制が暴力的な革命によって打倒されたことがそうした「過去の忘却」を生む背景となった。革命においては、政敵（チャウシェスク体制）がスケープゴートとなるのはごく自然だからである。

また、新しい体制の正統化のための共産主義からの断絶の象徴的な演出も必要であった。そのために救国戦線評議会は、チャウシェスク一族にすべての責任を負わせ、銃殺という劇場的場面を創出した。その結果、旧共産主義体制の多くの幹部や役人はその人権抑圧の責任を回避できた（ただし救国戦線評議会の後継政党間での違いは大きい）。ドイツのナチズムやイタリアのファシズムの場合と同じように、共産主義体制に関しても、特定の人間に責任を局限する姿勢は、その周りの人々の協力や同意の問題について、それを等閑視する態度へとつながる。

さらに、革命の神話として、チャウシェスク一族の支配に国民全体が虐げられ、それに国民全体が英雄的に対抗したという物語が紡がれた。国民的結束を強調することにより、その内部における個別の犠牲者を取り上げること、実質的には、政治的、宗教的、民族的少数派の犠牲者に焦点を当てることは難しくなる。その結果、革命によって生まれた新体制のための建国神話が、ホロコーストや共産主義体制下の収容所の犠牲者の存在を、一九八九年一二月の犠牲者に比べて副次的なものとする[60]。こうした国民的団結の神話がきわめてナショナリスティックな性格を帯びているのは明らかである。ルーマニアが抱える忌まわしい過去の競合からは、ナショナリズムが「過去の忘却」を導き、「忘却の政治」を展開させる原動力となるという興味深い事例が浮かび上がるのである。

### ナショナリズムによる忘却——旧ユーゴスラヴィア諸国

旧ユーゴスラヴィア諸国の間には、共産主義体制が崩壊した一九八九年をどう想起するかにに関するある特徴があるという。ポスト共産主義の時代において過去をめぐる党派的な対立が生じる場合、その過去が第二次世界大戦後の共産主義の時代をさすことはほとんどなく、しかもその度合いは西から東に行くほど強まるというのである（たとえば、スロヴェニアでは一九八九年は共産主義との断絶の年であることが強調される一方、マケドニアでは公的な声明などを除き一九八九年という年に言及されることがほとんどない[61]）。

共産主義体制の崩壊が、内戦を惹起してユーゴスラヴィアという国家そのものを複数の国家に分裂させたこの地では、ユーゴスラヴィアを構成した各共和国の政治指導者の大半が、共産党の名を捨て政治的多元主義の導入を口にしつつも、ナショナリズムを称揚することを武器に権力を実質的に維持した。その結果、共産党の後継政党もその反対派も、共産主義時代の過去についてはほとんど関心を抱かないという事態が生じた[62]。ポスト共産主義の新体制が、共産主義時代の記憶を「没収[63]」したと評される所以である。

そして共産主義の時代をいかに記憶するのかが問われ争われたのではなかった。対立や競合が生じたのは、共産主義体制の成立に先立つ第二次世界大戦期の犯罪に関して、あるいは共産主義体制崩壊後に「国民的和解」を構築する手段に関してであった。そうした対立や競合の中にあっては、共産主義時代の記憶は薄れてゆく。その「過去の克服」は、一九八九年後に勃発した戦争や古来の伝統や神話（たとえば一九八九年にミロシェヴィッチは（セルビアがオスマン帝国の侵略を防いだ）コソボの戦い六〇〇周年を祝った）を前面に出すことで軽んじられ、あるいは関心の埒外に追いやられる[64]。

より具体的に、ポスト共産主義の時代に、共産主義の時代（の体制側の犯罪）が必ずしも顧みられない、あるいは忘却されるという状況はどのようなものなのか。たとえばセルビアとクロアチアがそれを知るための格好の事例となる。

先に述べたように、両国とも、ポスト共産主義時代には、ナショナリストに変貌した元共産党員が権力を掌握した。彼らが称揚するナショナリズムは、旧ユーゴスラヴィアの多民族的なアイデンティティーを否定し、きわめて自国中心主義的な性質を帯びていた。しかも、共産主義時代の人権侵害を自国民族への弾圧ととらえる政治色も強かった（したがって、共産主義時代の告発は、野党ではなく体制側のナショナリストの手に渡ったといえる[65]）。換言すれば、セルビアやクロアチアは、多民族国家ユーゴスラヴィアの共産主義体制の犠牲者であるとの位置づけを与えられ、共産主義支配からの民族の解放という大義が内戦を正当化し、ナショナリズムが独立国家の建国神話の核を占めることとなった。

内戦後にも続くこの建国神話としてのナショナリズムは、共産主義時代を否定し、その代わりに共産主義体制成立以前の時代とのつながりを強調する。クロアチアでトゥジマンが死去し、セルビアでミロシェヴィッチが逮捕された後にも、反共産主義的な人物（その中にはファシストもいた）の復権が行われ続けたのはそのような背景があったからである(66)。

ポスト共産主義時代に権力を握ったナショナリストに対する反対派は、体制批判の手段を、ナショナリズムが過剰に高まることへの牽制と民族対立や民族戦争への批判に見出すことになる。そして彼らは、対峙する現体制が一九九〇年代に犯した犯罪の告発に専念する。換言すれば、直近の、尺度によってはより残忍な犯罪の解明がなされない限りは、共産主義時代の犯罪に関心を向けることはない。反対派の多くも元共産党の経歴をもっていたこと、野党の政治戦略としては共産主義体制下の犯罪よりも現政権の犯罪を告発する方が有効であること、そしてユーゴスラヴィアは構成国家のナショナリズムの爆発によって崩壊し、各国間の流血の戦争が連邦を破壊したために、古きユーゴスラヴィアはある種の平和的な時代のノスタルジアを与える存在となったこと、これらを鑑みれば、反対派においても共産主義時代の「過去の克服」に労力が注がれることはなく、ほぼそれが忘却の対象となったことも無理はないのである(67)。

このような状況において、両国の共産主義者たちが過去に行った犯罪的行為は、ではより具体的にどのように評価されているのか。忘却といってもその事実そのものの存在が否認されているわけではない。

それがどのように評価ないし位置づけられているのかが問題なのである。とくに、ファシズム組織として知られるクロアチアのウスタシャや、ナチズムへの協力組織となったセルビアのチェトニックと共産主義勢力との関係の評価が、過去の記憶の競合と忘却という観点から興味深い検討の対象となる。

### ファシズムと共産主義の記憶と忘却①――クロアチア

一九九一年のクロアチア共和国の成立は、クロアチア人が初めて手にした独立国家であった。第二次世界大戦中に存在した「クロアチア独立国」はナチス・ドイツの傀儡国家であり、しかも非クロアチア人やユダヤ人に対する虐殺を行った、多くのクロアチア人にとってその歴史から消し去りたい過去の暗部であった。

ユーゴスラヴィアからクロアチアが分離して独立国家を建国するにあたり、その国民意識を涵養するために行ったのは、共産主義の過去を否定すること、しかし共産主義の過去を特定の民族すなわちセルビアの覇権主義と結びつけてそれを否定することであった。したがってその場合、反共産主義とは反セルビア主義を意味し、そのような意味での反共産主義を掲げる政治勢力が真のクロアチア人を代表するものとされた。初代クロアチア大統領トゥジマンは、そうした真のクロアチア人すべての「国民的和解」を強調した（第二次世界大戦時のナショナリストとパルチザンの戦争は、克服されるべき不幸なクロアチア内戦とみなされた）[68]。

以上の前提の下、ポスト共産主義時代のクロアチアにおける「過去の克服」は、次のような、いわば優先順位にしたがって行われることとなった。

まず、直近の独立戦争におけるセルビア人が（しばしば「法の支配」を逸脱した）訴追の対象となった。これに対して、クロアチア人がセルビア人やボスニア人に対して犯した暴力行為は等閑視された。「過去の克服」が、もっぱら「国民的和解」を強調する体制のナショナリストの手によって行われたのであり、それはきわめて民族主義的で政治的な「過去の克服」であった。しかも体制エリートのナショナリストの大半は元共産党員であったから、ここでは共産主義体制の行った犯罪行為はほぼ完全に無視されることとなった(69)。

無視されるどころか、擁護の対象となったのが、一九二八年に誕生したファシズム組織のウスタシャ――クロアチア史における最強の反共組織であり、パルチザン運動を弾圧し、人種主義に基づきセルビア人やユダヤ人の虐殺を行った――であった。トゥジマン自身、共産主義体制下の高級官僚として共産主義への幻滅感を次第に抱き、ウスタシャが過剰に貶められているとの信念から、独立国家においてはウスタシャ擁護のナショナリストに変貌した人物である(70)。また、一九九一年以降、クロアチア各地で共産主義時代に建立された、ファシストによって虐殺されたセルビア人やユダヤ人を追悼する記念碑類が次々と破壊されもした(71)。

このようにファシズム時代の犯罪が絶対悪としての共産主義によって相対化され、しかも共産主義自体もその本質はナショナリズムにあるとみなされたのである。そした傾向の最も顕著な例が、ブライブルクという地の位置づけに現れている。

ブライブルク（現オーストリア）は、第二次世界大戦の終結直前の一九四五年五月に、ナチス側に協力したウスタシャやその他のクロアチアの民兵、クロアチアの一般市民が、ユーゴスラヴィアの共産党パルチザンに殺害された場所である（殺害された者の総数は論争の対象である）。共産主義時代には、このブライブルクの事件はほとんど注目されなかった。ティトーは同事件に関する議論を抑圧したばかりか、ヤセノヴァツ絶滅収容所におけるクロアチア独立国のウスタシャによるセルビア人やユダヤ人の虐殺以上に、クロアチア人自身の第二次世界大戦における犠牲を過大に喧伝した。[72]

しかし共産主義体制が崩壊すると状況は一変し、ブライブルクはクロアチア・ナショナリズムの象徴的位置を獲得するようになる。すなわち一九九〇年代以降、ブライブルクの事件は、セルビア人が支配する共産主義国家ユーゴスラヴィアの、クロアチア民族全体への攻撃の象徴とみなされるようになったのである。虐殺五〇周年の記念式典においては、ブライブルクに「クロアチア人のホロコースト殉教者」の地という位置づけを与える者さえいた。[73] 歴史教科書もブライブルクの事件に、共産主義を否定する観点から言及するようになり、なかには事件の解明の難航を、虐殺に手を染めた共産主義者の抵抗の強さとして紹介する教科書さえあった。[74]

ここにおいては、クロアチアのナショナリズムが、反共主義としての反セルビア主義と結びつき、さらに過去にさかのぼってクロアチアにおける最大の反共勢力たるウスタシャのナショナリズムに連なっている。そしてそれらの連続線上に一九九〇年代の独立戦争があるものとされ、独立戦争は歴史的に不可避で必然的であることが強調された。[75]

端的にいえば、クロアチア・ナショナリズムの動員によって、共産主義が（共産主義としてではなく）セルビア・ナショナリズムとして絶対悪とみなされ、それによってクロアチアがナチス・ドイツと協力して行った過去のファシズムの犯罪が忘却されたのである。たしかに内戦の過去をもつクロアチアの「国民的和解」が唱えられはしたものの、ブライブルクを拠点に発揚されるナショナリズムは、文字通りのクロアチア人全体の結束を示すものではなく、それはクロアチアの右翼とウスタシャの復権を求める勢力の急進的なナショナリズムの性格を濃厚に帯びていたのである。

しかしその後、こうしたナチズムやファシズム、そしてそれらによるホロコーストの蛮行を省みない姿勢は一定の変更を余儀なくされる。クロアチアの統合ヨーロッパへの参画に際し、「ホロコーストのヨーロッパ」ないし「ホロコーストの普遍化」の動きを背景に、民主主義国家として反ファシズムの旗印を鮮明にすることが求められたからである(76)。

そのために再び記憶や象徴の操作がなされ、たとえば一九九〇年代に設けられたファシストの彫像は撤去され、二〇〇六年には「クロアチア独立国」の絶滅収容所跡のヤセノヴァツにホロコースト博物館が開設された。そしてクロアチア議会はクロアチアが反ファシズム国家であることを宣言した。トゥジマンの政敵で後継大統領となった親ヨーロッパ志向の強いメシッチは、二〇〇〇年から二〇一〇年の任期中、一度もブライブルクの事件の記念式典に列席しなかった(77)。

しかし、ヤセノヴァツのホロコースト博物館の例が端的に示すように、こうした動きは、ホロコーストの犠牲となった個別のユダヤ人の惨劇を明らかにすることには寄与するにせよ、加害者たるファシストの責任を追及しその犯罪の全体像を解明するものではない。なにより最大の犠牲者がセルビア人であることが忘れられている。[78]その結果、ブライブルクが反セルビア的なクロアチア・ナショナリズムの中核を占めること、そのことに変化は生じなかった。それどころか、共産主義をファシズムと同等かそれ以上の悪に見立てることで、クロアチア・ナショナリズムの動員力はいっそう強化されることになった。共産主義を絶対悪とみなし、それを通じてファシズムの過去を相対化するという事態はさらに繰り返されたのである。

### ファシズムと共産主義の記憶と忘却②――セルビア

共産主義時代のユーゴスラヴィアが、超民族的なティトーのカリスマと国家アイデンティティーによって多民族を統合していたとすれば、ユーゴスラヴィア解体後のセルビアにはそうした超国家性の片鱗さえ残ってはいなかった。独立したセルビアは、共産主義ではなくいわばナショナリズムをもってその建国神話としたのである（クロアチア出身のティトーも反セルビア的な政治家と位置づけられた[79]）。

そのナショナリズムは、旧ユーゴスラヴィアの歴史をセルビアとその周囲を包囲するクロアチア人やボスニア人、アルバニア人などの諸民族との間の民族間闘争の歴史とみなし、セルビア民族は歴史上、常に他の民族から脅かされ、場合によっては甚大な困難を被り続けてきたという、セルビアが犠牲者であることを強調するものであった。[80]「ミロシェヴィッチ時代には、セルビア人であることは犠牲者であることであった[81]」というのである。

一九九〇年代のミロシェヴィッチ時代には旧共産主義体制に対する関心はほとんどなかった。その失脚後、二一世紀になってようやく共産主義時代の抑圧的側面が注目されるようになった。しかしそれは、移行期正義の実現や「過去の克服」といった文脈において生じたことではない。共産主義時代をセルビア民族史の中の暗黒の時代（「かっこでくくられる時期」）とし、それ以前の、共産主義支配がなければセルビアが本来的に展開できたはずの栄光の時代と対比することがその眼目であった。換言すればそれは、共産主義以前のセルビアと共産主義以後のセルビアの歴史の一貫性と連続性を回復しようとする試みであった(82)。

複数の忌まわしい過去の競合という観点から興味深いのは、こうしたセルビアの歴史像の中でのチェトニックの位置づけである。チェトニックとは、第二次世界大戦期に、枢軸国のユーゴスラヴィア攻撃に際し、王国軍の降伏を容認しなかったセルビア人将兵を中心とする王党派集団のことである。しかしこの集団は、ドイツやイタリアへのレジスタンス組織として発足しながら、王国軍の一派として既存秩序の頑迷な擁護者としての性格を維持し、勇敢な抵抗運動を展開することもなく、さらにクロアチアに対する強い偏見も有していた。結果として、このチェトニックがセルビアにおける広範な支持基盤を有する組織となることはなかった。それどころか、枢軸国への抵抗組織とは逆にその協力者としての性格を次第に強め、共産主義パルチザンへの敵対姿勢を深めていったのである。実際、その指導者ミハイロヴィッチは戦後にナチズムとファシズムへの協力者として処刑されている。

ミロシェヴィッチ時代に行われたのは、このチェトニックの復権である。チェトニックは、ナチズムやファシズムとの協力者ではなく、もっぱら枢軸国への抵抗組織として賛美された。したがってセルビア史における「過去の克服」の対象とは、第二次世界大戦と共産主義時代のセルビア人に対する暴力や抑圧をめぐるものであり、なかでも共産主義パルチザンがチェトニックに対して行った虐殺行為を対象とする、極めてセルビア民族色の濃厚なものであった。

この結果として、第二次世界大戦期にチェトニックが行った犯罪が語られることはなくなった。すなわち、チェトニックがボスニアのムスリムやクロアチア人に行った殺戮行為はほとんど完全に忘却された。ナチズムとの協力も、国民を救うためのやむをえない必要な手段とみなされ、その犯罪的な性格が希釈化された(83)。

こうしたチェトニックの歴史的見直しは法律においても確立される。二〇〇四年にセルビア議会は、パルチザンとチェトニックは同等の抵抗組織であることを法制化した。その目的は、共産主義時代に売国奴と誹謗されたチェトニックの復権である。また、ミハイロヴィッチ処刑の検証を行う委員会も二〇〇九年に発足し、セルビアにその彫像が建立されるなど、このチェトニック指導者の名誉回復に向けた動きも活発化した。それは、犠牲者神話と一体となった殉教者ないし英雄神話の形成でもあった。さらに一九九〇年代以降、ベオグラードに限っても一五〇〇以上の通りや広場の改称が行われ、共産主義時代につけられた名称の代わりにセルビア愛国主義を想起させる新たな名称が付された(84)。そして歴史教科書も、パルチザンとチェトニックは同じ「反ファシスト」であり、クロアチアのヤセノヴァツ絶滅収容所は七〇万人ものセルビア人が殺害された場であるという一面的で誇張された記述を行うようになった。

このような犠牲者神話のプロパガンダによって、「大セルビア主義」という覇権主義の過去は忘却されたのであった。(85)

たしかに二一世紀も一〇年を過ぎた頃から、共産主義時代のユーゴスラヴィアの暴力や抑圧の実態を解明する動きも始まってはいる。しかしそれは本格的な段階には全くないうえに、現行体制が犠牲者神話と結合したナショナリズムを唱道し、「国民的和解」を強調する姿勢をとり続ける限りは、共産主義体制下のユーゴスラヴィアの犯罪や暴力、抑圧行為は、ソ連から強いられたものとされ、その責任をソ連にのみ負わせるという態度が濃厚である。(86)

### ファシズムと共産主義の記憶と忘却③――ポーランド、ハンガリー、チェコ

移行期正義の実現の度合いにおいて、旧ユーゴスラヴィア諸国はその最低のグループに属していた。端的にいえばそれは、共産主義体制の終結が内戦と国家の解体を招き、その結果として排他的なナショナリズムを建国神話とする独立国家の誕生を導いたからであった。共産主義体制に対して浄化法の策定やその犯罪に関する歴史的検証が行われなかっただけではない。ナショナリズムが反共産主義を標榜する際、共産主義支配以前の体制が賛美され、歴史的な反共勢力としてファシズム勢力の復権がなされもしたのである。

では、共産主義体制の過去とファシズムの過去は、移行期正義のある程度の実現をみた場合にはどのような関係にあるのか。すなわち、ポーランド、チェコ、ハンガリーという中東欧の国々において、共

産主義の過去とファシズムの過去はどのような形で記憶にとどめられているのか。あるいは、新たな国家建設を行うにあたり、そのアイデンティティーの形成に両者はどのように関わっていたのか。

いずれも第二次世界大戦後に数十年にわたる共産主義体制を経験した国である。体制崩壊後、少なくとも公的には、党員や秘密警察を除き国民は——個々人というよりは抽象的に国民全体は——共産主義体制の犠牲者であったとみなされた。ただし、以下のような国ごとに異なる事情が存在した。

第一に、ポーランドとハンガリーにおける共産主義体制の成立は、ソ連によって外部から強いられたという性格が強いのに対して、チェコスロヴァキアでは内発的に共産主義体制が建設されたという側面がある。チェコにおける共産主義体制の過去とは、国民と国内から生まれた独裁体制との関係が問われる問題なのであり、これが、チェコの新たなアイデンティティー形成において、共産主義の「過去の克服」がまずもって、そして他の二国以上に中心的な課題となる背景をなす。

第二に、対独協力やホロコーストへの加担に関する相違がある。いうまでもなく第二次世界大戦開戦前にナチス・ドイツはチェコスロヴァキアを解体し、大戦はナチス・ドイツのポーランド侵攻をもって始まった。ハンガリーもまた、一九四四年三月にドイツの軍事占領下に入った。いずれの国もナチス・ドイツの犠牲者であることを主張することができた。そして中東欧という地はナチズムによるホロコーストの主要な舞台であった。その反面、いずれの国でも占領下の対独協力問題が存在した。なかでもハンガリーでは、対独協力以上に、ドイツ占領前の一九二〇年から一九四四年までホルティ体制という権威主義体制が存在し、この体制下でユダヤ人の追放や殺害がなされた。その加害の過去の位置づけがいかになされるのかが、ハンガリーのアイデンティティーの形成にとっての大きな問題となった。

第三に、ナチス・ドイツのホロコーストの犠牲者としての立場に関する相違がある。概して旧東欧諸国には、ホロコーストの記憶とはユダヤ人を特権的な犠牲者として優遇し、他の犠牲者については沈黙を強いられる不公平なものという考えを抱く者が少なくない。この事情が重大な問題をはらむのがポーランドである。ポーランドにおけるユダヤ人は、たとえポーランドで生まれポーランド国籍をもっていても、しばしば固有のユダヤ人コミュニティに属する人と考えられる（国籍と民族性の乖離による。チェコとハンガリーではユダヤ人の社会統合が進みその区別は曖昧になっている）。その帰結として、ポーランドでは犠牲者の位置づけをめぐる競合ないし対立が生じる。すなわち、ユダヤ人が犠牲者なのか、（非ユダヤ系）ポーランド人が犠牲者なのか、どちらがより過酷な経験をしたのか、それらが競合し対立するのである。(87)

これらを前提に、以下では三国それぞれにおける共産主義とナチズムという二つの独裁の記憶と忘却について概観する。

公的ないし社会における支配的な記憶のありかたに対する異論が少ないことを記憶の安定というのならば、独裁の過去に対する最も安定した記憶を維持しているのは、チェコであろう。(88) 共産主義の過去に関しては、同国では一九八九年後にいち早く共産主義体制に対する厳しい批判がなされ、先に指摘したように最も厳格な浄化法が制定されている。一九九〇年代に長らく首相を務めたクラウスは、党派によらぬ人民の名において、共産主義体制期を共産党と反体制派を含めて全面的に否定した。(89) 二〇〇七年には反共産主義の大義の下に「全体主義体制研究所」が設立されてもいる(90)。

しかし、こうした反共主義には、必ずしも社会の現実を反映していない側面がある。共産党はその党名を変えないまま存続し（チェコ・モラビア共産党）、今なおチェコの政治において一定の勢力を保持している(91)。また、「全体主義体制研究所」が共産主義体制の過去を犠牲者の観点から解釈するという立場を教条主義的なまでに保持しているのとは裏腹に、共産主義体制下における市民の秘密警察への協力の実態がさまざまな形で告発されている。しかしながら、反共主義は犠牲者神話との結びつきを強め、それを揺さぶる要因はさしあたり存在しない。

ホロコーストの記憶も大きな論争にさらされてはいない。歴史教科書ではナチス・ドイツの抑圧とチェコ人の抵抗という定番の議論が繰り返され、チェコ人に関する犠牲者神話が揺らぐことはない。

その原因をやや詳しくみるならば、まず、後述のポーランドの場合（ホロコーストの犠牲者の立場をめぐりユダヤ人とポーランド人が争う）と異なり、チェコのユダヤ人の悲劇(92)はチェコ人の苦難の一部とみなされ、それが犠牲者神話の存続に寄与していることが挙げられる。また、共産主義体制下のユダヤ人(93)については、たしかにスーランスキー事件(94)のような体制の反ユダヤ主義的傾向が露わになったこともあった。しかし、それはむしろ例外的現象に属する。イスラエル建国以来、チェコスロヴァキアは親イスラエル的姿勢をとり、反体制運動の「憲章七七」は政権側がチェコスロヴァキアの歴史においてユダヤ人が果たした役割を過小評価していると批判さえした(95)。チェコ共和国においても親イスラエル的姿勢は変わらない。さらに、「全体主義体制研究所」は、共産主義体制のみならず第二次世界大戦期もその研究対象としている。そこにはチェコ人の対独協力の実態の解明という大きな課題への取り組みの可能性が存在しよう。しかし、いまだにそれは本格的な段階にいたってはいない。こうしてチェコの犠牲者神話はほぼ無傷のまま存続し、ホロコーストの記憶をめぐる論議が激しく交わされるという事態は生じないのである。

ポーランドも、共産主義体制の過去を批判的観点から記憶にとどめようとする試みには積極的である。それは自国の経験にとどまらず、二〇世紀後半の東欧諸国における共産主義体制の抑圧的性格が露呈した出来事を記念する動きを先導している。すなわち、一九八〇年に結成され、ポーランドの体制移行において中心的役割を果たした「連帯」を節目の年ごとに記念するばかりか、ハンガリー事件の一九五六年や「プラハの春」が弾圧された一九六八年を記憶にとどめる式典の開催にも強く関与している[96]。チェコの「全体主義体制研究所」がモデルとしたのは、同研究所の設立に先駆けて発足していたポーランドの「国民記憶院」であった[97]。

共産主義の抑圧の記憶に比べれば、ポーランドにおけるホロコーストの記憶ははるかに緊張をはらむ問題であった[98]。ポーランドの地はユダヤ人に対するホロコーストの主要舞台であったこと、ポーランド人の中にも反ユダヤ主義的傾向があったこと[99]、そしてナチス・ドイツはユダヤ人のみならず非ユダヤ系ポーランド人に対しても壮絶な残虐行為を加えたこと。これらが、先に指摘したようなユダヤ人が独自の民族として処遇される傾向が強い国で生じたのである。共産主義体制下では、誰がナチス・ドイツの犠牲者のより深刻な（したがってより手厚く保護されるべき）犠牲者なのかをめぐる対立が存在した。

しかし、共産主義体制崩壊後、ユダヤ人に対するホロコーストとポーランド人が大戦中に被った被害とは矛盾しないという考えが国内外で広がり、ユダヤ人の文化やポーランド文化のユダヤ的側面への理解が進んだこともあって、ポーランドにおける反ユダヤ主義的傾向は後退した。二〇〇五年のアウシュヴィッツ解放五〇周年の記念式典では、非ユダヤ系ポーランド人の代表（そのレジスタンス運動のためにユダヤ系か否かを問わず英雄視された人物）、ユダヤ人犠牲者の代表者、ロマの犠牲者の代表がそれぞれ演説を行った。[100] この情景は、ポーランドにおけるホロコーストの記憶をめぐる対立が解かれたことを象徴するものであった。加えて、「国民記憶院」では第二次世界大戦後のポーランド人によるユダヤ人虐殺の実態調査も行われるようになったのである（ただしその調査の実証性についてはしばしば問題視されている[101]）。

ハンガリーは、共産主義体制の崩壊前から、共産主義体制下での抑圧の過去を批判的に位置づけ始めていた。[102] その際の焦点は、一九五六年の大規模な民衆蜂起からソ連軍の介入、そして最終的には一九五八年のソ連軍によるナジ・イムレ首相の拉致と処刑というハンガリー事件の再評価であった。再評価の眼目は、一九五六年の運動を圧殺した共産党の支配体制の非正統化と、ナジを初めとする事件の犠牲者の追悼と復権であった（一九八九年六月にはナジらの再埋葬式典が開催された）。この歴史の再評価を確固たるものとするために、「一九五六年革命史の史料収集と研究のための機関」が設立された。[103]

しかし、この共産主義体制の過去に関する批判的見地は、一九九〇年代末以降、本来の目的とは異なる役割を果たすようになる。それには、ハンガリー現代史に関するもう一つの「再評価」が関わっていた。

第一次世界大戦の終戦後、一九二〇年六月にハンガリーはトリアノン条約を締結した。一九九〇年代末以降、ハンガリーから国土の約七割を奪い、人口を二一〇〇万人から七五〇万人へと激減させたこの極めて過酷な講和条約への怒りが高まり、その見直しを求める気運が高まったのである。

いわゆる歴史修正主義に傾く人々は、領土の見直しを求めただけではない。一九二〇年に成立したホルティ体制が、枢軸国側に立って参戦した第二次世界大戦の勃発と前後して、トリアノン条約でハンガリーが失った領土の中核的部分を奪還したため、このファシズム的体制に対する評価が向上し、逆にその抑圧的体制が行った犯罪的行為が軽視されるようになったのである。[104] ホルティ体制が行ったユダヤ人に対するホロコースト[105]の存在を疑問視する声も上がるようになった。ホロコーストの存在を完全に否定する者は少数ではあるものの、政治家や高級官僚、知識人など社会のエリート層の間には、ナチス・ドイツとの協力を正当化し、ホロコーストの責任から逃れようとする傾向が明らかになっていったのである。

こうしたファシズムの過去への肯定的評価の登場は、共産主義の過去の評価の変化と連動していた。すなわち、共産主義体制崩壊前から存在していた反共産主義が客観的な歴史的検証なくイデオロギー的に強化され、いわば共産主義を絶対悪とみなすことで、ファシズム体制の戦争犯罪やホロコーストの罪の重大さが相対化（軽減）される傾向が強まったのである。その相対化の帰結として用いられるようになったのが、ハンガリーはナチス・ドイツの最後の同盟者ではなく最後の犠牲者であり、ハンガリー人はユダヤ人と同じか、あるいはそれ以上の苦難を経験したというレトリックであった。さらに、ハンガリーにおいて共産主義は歴史的にユダヤ人と密接な関係をもって発展してきたため、強硬なこの反共主義の下では、ユダヤ人の生活は大戦中よりもその後の共産主義体制下の方が過酷であったという主張がまかり通ることとなった(106)。

共産主義を絶対悪とみなしてホロコーストの罪責を軽減しようとする動きは、教育分野にも波及した。二〇〇二年に右派政党フィデスのオルバーン・ヴィクトル首相の下で設立された歴史博物館「テロルの館」はそうした状況の産物である(107)。

「テロルの館」は、ハンガリー国民への脅威(テロル)としては共産主義とファシズム(とくに矢十字党――一九四四年三月にドイツの占領下におかれた後、ホルティは同年に再建された親独的ファシズム政党の矢十字党のサーラシに追放され、以後サーラシの下でハンガリーは、ナチス・ドイツの支持を受けながらユダヤ人追放を行い、戦争を継続した)は同等であるとみなし、二つの独裁体制下での犠牲者を等しく処遇するというメッセージを発していた。

しかしながら、二〇以上の展示室の大半が共産主義体制に関するものであり、しかも展示物にはほとんど説明がない。こうして「テロルの館」は、実態としては明らかに共産主義の脅威と犯罪を強調する施設となった。しかもその共産主義の脅威と犯罪も、ハンガリーに外部から強いられたものであるとみなされている。事実、第一展示室のテーマは「二つの占領」、すなわち一九四四年のドイツの占領と第二次世界大戦後のソ連の占領であり、そこではハンガリーがこの二つの独裁国家の犠牲者であることが一方的に喧伝されている。さらに、一九四四年まではハンガリーは民主国家であったこと、大戦中にユダヤ人の生活は比較的良好であったこと、そしてハンガリー軍の一九三八年以降の再占領地での行動は規律正しく模範的なものであったことが強調されているのである(108)。

このように、「テロルの館」が形を与えた共産主義とファシズムの等置は、ファシズムのみならず共産主義の責任を逃れようとする「過去の忘却」の機能を果たし、「忘却の政治」の実践の場となっているともいえるのである。

### 旧東欧におけるホロコースト否定

「忌まわしい過去の競合と忘却」の一つのパタンとして、共産主義体制の絶対悪化を通じて、自国がかつて手を染めたホロコーストやファシズムの抑圧の過去を相対化する事例があった。この事例は、共産主義体制崩壊後の旧東欧諸国において広くみられた「ホロコースト否定 Holocaust Negation」の一パタンでもある。

「ホロコースト否定」は旧東欧諸国に特有の現象ではない。しかも、旧東欧諸国でも各国ごとに出現の背景や広がりの規模を異にしてもいる。しかし以下では、共産主義体制の崩壊後の旧東欧諸国で「忘却の政治」の極致ともいうべき現象がなぜ生じたのかという問題を意識しつつ、旧東欧諸国における「ホロコースト否定」についての各国に共通した背景や内容についての概観を行う。

ホロコースト否定の研究の第一人者にして、長らくイスラエルで教鞭をとったルーマニアの政治学者シャファイルによれば[109]、旧東欧諸国の「ホロコースト否定」論の発生と広がりは、ある意味で共産主義の遺産、すなわち共産主義体制下における国家規模でのホロコーストの「集団的忘却[110]」の遺産であるという。

ここでいう「集団的忘却」とは何か。ホロコーストの存在自体が否定されたわけではない。共産主義体制下においては、ナチス・ドイツとその協力国家によるユダヤ人虐殺という現象の「脱ユダヤ化 de-judaization」が行われ、ホロコーストの犠牲者はユダヤ人ではなく各国の国民であるという歴史認識が強いられたというのである。いわばホロコーストの「民族化」である。同時に、旧東欧諸国では、ソ連の強い影響の下で、ホロコーストの犠牲者を国や民族単位で考えず、「共産主義者」、「民主主義者」、「進歩的要素」、「反ファシスト」、「国際的な労働者階級の運動の殉教者」こそがナチズムやファシズムの犠牲者であったとする、いわばホロコーストの「脱民族化」の傾向もあった。この「脱民族化」も「脱ユダヤ化」の性質を帯びている。

共産主義体制崩壊後の旧東欧諸国において生じた「ホロコースト否定」論は、この二種類のホロコーストの「脱ユダヤ化」の中の、その「民族化」の遺産であった。旧東欧諸国における共産主義体制が、民族主義的（あるいは一国）共産主義（national communism）の性格を有していた、その遺産といってもよい。旧東欧諸国における「ホロコースト否定」論の登場は、共産主義期においてもこの地に根強く存在し続けたナショナリズムがもつ排外主義の側面が露呈し、さらにそれが反ユダヤ主義という形をとって急進化し、顕在化したものであったのである。

たしかに西ヨーロッパでも「ホロコースト否定」論は存在する。しかし、共産主義体制崩壊後の旧東欧諸国の方が、その広がりの規模ははるかに大きい。それは、体制移行後の新国家の「建国神話」を自国の民族の歴史や伝統に負うことが大きかったという事情による。すなわち、新国家や新体制はナショナリズムと国家の民族的同質性を西ヨーロッパ以上に唱道する必要性があった。そして、共産主義体制下におけるホロコーストの「脱ユダヤ化」の結果、ユダヤ人がホロコーストの犠牲者であるとはみなされなくなった歴史をもつところに、経済的危機や国家の民族的同質性が脅かされるような事態が生じると、その不満のはけ口やその危機をもたらした元凶として、しばしばユダヤ人に非難の矛先が向けられることになったのである。そしてその非難がより強まったところで、反ユダヤ主義の極端な形態としての「ホロコースト否定」が唱えられたのである。

旧東欧諸国における「ホロコースト否定」論は類型化がなされるまでに多様な形態をとっている。シャファイルによれば、「ホロコースト否定」論のタイプとして、以下の四種類があるという[11]。

第一は、完全否定論（Outright Negationism）であり、ホロコーストの存在そのものを否定するものである。各国においてみられるものの、数としては多くない事例である。

第二は、責任転嫁型否定論（Deflective Negationism）である。完全否定論がホロコーストはなかったという主張を展開するのに対して、これはその存在は認める。この種の否定論は、ホロコーストの責任を他者に転嫁する、あるいは虐殺行為への加担を極小化してそれがとるに足らない「逸脱行為」であったとするものである。

その際、責任転嫁先としては次の三つがある。第一にナチス・ドイツであり、第二に自国のごく一部の例外的な人々（その国の伝統にはない、いわば突然変異的に登場した勢力）であり、第三はユダヤ人である。第一と第二のタイプは、第二次世界大戦後の「すべての責任はナチズムにあり」論や最上層の政治指導者のみに責任を押しつける議論に通じるものがある。これらは、少なくとも論理的には反ユダヤ主義を含むとは限らないのに対して、第三のタイプは、ホロコーストとはユダヤ人自身が原因となったとする、反ユダヤ主義の極みともいうべき議論である。

この荒唐無稽な主張はいかなる理由をもってして唱えられるのか。この理由の説明の仕方にもいくつかのパタンがある。ユダヤ人がイエスを十字架にはりつけたその天罰であるとするもの、イスラエル建国のための国際的気運を高めるためにシオニズム運動が仕組んだ陰謀であるとするもの、ユダヤ人の攻勢に対するナチズムの自己防衛反応であるとするもの、ユダヤ人の国家や体制に対する不忠の態度が招いた権力側の反応であるとするもの、そしてほかならぬユダヤ人がホロコーストを行った当事者であるとするもの、などである。最後のユダヤ人こそがユダヤ人虐殺を行った当事者であるとする主張は、ユダヤ人は収容所内の被収容者に課せられた任務の中で最も重要な任務（被収容者の殺害を含む）を握り、その狡猾と利己主義という特質ゆえに虐殺の執行を自ら行ったと主張する。

第三は、選択的否定論（Selective Negationism）である。これは、第一の否定論と第二の否定論の中間的性格をもつ。それはホロコーストという現象が「どこかで」生じたことは認めながら、それは自国とは全く関係のない別の場所で起こった現象であるとする主張である。

第四は、比較による矮小化（Comparative Trivialization）である。これは、ナチスの残虐な行為の陰で自国の人々による人道的な行為がなされたことをもって（責任転嫁型否定論と選択的否定論にはこの種の主張が含まれることが多い）、あるいはホロコーストに匹敵するとされる他の大量虐殺の事例をもち出すことを通じて、ホロコーストの加害行為の相対化、あるい犠牲者としてのユダヤ人の相対化（「競合する殉教者 competitive martyrdom」）を行うものである。そこでは、ホロコーストという現象の重大さが意図的に矮小化されることになる。

以上の「ホロコースト否定」論は、主に、共産主義体制崩壊直後から一九九〇年代初めまでの、われわれ（各民族）と彼ら（共産主義体制）の二分法的志向（ユダヤ人という固有のカテゴリーの存在は無視された）が説得力をもった時代の産物であった。

同時に、ユダヤ人こそが共産主義体制の中核にいたとみなす「ユダヤ共産主義 Judeocommunism」が広がり、共産主義崩壊後の状況において反共産主義が反ユダヤ主義を意味するようになったことの産物でもあった。

その後、一九九〇年代終わりから二一世紀の初めにかけて、上記の二分法的な歴史観や「ユダヤ共産主義」を前提にした反共主義＝反ユダヤ主義がそれまでの勢いを失い、ホロコーストについてのより多面的な見方が登場するようになる。「ホロコースト否定」論も、かつてほどには語られなくなった（反ユダヤ主義が消えたわけでは全くない）。

それはなぜかといえば、第一に、旧東欧諸国におけるユダヤ人文化の重要性や寄与が再認識されるようになったためである。そして第二には、「ホロコーストの普遍化」の動きを背景としながら、ホロコーストに対する認識を西ヨーロッパ諸国と合致させることが必要になったからである。いうまでもなくそれこそが、ヨーロッパ連合加盟の実質的な前提条件であり、ヨーロッパ連合への新規加盟国や加盟を望む国々にとっては、ホロコーストを否定するよりはそれを想起すること、自国文化の純血性を強調するよりはその多文化性を維持し尊重することの方が、政治的に有利なことが判明したのである。[112]

「ホロコースト否定」論のこのような展開は、体制の移行期における過去への対応において、「過去の大幅な無視」(序章の2参照)、すなわち露骨な「過去の忘却」がみられたこと、しかしそれを貫徹することは困難であることを示すと同時に、「過去の忘却」の言説は多様であり巧妙なものも少なくないことをも表しているのである。

# おわりに

世界各国の歴史において、「過去の忘却」が紛争解決の手段であった時代が長らく続いた。しかしながら、二〇世紀、とくに第二次世界大戦を経た戦後社会においては、そのような「過去の忘却」は許されず、記憶と想起こそが平和と民主主義の礎になった。そして平和と民主主義の実現のためには、移行期正義と呼ばれる価値の実現が不可欠であるとみなす傾向も強まった。

しかし本書が示したのは、戦後ヨーロッパに限っても、新しい国家や政治体制の発足に際して、主にその正統化や安定のために「過去の忘却」が一定の寄与をなし、それゆえに有用であった局面が少なくなかったことである。もちろんそこには、批判されるべき「過去の忘却」も多くみられた。しかしながら、「過去の忘却」にも状況によっては効用をもつものがあることは認めなければならないだろう。そのうえで、そうした認識には、政治へのある見方が前提とされていることを改めて明らかにしておきたい。

それは「はじめに」で述べた政治における優先順位ということである。あるいは、政治や政治家はある一定の制約の中で行動するのであり、そうした行動半径に対する拘束条件を無視して政治や政治家に過大な期待をもつのは非現実的であるということである。

もちろん、こうした見方も行き過ぎれば、政治家の怠慢や弁解を等閑視してしまう危険性を孕んでいる。同時に政治や政治家に対する実現不可能な期待を、際限なく言いたい放題に拡大させるという危険性もある。

政治における優先順位の決定の重要性に鑑みれば、こうした危険性に十分な留意をしたうえで、特定の「過去の忘却」には、ある種の有用性を認めることができるものと思われる。

「過去の忘却」が求められる別の局面もある。内戦や独裁を経た後の深い亀裂が残る社会において、紛争後に平和で民主的な国家や政治体制を建設する際に、「国民的和解」が叫ばれる場合である。「国民的和解」というこの言葉は、党派的な意味合いを帯びることがあるものの、実際に党派を問わずにその現実的な必要性が——必要悪にせよ——認識されることが少なくない。今後もその実例が増えることになるであろう。

そしてここにも、ある特定の政治の見方が関係している。善玉悪玉（あるいは「友」と「敵」）という二分法的思考を避けるという態度がそれである。勝者の歴史観の押しつけや敗者への一方的な責任転嫁によっては、くだんの「国民的和解」が達成されることはないからである。これは国家内のみならず、国家と国家の間の歴史問題をめぐる「和解」を実現する際にも不可欠な態度であろう。

以上のように本書では、「過去の忘却」をめぐる一般的な了解とは別の見方ができるのではないかという立場から、それを示す多くの具体的な側面を指摘してきた。しかしながら本書は、無限定に「過去の忘却」を推奨するものでは決してない。それどころか、「過去の忘却」に一定の有用性を認めることにともなう陥穽にも自覚的でなければならないと考えている。本書の議論がある種の「過去の忘却」に一定の有用性を認めこそすれ、「過去の忘却」一般を肯定するものでは決してない以上、その自覚は極めて重要である。そしてこの点においてこそ、先に述べた政治における二分法的な見方に陥ることがないよう注意を要すると考えている。

政治の世界においては「友」と「敵」の峻別が頻繁に生じる。そしてそこには常に「敵」を「絶対悪」視する誘惑が潜んでいる。「敵」の「絶対悪」視の「誘惑」というのは、絶対的な悪を想定すれば、その前ではおのれが犯した過去の罪から自他の厳しい視線が逸らされ、罪の反省や償いという重い精神的負担を感じずに済む安楽さへの逃避へと誘われるからである。

過去に対する厳しい姿勢が、状況によっては過去への曖昧で微温な姿勢に資することがある――。かつて、戦後ドイツの代表的な政治学者であるブラッハーは、ナチズムは決してファシズムではないと強調した。彼によれば、一般的な理解としてはファシズムの極限形態として理解されるナチズムは、しかし断じてファシズムではないという。

ファシズム概念の使用のインフレは、共産主義プロパガンダの通例のみならず、近年では自由主義陣営の論壇や学会でもますます強まっている。それは、根本的には、ナチズム体制のような真に全体主義的な独裁の矮小化（Bagatellisierung）を意味することになる。なぜなら、それによって、軍事独裁か開発独裁かラテンアメリカの寡頭支配体制かといった区別、あるいは西側民主主義体制もその危機的な局面においてはファシズム的と評しうるのか否かといった問題を無視してしまうからである。それは、あらゆる独裁的傾向を悪魔視する事態、あるいは、ナチズムの暴力殲滅体制のような、イタリアファシズムからかけ離れた、本質的に区別されうる体制の矮小化という事態をもたらす[1]。

ナチズムをファシズムの一類型とみなすことは、暴力殲滅体制としてのナチズムの「矮小化」を招く。ナチズムをファシズムの範疇で理解しようとしても、その極限的な抑圧性と残虐性は理解できないというのである。これは、ナチズムを受けとめる厳しさの点において他に類をみない厳格な見解である。

しかしながら、このような、ナチズムを究極の悪としてみなす自国史への厳しく真摯な姿勢は、皮肉にも、他国にとっては「忘却の政治」を支える最も中心的な論理として機能してしまう。ナチズムに比べれば、ファシズムはましな体制である、と。そこには、究極の悪の措定を前提とする二分法的な思考法が働いている。

二一世紀の世界政治に蔓延するポピュリズムも、エリート（悪）と民衆（善）という二分法をその中心的発想とし、複雑な現実をごく単純な善玉悪玉論に還元してしまう危険性をもつ。ポピュリズムがそうした側面をもつことに関しては、今日では、それなりの理解が進んでもいよう。これに対して歴史に関しては、「絶対悪」を措定することに、忌まわしい過去の悪を突き詰め続けることに、そしてそれを記憶として固定することに、一見それとは正反対の「忘却の政治」を支える二分法的発想に陥る罠が潜んでいること、このことについては、十分な自覚がなされているとはいいがたいのではなかろうか。

しかも厄介なのは、「絶対悪」(たとえばドイツのナチズム)の前に相対化される「より悪くはない悪」(たとえば戦間期の各地のファシズム)も、場合よっては他の悪を二分法的発想にしたがって相対化する「絶対悪」に転ずる機能をもつことである(たとえば戦間期のファシズムに比べれば今の非民主主義体制あるいは民主国家の悪政はまだましという発想)。こうした連鎖を考えれば、悪い政治にただ「ファシズム」とレッテルを貼れば事足りるわけではなかろう。たとえば、「西側民主主義体制もその危機的な局面においてはファシズム的と評しうるのか否かといった問題」(ブラッハー)のきめ細かい検討が重要であろう。

自国の忌まわしい過去を隠蔽する「忘却の政治」は、そうした二分法的発想に支えられていることが多い。したがってそのことを自覚することは、「はじめに」で指摘したような政治や歴史を見る目を成熟させることに寄与することだろう。「忘却の政治」が克服されるべきものと認識される際は、二分法的思考への批判的な自省がなされているはずである。

以上を要するに、政治における「過去の忘却」という現象に注目すること、「過去の忘却」をめぐる政治過程と政治力学たる「忘却の政治」に注目することは、いわば「悪の配分」をいかになすのかという問題に取り組むことである。「絶対悪」の措定が弊害を孕むのであれば、当事者の諸状況を大所から判断して、できるだけ客観的な悪の分布を見極めるよう努めなければならない。それは同時に、すでにその重要性を強調した政治における課題の優先順位を見定めるという発想とも極めて親近的な思考であろう。

政治も歴史も、黒か白の二分法では語ることのできない複雑なものである。黒と白との間の灰色の領域、さらにその灰色がどのような灰色なのかを吟味する、そうした目線が求められている。それこそが政治や歴史を見る成熟した目線であり、そのような目線をもつことが人間の政治的成熟にほかならない。(2)

# 注

## はじめに

（1）今日ではスペインの民主化について、体制移行の平和的性質を称賛してモデルとみなすよりも、そのエリート主導による参加主体の閉鎖性や改革の限定性が強調され、その脱神話化が進んでいる。Paloma Aguilar/Leigh A. Payne, Revealing New Truths about Spain's Violent Past. Perpetrator's Confessions and Victim Exhumation, Palgrave Macmillan, Basingstok 2016, p. 1. また、体制移行の本質は、民主体制への移行というよりは、ポストフランコ期の体制内改革であり、指導層が体制の「有機的危機」を解消しようとした方策であるとする見解も提示されている。Ferran Gallego, El mito de la transición: La crisis del franquismo y los orígenes de la democracia（1973–1977), Crítica, Barcelona 2008, pp. 695–696.

（2）Norbert Frei, Vergangenheitspolitik. Die Anfänge der Bundesrepublik und die NS-Vergangenheit, Verlag C. H. Beck, München 1996. このフライの書物の英訳版である、Adenauer's Germany and the Nazi Past. The Politics of Amnesty and Integration, Columbia University Press, New York 2002 のサブタイトル「恩赦と統合の政治」は同書の内容をより直接的に伝える。

（3）Stephen Holmes, "Gag Rule or the Politics of Omission", in: Jon Elster/Rune Slagstad（eds.), Constitutionalism and Democracy, Cambridge University Press, Cambridge 1993, pp. 19–58. ホルムズが、"gag rule"（発言制限、争点回避、「箝口令」）の（アメリカ政治における）代表的事例として挙げるのは、憲

法上の、あるいは政治による南北戦争以前の連邦政治（連邦議会）における奴隷制問題の争点回避のための試みである。もちろんこの争点回避は部分的で（社会やメディアでは通用しなかった）、永続的でもなかった（内戦の勃発）。しかし、奴隷制問題を“gag rule”の下においたことは、奴隷制廃止を南部に強いるだけの政治権力を北部に蓄えさせるために必要な時間を与えたとされる。そしてホルムズは、このように政治における争点回避に一定の効用を認めつつ、正しくその欠点（公的議論の衰弱による民主主義の質の劣化、鬱積した不満の暴発、暴力やその威嚇が有力な政治手段となること、そして“gag rule”が中立的性格をもつことはまれなことなど）も指摘する。

（4） Maja Zehfuss, “Remembering to Forget/Forgetting to Remember”, in: Duncan Bell (ed.), Memory, Trauma and World Politics. Reflections on the Relationship between Past and Present, Palgrave Macmillan, Basingstoke 2006, p. 213.

（5） ジョン・W・ダワー（外岡秀俊訳）『忘却のしかた、記憶のしかた――日本・アメリカ・戦争』（岩波書店、二〇一三年）にしても、その魅力的なタイトルに忠実に「忘却のしかた」が具体的に語られるわけではない（書物の内容そのものは興味深いものである）。

（6）「子どものときからよく覚えよ、忘れてはいけないとしつけられてきて、いつしか無意識の忘却恐怖症ともいうべきものにとりつかれる。記憶のよいのを優秀な頭だときめてしまうから、忘れるのはダメ人間だと本気で考える。ものの わかっているはずのひとたちもこの誤解から自由ではない。せっかく努力して記憶したものを忘れたら競争におくれをとる。すこしでも多くのことを覚えなくてはいけない。忘却はそれを失うことだから、知識をふやそうとしているモノにとっては目の敵である。いくら変わった学校でも、忘れ方の学習を試みるということは、古来、なかったであろう。近代文化の中にあって、忘却はずっと日陰の存在であった。忘れるとはどういうことか。そんな酔狂なことを考えるヒマはなかった。記憶の方法については多くの本があるのに、忘却に関する論文すらない」、外山滋比古『忘却の力　創造の再発見』（みすず書房、二〇〇八年）、一七八―一七九ページ。しかしその後、外山は忘却を正面からテーマとした『忘れる力　思考への知の条件』（さくら舎、二〇一五年）を刊行するにいたった。

（7）トニー・ジャット『ヨーロッパ戦後史　上　1945–1971』（みすず書房、二〇〇八年）、八〇―八一ページ。

（8）Jean-Pierre Rioux, La France perd la mémoire, Perrin, Paris 2006, p. 11.

（9）Norbert Frei, „Die Auseinandersetzung mit dem Nationalsozialismus in Deutschland 1945–2000“, in: Gian Enrico Rusconi/Hans Woller（Hrsg.), Parallele Geschichte? Italien und Deutschland 1945–2000, Duncker & Humblot, Berlin 2006, S. 73–87. フライによれば、「過去の克服」の追求は一九八〇年代以降に次第に実践的な力を失って保守的傾向が再び蔓延する時期が訪れたものの、それとともにいかにナチズムの過去についての記憶を保存すべきなのかが追求される「過去の保存 Vergangenheitsbewahrung」の時期も同時に始まったという。

（10）トニー・ジャット『ヨーロッパ戦後史　下　1971–2005』（みすず書房、二〇〇八年）、四八六―四八七ページ。

（11）福沢諭吉『文明論之概略』を貫通するテーマが、幕末維新という体制移行期において、日本の近代化という課題に関して何を先にし何を後にするかという「優先順位の設定」であったことを強調したのは丸山眞男であった。丸山眞男『「文明論之概略」を読む』上（岩波新書、一九八六年）、四七―四八ページ。

（12）Caharles S. Maier, “The Politics of Fascism and Nazism”, in: Idem, In Search of Stability. Explorations in Historical Political Economy, Cambridge University Press, Cambridge 1987, p. 115.

## 序章　忘却の政治学

（1）　以下のこの小説からの引用はすべて、ミラン・クンデラ（西永良成訳）『笑いと忘却の書』（集英社文庫、二〇一三年）による。

（2）　Peter Burke, Varieties of Cultural History, Polity Press, Cambridge 1997, pp. 56–59.

（3）　ポール・コナトン（芦刈美紀子訳）『社会はいかに記憶するか——個人と社会の関係』（新曜社、二〇一一年）、一二四ページ。

（4）　社会学者のバーガーによれば、「スターリニストたちは、ソビエト大百科事典を何度となく書き換える。彼らはそのたびごとに、何か特定の事件に決定的重要性を与え、他方で、別の事件を恥ずべき削除によって抹消させてゆく。これと同じように、われわれも自己の生活史を常に再解釈し続けているのである」。P・L・バーガー『社会学への招待（普及版）』（新思索社、二〇〇七年）、八五ページ。

（5）　忘却が極めて切実な要請となる人々も存在する。たとえば、驚異的な記憶力をもつラトビア生まれのユダヤ人シェレシェフスキー（シィー）の場合である。「われわれの多くは、よく記憶するためにどうしたらよいのか、その方法を見つけ出すことを考えるのが普通である。そして、誰も、どうしたら、よく忘れることができるのかという問題は考えない。しかし、シィーの場合は、問題が逆である。どのようにしたら、忘れることができるようになるのか？　シィーをしばしば悩ませる問題は、ここにあるのである」、A・R・ルリア（天野清訳）『偉大な記憶力の物語　ある記憶術者の精神生活』（岩波現代文庫、二〇一〇年）、七九ページ。

（6）　Marco Duranti, “‘A Blessed Act of Oblivion’. Human Rights, European Unity and Postwar Reconciliation”, in: Birgit Schwelling (ed.), Reconciliation, Civil Society, and the Politics of Memory. Transnational Initiatives in the 20th and 21th Century, Transcript Verlag, Bielefeld 2012, pp. 115–117.

（7） Winston S. Churchill（ed.）, Never Give In! The Best of Winston Churchill's Speeches, Pimlico, London 2004, p. 429.

（8） Hans Magnus Enzensberger, Europa in Ruinen. Augenzeugenberichte aus den Jahren 1944 bis 1948, Eichborn Verlag, Frankfurt am Main 1990, S. 8–9.

（9） トニー・ジャット『ヨーロッパ戦後史 上 1945–1971』（みすず書房、二〇〇八年）、八〇–八一ページ。

（10） Umberto Eco, "An *Ars Oblivionalis*? Forget It!", *Publications of Modern Language Association*, Vol. 103（1988）, pp. 254–261.

（11） フランセス・A・イエイツ（青木信義訳）『記憶術』（水声社、一九九三年）。原著の刊行は一九六六年。

（12） Harald Weinrich, Lethe. Kunst und Kritik des Vergessens, Verlag C. H. Beck, 1997; 2005（Beck'sche Reihe）. 邦訳は、中尾光延訳『〈忘却〉の文学史――ひとは何を忘れ、何を記憶してきたか』（白水社、一九九九年）。

（13） 書名と論文名（刊行年）のみを刊行順に挙げる。Pierre Bertrand, L'oubli. Révolution ou mort de l'histoire（1975）; Yosef H. Yerushalmi et al., Usages de l'oubli（1988）; Gary Smith/Hinderk M. Emrich（Hrsg.）, Vom Nutzen des Vergessens（1996）; Garz Smith/Avishai Margalit（Hrsg.）, Amnestie oder die Politik der Erinnerung in der Demokratie（1997）; James W. Pennebaker/Dario Paez/Bernard Rimé（eds.）, Collective Memory of Political Events. Social Psychological Perspectives（1997）; Marc Augé, Les formes de l'oubli（1998）; Adrian Forty/Susanne Küchler（eds.）, The Art of Forgetting（1999）; David Gross, Lost Time. On Remembering and Forgetting in Late Modern Culture（2000）; Avishai Margalit,

The Ethics of Memory (2002); Dimitri Nicolaïdis, Oublier nos crimes : L'amnésie nationale, une spécificité française (2002); Manfred Osten, Das geraubte Gedächtnis. Digitale Systeme und die Zerstörung der Erinnerungskultur (2004); Andreas Huyssen, "Resistance to Memory: The Uses and Abuses of Public Forgetting" (2005); Kai Behrens, Ästhetische Obliviologie. Zur Theoriegeschichte des Vergesssens (2005); Anne Galloway, "Collective Remembering and the Importance of Forgetting: a Critical Design Challenge" (2006); Bradford Vivian, Public Forgetting. The Rhetoric and Politics of Beginning Again (2010); Oliver Dimbath/Peter Wehling (Hrsg.), Soziologie des Vergessens. Theoretische Zugänge und empirische Forschungsfelder (2011); André Blum/Theresa Georgen/Wolfgang Knapp/Veronika Sellier (Hrsg.), Potentiale des Vergessens (2012); Oliver Dimbath, Oblivionismus. Vergessen und Vergesslichkeit in der modernen Wissenschaft (2014); Jack Volpe Rotondi/Nir Eiskovits, "Forgetting after War: A Qualified Defense" (2015); Francis O'Gorman, Forgetfulness. Making the Modern Culture of Amnesia (2017).

（14） Tzvetan Todorov, Les abus de la mémoire, alréa, Paris 1995; 2004, pp. 25–27.

（15） ツヴェタン・トドロフ（大谷尚文訳）『悪の記憶・善の誘惑——20世紀から何を学ぶか』（法政大学出版局、二〇〇六年）、二四四ページ。

（16） Tzvetan Todorov, op. cit., pp. 29–34.

（17） Ibid., p. 39.

（18） Ibid., p. 52.

（19） トドロフ、前掲書、二四一、二四三ページ。

(20) David Rieff, Against Remembrance, Melbourne University Press, Carlton 2011, pp. 68–69. リエフは近著で、集団的記憶の維持が紛争を再燃させ激化させる事例を、より広く現代の世界各地に求め、過去の記憶ではなく忘却が時として道義的にも求められることを強調する。David Rieff, In Praise of Forgetting. Historical Memory and Its Ironies, Yale University Press, New Haven/London 2016.

(21) David Rieff, Against Remembrance, pp. 104–105.

(22) Ibid., p. 117.

(23) 戦争や内戦後の和平における「忘却」についての最も詳細な研究として、Jörg Fisch, Krieg und Frieden im Friedensvertrag. Eine universalgeschichtliche Studie über Grundlagen und Formelelemente des Friedensschlusses, Klett-Cotta, Stuttgart 1979.

(24) David Norbrook, "Introduction: acts of oblivion and republican speech acts", in: Idem, Writing the English Republic. Poetry, Rhetoric and Politics, 1627–1660, Cambridge University Press, Cambridge 1995, pp. 1–22. なお、フランスにおける恩赦法制に関する邦語文献として、福田真希『赦すことと罰すること』（名古屋大学出版会、二〇一四年）があり、恩赦が政治思想史、とくに主権論の観点からも極めて興味深いテーマであることを教える。すなわち同書によれば、旧体制下の王権は華々しい身体刑を通じてその力を増大させたというフーコーの主張にもかかわらず、ボダンが主権のしるしとしたのは刑罰権ではなく恩赦権であった。その理由は、刑罰よりも恩赦の方が強い国民統合作用を有するという点にある。恩赦は「もともとは刑罰とともに、権力の究極的な部分をなす生殺与奪の権の一端を担って」いた。「恩赦のこの性格は、アンシャン・レジーム期の、処刑直前の恩赦の場面に、最も劇的な形で表れる。観衆が固唾を飲んで、受刑者の死を見届けようとする刑場に届けられる恩赦状は、国王の署名と玉璽のついた紙一枚が、人の生死を恣にすることを人々に痛感させ、彼らをその力の前にひれ伏させたのである」。国王権力の安定的維持に貢献するのは、人々を恐れさせる刑罰よりも、国王の人気を高め、喜ばしいことを臣民と共有することを可能にする恩赦であることは明らかであろう。同書、二四三、二四六ページ。

（25） キケロ「ピリッピカ――アントーニウス弾劾」、『キケロー選集』第三巻（岩波書店、一九九九年）、九七ページ。「ギリシア語の用語」に付された注によれば、「ギリシア語の ἀμνηστία あるいは ἄδεια（大赦）と推測する学者がいるが、未詳」であるという。

（26） Kaja Harter-Uibopuu/Fritz Mitthof (Hrsg.), Vergeben und Vergessen? Amnestie in der Antike, Verlag Holzhausen, Wien 2013. 対象とされるのは、古代オリエントとエジプト、ギリシア、ローマである。なお、日本と中国についても、佐竹昭『古代王権と恩赦』（雄山閣出版、一九九八年）がある。

（27） 『アリストテレス全集』第一九巻（岩波書店、二〇一四年）、二二二ページ（橋場弦による『アテナイ人の国制』第三九章への補注）。たとえば、移行期正義（後述）研究の第一人者であり、移行期正義の歴史は民主主義の歴史と同じように古いとするエルスターは、移行期正義問題を歴史的にとらえようとする著作を、この前五世紀終わりの古代ギリシアの事例に関する記述から始めている。Jon Elster, Closing the Book. Transitional Justice in Historical Perspective, Cambridge University Press, Cambridge 2004, pp. 3–23. 逆に、この「誓い」に関する最新の研究は、アパルトヘイト廃止後の南アフリカの事例をはじめとする現代の紛争解決の事例を引照しながらも、古代アテネの「誓い」の固有の歴史的性質を強調する。Edwin Carawan, The Athenian Amnesty and Reconstructing the Law, Oxford University Press, Oxford 2013.

（28） 桜井万里子『ソクラテスの隣人たち――アテナイにおける市民と非市民』（山川出版社、一九九七年）、一六七―一七二ページ。

（29） Thomas Clark Loening, The Reconciliation Agreement of 403/402 B. C. in Athens. Its Content and Application, Franz Steiner Verlag Wiesbaden GMBH, Stuttgart 1987, pp. 20–21.

（30） Nicole Loraux, La cité divisée. L'oubli dans la mémoire d'Athènes, Éditions Payot & Rivages, Paris 1997; 2005（pour l'édition de poche）, p. 152.

（31） Ibid., p. 150.

（32） Christian Meier, Das Gebot zu vergessen und die Unabweisbarkeit des Erinnerns. Vom öffentlichen Umgang mit schlimmer Vergangenheit, Siedler Verlag, München 2010.

（33） アライダ・アスマン（安川晴基訳）「トラウマ的過去と付き合うための四つのモデル」、『思想』第一〇九六号（二〇一五年八月）、三一ページ。

（34） ウルリケ・ユーライト（石田勇治訳）「公的資源としての歴史——想起・世代・集合的アイデンティティ」、石田勇治／福永美和子編『想起の文化とグローバル市民社会』（勉誠出版、二〇一六年）、二四ページ。

（35） Daniel L. Schacter, The Seven Sins of Memory. How the Mind Forgets and Remembers, Houghton Mufflin Company, Boston/New York 2002（邦訳は、ダニエル・L・シャクター（春日井晶子訳）『なぜ「あれ」が思い出せなくなるのか』（日本経済新聞社、二〇〇二年））。

（36） Paul Connerton, "Seven Types of Forgetting", *Memory Studies* 1（2008）, pp. 59–71; "Seven Types of Forgetting", in: Idem, The Spirit of Mourning. History, Memory and the Body, Cambridge University Press, Cambridge 2011, pp. 33–50.

（37） Aleida Assmann, „Formen des Vergessens", in: Nicoletta Diasio/Klaus Wieland（Hrsg.）, Die sozio-kulturelle（De-）Konstruktion des Vergessens. Bruch und Kontinuität in den Gedächtnisrahmen um

1945 und 1989, Aisthesis Verlag, Bielefeld 2012, S. 21–48. アスマンはその後、この忘却の類型を、より具体的で詳細な事例研究で展開した書物を刊行した。Aleida Assmann, *Formen des Vergessens*, Wallstein Verlag, Göttingen 2016.

（38）フリードリヒ・ニーチェ（中山元訳）『道徳の系譜学』（光文社古典新訳文庫、二〇〇九年）、九八ページ。

（39）エドマンド・バーク『フランス革命の省察』（みすず書房、一九八九年（新装版））、二六ページ。先に挙げた前四〇三年のアテナイにおける和解協定はこの最も古い事例の一つであろう。

（40）エルネスト・ルナン（鵜飼哲訳）「国民とは何か」、『国民とは何か』（インスクリプト、一九九七年）、四八ページ。

（41）ポール・リクール（久米博訳）『記憶・歴史・忘却』、上（新曜社、二〇〇四年）、一二三―一五一ページ。

（42）同上、下（新曜社、二〇〇五年）二三五―二四九ページ。

（43）James Booth, "The Unforgotten: Memories of Justice", *American Political Science Review*, 95 (2001), p. 784.

（44）『フロイト全集』第七巻（『日常生活の精神病理学』）（岩波書店、二〇〇七年）、一八二ページ。

（45）フランス、オランダ、ベルギーを対象とした「レジスタンス神話」の生成の背景の比較研究として、Pieter Lagrou, "The Politics of Memory. Resistance as a Collective Myth in Post-War France, Belgium, and the Netherlands, 1945–1965", *European Studies*, 11 (2003), pp. 527–549.

（46）水野博子「オーストリア国民の記憶文化―反ファシズムから戦争の犠牲者へ」、石田勇治／福永美和子編、前掲書、八五―一一九ページ。さらに、東西ドイツとオーストリアというナチズム国家の崩壊の中から生まれた国におけるナチズムの位置づけについての比較研究である次の論文を参照。Jennz Wüstenberg/David

Art, "Using the Past in the Nazi Successor States from 1945 to the Present", in: Martin O. Heisler (ed.), The Politics of History in Comparative Perspective (*The Annals of the American Academy of Political and Social Science*, Vol. 617), Sage, Los Angeles 2008, p. 78–80.

(47) 「過去の克服 Vergangenheitsbewältigung」という言葉の使用が一九五〇年代半ば以降に広がった当初は、この言葉の含意は決して肯定的なものではなかった。アドルノの有名な論文「過去の総括とは何を意味するのか」(一九五九年)によれば、その意味するところは、「過ぎ去ったことと真剣に取り組むとか、明晰な意識をもって過去の呪縛を打ち破るということではありません。そうではなくて、過去にけりをつけて、できることなら過去そのものを記憶から消し去りたい」ということであった(テオドール・W・アドルノ「過去の総括とは何を意味するのか」、同『自律への教育』(中央公論新社、二〇一一年)、一〇ページ)。

(48) 現代の国際人権法の発展は一九四五年以降、第二次世界大戦の終結後から始まる。しかし、冷戦の開始とともにその発展は停滞した。南欧の体制移行が始まった一九七〇年代は、なお冷戦のさなかであり、国際人権の概念もいまだ一般化していなかった。したがって、南欧の体制移行に際しては、移行期正義が人権の問題として議論されることはなかった。しかし、一九八〇年代末以降、移行期正義論が広がるとともに、その実現を促す条件も整い始めた。すなわち、国際的な人権条約の普及、人権問題で活躍する非営利団体の国際的ネットワーク、真実和解委員会への国際的支援などである。Alexandra Barahona de Brito/Carmen González Enríquez/Paloma Aguilar, "Introduction", in: Idem (eds.), The Politics of Memory. Transitional Justice in Democratizing Societies, Oxford University Press, Oxford 2001, pp. 21–23.

(49) Alexander L. Boraine, "Transitional Justice: A Holistic Interpretation", *Journal of International Affairs*, 60 (2006), pp. 17–27.

(50) ペーター・ライヒェル(小川保博/芝野由和訳)『ドイツ 過去の克服――ナチ独裁に対する一九四五年以降の政治的・法的取り組み』(八朔社、二〇〇六年)、一一―一六ページ。なお、ライヒェルは、「政治的一掃」と「政治的一掃の官僚的措置」を分けているものの、必ずしも明確な区分ではないと思われるので、ここでは両者をまとめて一つの対応とした。

(51) ただし、移行期正義の実現の最も厳格な方法である刑事訴追を強調する立場からも、「刑事裁判が追求する「正義の実現」は、「平和の実現」の一部ではあるとしても、強制的な「正義の実現」が、任意的な「平和の実現」に直結するとは必ずしも言えない。……交渉と妥協に裏打ちされた「平和の実現」は、強制と公正に基づく「正義の実現」と衝突する側面を持つ」という指摘がなされている。あるいは、国際刑事裁判所の目的は、国内裁判所との協働を通じて、「不処罰の文化」(culture of impunity) を終了させることにあるにせよ、「正義」の追求が「平和」の実現を妨げてしまう場合があることを無視してはならないという。古谷修一「国際刑事裁判権の意義と問題」、村瀬信也/洪恵子編『国際刑事裁判所――最も重大な国際犯罪を裁く(第二版)』(東信堂、二〇〇八年)、六、一二ページ。民主化の過程では、「正義」だけが追求されるのではなく、「平和」の実現も重要な目標となる。後述のように、恩赦に対する国際的批判が高まりながらも、恩赦の一定の効用を説く研究者も少なくなく、実際、依然として恩赦が実施され続けている理由もここにある。

(52) プリシラ・B・ヘイナー(阿部利洋訳)『語りえぬ真実――真実委員会の挑戦』(平凡社、二〇〇六年)、二四四ページ。

(53) 最も責任追及が困難なのは、内戦をはじめとする社会的対立の利害関係が錯綜し、誰が誰に何を行ったのかを確定することができないケースである。このケースを「記憶することが自明の前提であること memory assumption」が成り立たない、すなわち「過去の忘却」が行われる要因とする見解がある。Jack Volpe Ro-

tondi/Nir Eiskovits, “Forgetting after War: A Qualified Defense”, in: Claudio Corradetti/Nir Eisikovits/Jack Volpe Rotondi (eds.), Theorizing Transitional Justice, Ashgate, Farnham 2015, pp. 18–20.

(54) Ibid., p. 16.

(55) Jon Elster, op. cit., pp. 188–207.

(56) 同様の指摘は、Roy Licklider, “The Consequences of Negotiated Settlements in Civil Wars, 1945–1993”, *American Political Science Review* 89 (1995), pp. 681–690

(57) Henry Rousso, “The Purge in France: An Incomplete Story”, in: Jon Elster (ed.), Retribution and Reparation in the Transition to Democracy, Cambridge University Press, Cambridge 2006, p. 113.

(58) Jon Elster, “Introduction”, in: Idem (ed.), Retribution and Reparation in the Transition to Democracy, p. 10.

(59) Dieter Stiefel, “Has the Course of Denazification Been Determined by “Economic Necessities”?”, in: Stein Ugelvik Larsen (ed.), Modern Europe after Fascism 1943–1980s, Social Science Monographs, Boulder 1998, pp. 409–410.

(60) Jon Elster, Closing the Books, p. 213.

(61) 岡田亥之三朗『逐条恩赦法釈義（改訂三版）』（第一法規、一九六八年）参照。

(62) 田中英夫編『英米法辞典』（東京大学出版会、一九九一年）、山口俊夫編『フランス法辞典』（東京大学出版会、二〇〇二年）参照。

(63) ウィリアム・シャバス（鈴木直訳）『勝者の裁きか、正義の追求か——国際刑事裁判の使命』（岩波書店、二〇一五年）、九四ページ。

(64) 同上、一〇五ページ。

(65) Louise Mallinder, Amnesty, Human Rights and Political Transitions. Bridging the Peace and Justice Divide, Hart Publishing, Oxford/Portland 2008, p. 19.

(66) Renée Jeffery, Amnesties, Accountability, and Human Rights, University of Pennsylvania Press, Philadelphia 2014, p. 49.

(67) 以下の記述は、とくに断りのない限り、Louise Mallinder, op. cit., pp. 37–73 に基づいている。マリンダーは、恩赦に対する国際的批判が高まる現在において、恩赦の必要性を説いている。もちろん彼女も無条件での恩赦を支持するわけではない。政策論的に無条件の包括的恩赦は非難されるべきものであるとしながら、一定の条件つき恩赦は今後も適用されるべきであるとする。彼女が挙げる条件とは、「民主的正統性を備えていること」、「平和と和解に資すること」、「規模が限定的であること」、「条件つきであること（真実委員会とペアにするなど）」、「犠牲者への補償をともなうこと」である。

(68) Renée Jeffery, op. cit., pp. 104–105, 120 and 133.

(69) Steohen Holmes, "Gag Rule or the Politics of Omission", in: Jon Elster/Rune Slagstad (eds.), Constitutionalism and Democracy, Cambridge University Press, Cambridge 1993, p. 27.

(70) 注(24)に挙げた福田真希『赦すことと罰すること』参照。

(71) Renée Jeffery, op. cit., pp. 53 and 73.

(72) マリンダーは恩赦が真実和解委員会の活動との関係で実施されることをほとんど論じていない。したがってここではジェフェリーの議論によった。Ibid., pp. 75–102.

## 第1章　すべての責任はナチズムにあり

（1）Gabriel A. Rosemfeld, "A Looming Crash or a Soft Landing? Forecasting the Future of the Memory "Industry"", *Journal of Modern History* 81（2009), pp. 128–129.

（2）Alice Förster/Birgit Beck, "Post-Traumatic Stress Disorder and World War II. Can a Psychiatric Concept Help Us Understand Postwar Society?", in: Richard Bessel/Dirk Schumann（eds.), Life after Death. Approaches to a Cultural and Social History during the 1940s and 1950s, Cambridge University Press, Cambridge 2003, p. 29. この論文集は、第二次世界大戦後のヨーロッパ各国社会に広がった、過去に対する沈黙や忘却の具体例を知ることができる、いわば沈黙と忘却の戦後ヨーロッパ社会史とでもいうべき書物である。

（3）Gabriel A. Rosemfeld, op. cit.

（4）Hagen Fleischer, „Nationalsozialistische Besatzungsherrschaft im Vergleich. Versuch einer Synopse", in: Wolfgang Benz/Johannes Houwink ten Cate/Gerhard Otto（Hrsg.), Anpassung-Kollaboration-Widerstand. Kollektive Reaktionen auf die Okkupation, Metropol Verlag, Berlin 1996, S. 272.

（5）Tony Judt, "The Past is Another Country: Myth and Memory in Postwar Europe", in: István Deák/Jan T. Gross/Tony Judt（eds.), The Politics of Retribution in Europe: World War II and Its Aftermath, Princeton University Press, Princeton/New Jersey 2000, p. 296.

（6）Michele Battini, The Missing Italian Nuremberg. Cultural Amnesia and Postwar Politics, Palgrave Macmillan, New York 2007, p. 16.

（7） Jan T. Gross, “Themes for a Social History of War Experience and Collaboration”, in: István Deák/Jan T. Gross/Tony Judt（eds.）, op. cit., p. 24.

（8） Yves Durand, “Collaboration French-style: A European Perspective”, in: Sarah Fishman/Laura Lee Downs/Ioannis Sinanoglou/Leonard V. Smith/Robert Zaretsky（eds.）, France at War. Vichy and the Historians, Berg, Oxford/New York 2000, p. 63.

（9） Hagen Fleischer, a. a. O., S. 266 und 282.

（10） Gerhard Hirschfeld, „Formen nationalsozialistischer Besatzungspolitik im Zweiten Weltkrieg“, in: Joachim Tauber（Hrsg.）, „Kollaboration“ in Nordosteuropa. Erscheinungsformen und Deutungen im 20. Jahrhundert, Harrassowity Verlag, Wiesbaden 2006, S. 43.

（11） 戦後ヨーロッパ諸国の浄化に関する論文集として、Paul Sérant, Die politischen Säuberungen in Westeuropa am Ende des Zweiten Weltkrieges in Deutschland, Österreich, Belgien, Dänemark, Frankreich, Grossbritannien, Italien, Luxemburg, Norwegen, den Niederlanden und der Schweiz, Gerhard Stalling Verlag, Oldenburg/Hamburg 1966; Klaus-Dietmar Henke/Hans Woller（Hrsg.）, Politische Säuberung in Europa. Die Abrechnung mit Faschismus und Kollaboration nach dem Zweiten Weltkrieg, Deutscher Taschenbuch Verlag, München 1991.

（12） Mimmo Franzinelli, L’amnistia Togliatti. 22 giuno 1946. Colpo di spunga sui crimini fascisti, Mondadori, Milano 2006, p. 253. 各国の恩赦に関する個別研究は別にして、ヨーロッパ諸国を対象とした恩赦に関する共同ないし比較研究はほとんどない。この記述が依拠したのは、フランツィネッリによる一九四六年のイタリア恩赦法に関する上記研究の総括部分（“Una visione comparata, Il panorama europeo”）である。

（13） Ibid., pp. 258–259.

（14） Ibid., pp. 255–257.

（15） Ibid., pp. 257–258. 水野博子「戦後初期オーストリアにおける「アムネスティー（恩赦・忘却）政策」の展開」、『東欧史研究』第二四号（二〇〇二年）、一四ページ。

（16） しかもフランツィネッリは、一九四六年のイタリア恩赦法と一九五三年のフランス恩赦法を比較し、イタリアの恩赦が戦争犯罪人の復権を意味するものだった点を強調する（フランスの恩赦は主にレジスタンス精神への敬意に発し、復権や報復や司法への批判の意図をもたなかったという）。Mimmo Franzinelli, op. cit., p. 259.

（17） Tony Judt, op. cit., p. 298.

（18） Rebecca Clifford, Commemorating the Holocaust. The Dilemmas of Remembrance in France and Italy, Oxford University Press, Oxford 2013, p. 6. 興味深いことに、「善良な人々」の具体像には多様性や変化があった。たとえばフランスの場合、占領期から戦後にかけて、「善良なフランス人 bons Français」の典型がレジスタンスに参加する人々であったとするならば、一九九〇年代（とくに一九九五年にシラクがユダヤ人迫害に対するフランス国家の責任を認めて以降）には、本文でも述べるように、それが「正義の人々 Les Justes」、具体的には、迫害されたユダヤ人を保護しかくまう「救う人々」に替わった（しかも、「ユダヤ人を保護した人々は、ドゴール主義や共産主義の命令の言葉ではなく、彼らの良心の声に従った」。Lucien Lazare, Dictionnaire des Juste de France, Fayard, Paris 2003, p. 31）。そして、そうした人々が真のフランスを具現化するとされたのである。Sarah Gensburger, “Les Figures du Juste et du résistant et l’évolution de la mémoire historique française de l’Occupation”, *Revue française de science politique* 52（2002), p. 19. この問題についてより詳しくは、Sarah Gensburger, Les Justes de France: Politiques publiques de la mémoire, Presses de Science Po, Paris 2010.

（19） Tony Judt, op. cit., p. 298.

（20） Giacomo Debenedetti, 16 ottobre 1943, Einaudi, Torino 2001, pp. 53–56.

（21） David Bidussa, Il mito del bravo italiano, il Saggiatore, Milano 1994, p. 88.

（22） Pieter Lagrou, "Victims of Genocide and National Memory: Belgium, France and the Netherlands 1945–1965", *Past & Present* 154 (1997), p. 195–196.

（23） 以下の記述が依拠するのは、Idem, "The Politics of Memory. Resistance as a Collective Myth in Post-war France, Belgium and the Netherlands, 1945–1965", *European Review* 11 (2003), pp. 527–549.

（24） Michele Battini, op. cit., pp. 26–27.

（25） Olivier Wieviorka, Histoire de la résistance 1940–1945, Perrin, Lonrai 2013, p. 446.

（26） Louis-Dominique Girard, La guerre franco-française, Éditions André Bonne, Paris 1950.

（27） フランスの浄化に関する古典的著作は一九六八年に英語で刊行された（フランス語版の刊行は一九八五年）、Peter Novick, The Resistance versus Vichy. The Purge of Collaborators in Liberated France, Chatto & Windus, London 1968. 新しい通史としては、Bénédicte Vergez-Chaignon, Histoire de l'épuration, Larousse, Paris 2010; François Rouquet, Une épuration ordinaire (1944–1949). Petit et gtrands collaborateurs de l'administration française, CNRS Éditions, Paris 2011; Pierre-Denis Boudriot, L'épuration 1944–1949, Grancher, Paris 2011. 個別テーマについての専門研究としては、Marc Olivier Baruch (ed.), Une poignée de misérables. L'épuration de la société française après la seconde guerre mondiale, Fayard,

Paris 2005.

(28) Marc Olivier Baruch, “Changing Things so Everything Stays the Same: The Impossible “épuration” of French Society”, in: Nico Wouters (ed.), Transitional Justice and Memory in Europe (1945–2013), intersentia, Cambridge/Antwerp/Portland 2014, p. 67.

(29) Henry Rousso, “The Purge in France”, in: Jon Elster (ed.), Retribution and Reparation in the Transition to Democracy, Cambridge University Press, Cambridge 2006, pp. 95 and 119.

(30) Fabrice Virgili, Shorn Women. Gender and Punishment in Liberation France, Berg, Oxford/New York 2002; Philippe Bourdrel, L’épuration sauvage 1944–1945, Perrin, Paris 2002; 2008 (collection tempus). この問題に関しては邦語の研究もある。藤森晶子『丸刈りにされた女たち――「ドイツ兵の恋人」の戦後を巡る旅』(岩波書店、二〇一六年)。

(31) Henry Rousso, op. cit., pp. 103–109 and 119. 裁判所と市民法廷に関してはデータが不完全で諸説あり、確たる数字を挙げることができない。

(32) Ibid., p. 113.

(33) Marc Olivier Baruch (ed.), Une poignée de misérables に所収されている、Bancaud 論文(司法界)、Rouquet 論文(大学)、Baruch 論文(県組織)をそれぞれ参照。

(34) Henry Rousso, op. cit., p. 115.

(35) Marc Bergère, Une société en épuration. Epuration vécue et perçue en Maine-et-Loire, de la Libération au début des années 50, Presse Universitaires de Rennes, Rennes 2004.

(36) Henry Rousso, op. cit., p. 120.

（37）ただし、カミュとモーリアックの浄化問題に関する見解には根本的相違はなく、むしろ両者の対立は彼らのレジスタンスに対する考え方にあった（フランスと同義であるとするカミュと大革命後の恐怖政治を重ねるモーリアック）。千々岩靖子『カミュ　歴史の裁きに抗して』の第三章「モーリアックとの論争――対独協力者粛清問題をめぐって」（名古屋大学出版会、二〇一四年）、一六五―一七八ページ。カミュはその後、浄化のための裁判の不公正なあり方に失望し、モーリアックの正しさを示唆するようになる。さらに、一九四五年一月にモーリアックを中心にして、死刑判決を受けたロベール・ブラジャック（アクション・フランセーズのメンバーで自ら編集長を務める新聞に数多くの反ユダヤ主義的記事を書いた。二月六日に死刑執行）の恩赦を求める運動が起こると、カミュはブラジャック擁護のためではなく死刑制度反対という信念から恩赦要求に署名した。ブラジャック裁判と裁判をめぐる知識人の動向については、Alice Kaplan, The Collaborator. The Trial and Execution of Robert Brasillach, The University of Chicago Press, Chicago/London 2000.

（38）Jean Desgranges, Les crimes masqués du résistantialisme, L'ÉAN, Paris 1948.

（39）Marc Olivier Baruch, “Changing Things so Everything Stays the Same”, p. 81.

（40）«résistantialisme» という語は、一九五一年にレジスタンスの闘士個人を党派的に非難する言葉として用いられ始めた。もともと浄化を非難する言葉として、似た綴りをもつ «résistancialisme» という言葉があった。Henry Rousso, Le syndrome de Vichy. De 1944 à nos jours, Éditions du Seuil, Paris 1987; 1990 (deuxième édition), p. 43. これらの左翼批判を含意する言葉とは別に、ルソーは「ヴィシー症候群」（後述）の中心概念に「レジスタンス至上主義 résistancialisme」を据えた。

（41）「レミ事件」については、Ibid., pp. 48–55.

（42）Ibid., p. 55.

（43） Marc Olivier Baruch, “Changing Things so Everything Stays the Same”, p. 78.

（44） Stéphane Gacon, “L’oubli institutionnel”, in: Dimitri Nicolaïdis（ed.）, Oublier nos crimes. L’amnésie nationale: une spécificité française, Éditions Autrement, Paris 2002, p. 86.

（45） Stéphane Gacon, “L’amnestie de la collaboration”, in: Marc Olivier Baruch（ed.）, op. cit., p. 470.

（46） Jacques Isorni/Jean Lemaire, Préface de Documents pour la revision（Après le procés du Maréchal Pétain）, André Martel, Paris 1948, pp. 14–15.

（47） イゾルニは一九五一年のペタン死後もペタンの名誉回復のための活動を続けた。ジャック・イゾルニ（小野繁訳）『ペタンはフランスを救ったのである』（葦書房、二〇〇〇年。原著は一九六四年刊行）。

（48） Stéphane Gacon, op. cit., p. 470.

（49） Henry Rousso, Le syndrome de Vichy, p. 67.

（50） Marc Olivier Baruch, “Changing Things so Everything Stays the Same”, p. 78.

（51） Stéphane Gacon, op. cit., p. 473.

（52） Henry Rousso, Le syndrome de Vichy, p. 70.

（53） Jean Cassou, La mémoire courte（1953）, Mille et une nuits, Paris 2001, p. 51.

（54） アンリ・ルソーの『ヴィシー症候群』によれば、「ヴィシー症候群」の中核にある概念は、«résistancialisme»（前述のように、「レジスタンス至上主義」とでも訳せよう）であり、それは三つの構成要素をもつという。第一に、戦後フランス社会におけるヴィシー政権の重要性や影響を小さく見ようとする姿勢である。第二に、レジスタンスを、抵抗行為の個別的事例の集積を超越した抽象的理念として記憶することである。レジスタンスは個別の戦闘行為にではなく、英雄としてのドゴールや果敢な共産党の行動に具現化されるものとして記憶される。そして第三に、そうしたレジスタンスと国民が同一化されることであり、とりわけそれはドゴール派のレジスタンス神話に顕著である。Henry Rousso, Le syndrome de Vichy, p. 19.

（55） Robert Gildea, Fighters in the Shadows. A New History of the French Resistance, Faber & Faber, London 2015, pp. 2–3.

（56） Pierre Nora, “Gaullistes et communistes”, in: Les lieux de mémoire（sous la direction de Pierre Nora）, Tome 3（Les France）, Gallimard, Paris 1997, pp. 2502–2503.

（57） Ibid., p. 2503.

（58） Robert Gildea, op. cit., p. 4.

（59） Marie-Claire Lavabre, Le Fil rouge. Sociologie de la mémoire communiste, Presse de la fondation nationale des sciences politiques, Paris 1994, p. 210.

（60） Pierre Nora, op. cit., p. 2503.

（61） この「アピール」（邦訳として、「トレーズとデュクロのフランス国民の訴え（一九四〇年七月一〇日）」、フランス現代史研究会訳『トレーズ政治報告集』第二巻（レジスタンスとフランスの解放）（未來社、一九五五年）、七七―八二ページ）については、共産党が抵抗を呼びかけた時期は七月より数ヵ月後であり、非難の直接的な標的はヴィシー政権とイギリスであってドイツ占領軍ではない、といった点でその不正確さが指摘されている。Sudhir Hazareesingh, In the Shadow of the General. Modern France and the Myth of de Gaulle, Oxford University Press, Oxford 2012, p. 199（note 162）. 実際、この「アピール」は、独ソ不可侵条約が有効であった一九四〇年当時の文書から、平和主義的で反イギリス的な言及、ナチス・ドイツを告発することに消極的な記述が削除されたものである。Marie-Claire Lavabre, op. cit., pp. 217–218. 共産党は、一九七〇年代にこの「アピール」の内容の不正確さが批判された際、それが一九四〇年の文書の一部削除版であることは認めつつ、批判は反共産主義と共産党のレジスタンスにおける比重を貶めようとする党派的意図に発するものであると反論している。Ibid., p. 218.

(62) Nicole Racine-Furlaud, «18 juin 1940 ou 10 juillet 1940: Bataille de mémoires», in: Stéphane Courtois/Marc Lazar (eds.), 50 ans d'une passion française. De Gaulle et les communistes, Balland, Paris 1991, p. 199.

(63) Marie-Claire Lavabre, op. cit., p. 214.

(64) Jacques Sémelin, Persécutions et entraides dans la France occupée. Comment 75 % des juifs en France ont échappé à la mort, Les Arènes-Seuil, Paris 2013. セムランはさらに、ヴィシー政権がドイツの要求の緩衝となったという、より論争的な指摘も行った。「善良なフランス人」のイメージの変化については注(18)も参照。

(65) Robert Gildea, op. cit., p. 474.

(66) 『ドゴール大戦回顧録』第三巻(みすず書房、一九六三年)、一七〇ページ。

(67) 『ドゴール大戦回顧録』第六巻(みすず書房、一九六六年)、三三ページ。

(68) エマニュエル・ダスティエ(山崎庸一郎訳)『七日七たび——フランス・レジスタンス　その一記録』(冨山房百科文庫、一九七八年)、一六三ページ。原著は一九四七年刊行。

(69) Sudhir Hazareesingh, op. cit., p. 77.

(70) Ibid., p. 81.

(71) Ibid., pp. 85-86.

(72) Robert Gildea, op. cit., p. 452.
(73) Sudhir Hazareesingh, op. cit., p. 115.
(74) Henry Rouosso, Le syndrome de Vichy, p. 101.
(75) Sudhir Hazareesingh, op. cit., p. 91
(76) André Malraux, «Transfert des cendres de Jean Moulin au Panthéon», in: Œuvres complètes, III, Gallimard, Paris 1996, p. 949.
(77) Ibid., p. 951.
(78) しかし、この「忘却の政治」の見直しが始まるまで、そう長い時間を要しはしなかった。ヴィシー政権や対独協力に関する本格的な研究の嚆矢とされるのが、いうまでもなく、ロバート・パクストン（渡辺和行／剣持久木訳）『ヴィシー時代のフランス　対独協力と国民革命 1940–1944』（柏書房、二〇〇四年）である。原著は一九七二年刊行。
(79) 「イタリアのニュルンベルク」裁判（とその不在）という表現の最初期の使用例として、Enzo Collotti, “Vincitori e vonti. Casi comparati”, in: Alchivio di Stato di Napoli, 1946: La nascita della Republicana in Campania, Giannini, Napoli 1997, p. 19.
(80) イタリアにおいて連合国（イギリス）によって行われた、ナチス占領時代のイタリア人への戦争犯罪に対する裁判としては、一九四四年三月のアルデアティーネでの大虐殺に関する、一九四六年のメッツラーとマッケンゼン（ローマ）、一九四七年のケッセルリング（ヴェネツィア）が有罪判決を受けた数少ない例である（しかし、一九五〇年代初めまでに獄死ないし釈放された）。実行責任者のカプラーは、後述のように、イタリア自身によって裁かれた。バッティーニによれば、これらの裁判が準備された一九四五年夏から一九四六年春までの間、連合国は「イタリアのニュルンベルク」が可能であると考えていたという。しかし、①そのような大規模な裁判はイタリアの左翼勢力を伸長させるとの懸念が連合国内に高まったこと、②米ソ間で裁判の主体について鋭い対立があったこと、③バルカン半島でのイタリアの戦争犯罪人を誰が裁くかについて連合国とイタリア政府とユーゴスラヴィアの間で意見の相違が著しかったことが、その可能性を潰したとする。Michele Battini, op. cit., pp. 73–77; Idem, "Sins of Memory: Reflections on the Lack of an Italian Nuremberg and the Administration of International Justice after 1945", *Journal of Modern Italian Studies* 9 (2004), pp. 356–357.

（81） 一九四三年夏から一九四五年春の北イタリア解放までのイタリアの国内状況を「内戦」と呼ぶことに対しては、「内戦」が同等な二者の間の戦いを含意することから、レジスタンスの功績と意義を強調したい、あるいはファシズム・ナチズムにすべての害悪と責任を帰着させたい学界や知識人の間に強い反発があった。つとにその呼称を用いるのはファシストや親ファシスト的立場の歴史家や知識人だけであった。しかし、一九九一年のパヴォーネの『内戦』（Claudio Pavone, *Una guerra civile. Saggio storico sulla moralità nella Resistenza*）公刊以降、この国内対立を「内戦」としてみなすことこそが、レジスタンスのもつ多面的性格を明らかにするとの主張が受け入れられ始め、今日では、この時期のイタリアが「内戦」状態にあったと称することにはかつてほどの反発はなくなった。

（82） 古代アテネの「何人も悪しきことを思い出すべからず」の議論（序章の1参照）を用いながら、一九四三年の降伏から一九四六年の恩赦法制定までの時期に「忘却の政治」の発生を認める論文として、Paolo Pezzino, "The Italian Resistance between History and Memory", *Journal of Modern Italian Studies* 10 (2005), pp. 396–412.

(83) Claudio Baldoli/Marco Fincardi, “Italian Society under Anglo-American Bombs: Propaganda, Experience, and Legend, 1940–1945”, *The Historical Journal* 52 (2009), pp. 1017–1038.

(84) Filippo Focardi, Il cattivo tedesco e il bravo italiano. La rimozione delle colpe della seconda guerra mondiale, Editori Laterza, Roma 2013, pp. 3–13.

(85) Ibid., p. 14.

(86) Claudio Pavone, Una guerra civile. Saggio storico sulla moralità nella Resistenza, Bollati Boringhieri, Torino 1991; 2006 (edizione in «Universale Bollati Boringhieri»), p. 42.

(87) Filippo Focardi, op. cit., pp. 15–20.

(88) Ibid., pp. 21–25.

(89) Ibid., p. 27.

(90) Ibid., p. 29. リソルジメントと第一次世界大戦の経験も両者を結束させるシンボルであった。これらを掲げることからは、ドイツがイタリアの歴史的な敵であることが導かれ、さらにリソルジメントは、ファシズム体制やムッソリーニがイタリア史における非正統的存在であることを強調するために、そして対ドイツ戦にイタリア人を動員するために援用された。しばしばレジスタンスは、「第二の（新たな）リソルジメント」と呼ばれた。Ibid., pp. 36–40. ただし、リソルジメントと第一次世界大戦を引照することの意図は、各党派により異なる。それらについて詳しくは、Claudio Pavone, Una guerra civile, op. cit., pp. 179–189.

(91) Filippo Focardi, op. cit., pp. 45–46; Ivanoe Bonomi, Diario di un anno (2 giugno 1943–10 giugno 1944), Castelvecchi, Roma 2014, p. 127.

(92) Filippo Focardi, op. cit., p. 42.

(93) Ibid., p. 45.

(94) Benedetto Croce, "La libertà italiana nella libertà del mondo", in: Idem, Scritti e discorsi politici (1943–1947), Vol. 1, Bibliopolis, Napoli 1993, p. 61.

(95) Filippo Focardi, op. cit., p. 47.「サレルノの転回」とは、トリアッティにより発表された、反国王反バドリオ政権という従来の立場から、解放のためにはそれらの勢力との協調が不可欠であるとする立場への、共産党の方針転換を指す。「サレルノの転回」をめぐり共産党内では激しい論争が起き、また、トリアッティの意図やソ連外交との関係を中心に「サレルノの転回」についてはさまざまな解釈がある。それらについて、Aldo Agosti, Palmiro Togliatti. A Biography, I. B. Tauris, London/New York 2008, pp. 151–153、山田薫「「サレルノの転回」の過程と背景――トリアッティの新機軸の転回とその原点に関する考察」、『日伊文化研究』第35号（一九九七年）、九八―一一一ページ、同『イタリア共産党と戦後民主体制の形成　トリアッティの政治戦略の転回［一九四三年〜一九四八年］』（シーエーピー出版、二〇〇二年）、第一章。

(96) Filippo Focardi, op. cit., pp. 47–48

(97) Ibid., pp. 52–54.

(98) Luigi Sturzo, "Italy after Fascism", *Foreign Affairs* (3. April 1943), p. 413.

(99) Filippo Focardi, op. cit., pp. 63–64.

(100) Luca La Rovere, L'Eredità del fascismo. Gli intellettuali, i giovani e la transizione al postfascismo (1943–1948), Bollati Boringhieri, Torino 2008, pp. 47–85.

(101) Filippo Focardi, op. cit., p. 68.

(102) Ibid., pp. 69–71.

(103) Ibid., pp. 72–74.

(104) Ibid., p. 77.

(105) Ibid., p. 80. しかし、知識人や外務省の一部には、同盟国イタリアに対するドイツの不誠実で利己的な態度への批判に加えて、ファシズム体制の指導者の無能さと同盟への無批判な期待を非難する声も強かった。Ibid., p. 83.

(106) Paolo Monelli, Roma 1943, Einaudi, Torino 2012.

(107) Filippo Focardi, op. cit., p. 89.

(108) Ibid., pp. 89–90.

(109) Ibid., p. 90.

(110) Ibid., pp. 93–94. イタリアにおいて第一次世界大戦の帰還兵の体制統合の失敗がファシズム台頭の重大な要因であったことに鑑み、体制統合と国内和平を念頭に党派を超えて帰還兵への配慮が払われた。このイタリアにおける第二次世界大戦の帰還兵の体制統合問題については、Agostino Bistarelli, La storia del ritorno. I reduci italiani del secondo dopoguerra, Bollati Boringhieri, Torino 2007.

(111) Filippo Focardi, op. cit., pp. 100–106. エル・アラメインの戦い（あるいはロンメル将軍のイメージ）とドン河の戦いにおけるドイツ軍のイタリア人兵士に対する姿勢の実態について、Alessandro Massignani/Jack Greene, Rommel in Africa settentrionale, Ugo Mursia Editore, Milano 1996; Alessandro Massignani, Alpini e tedeschi sul Don. Documenti e testimonianze sulla ritirata del Corpo d'armata alpino e del XXIV Panzerkorps germanico in Russia nel gennaio 1943, Gino Rossato Editore, Valdagno（Vicenza）1991.

(112) Filippo Focardi, op. cit., p. 85.

(113) David Bidussa, op. cit.; Angelo Del Bocca, Italiani, brava gente?, Neri Pozza Editore, Vicenza 2005; Davide Rodogno, "*Italiani brava gente?* Fascist Italy's Policy Toward the Jews in the Balkans, April 1941-July 1943", *European History Quarterly* 35 (2005), pp. 213–240; Luigi Borgomaneri (ed.), Crimini di guerra. Il mito del bravo italiano tra repressione del ribellismo e guerra ai civili nei territori occupati, Guerini e Associati, Milano 2006; Claudio Fogu, "Italiani brava gente. The Legacy of Fascist Historical Culture on Italian Politics of Memory", in: Richard Ned Lebow/Wulf Kansteiner/Claudio Fogu (eds.), The Politics of Memory in Postwar Europe, Duke University Press, Durham/London 2006, pp. 147–176; Matthias Röhrs, I Tedeschi. Das Bild der Deutschen in italienischen Kriegserinnerungen, Tübinger Vereinigung für Volkskunde, Tübingen 2009.

(114) Gaetano Salvemini/George La Piana, What to Do with Italy, Victor Gollancz, London 1943, p. 41; La Sorte dell'Italia, Edizioni U, Roma/Firenze/Milano 1945, p. 55.

(115) Filippo Focardi, op. cit., pp. 111–112.

(116) Mario Luciolli, Mussolini e l'Europa. La politica estera fascista, Le Lettere, Firenze 2009, p. 103. 同書の初版は、一九四五年にMario Donostiという筆名でローマのLeonardo Editoreから出版された。用いたのはその初版の復刻版である。

(117) Ibid., p. 253.

(118) Ibid., p. 103.

(119) Herbert L. Matthews, The Fruits of Fascism, Harcourt, Brace and Company, New York 1943, pp.

294–295; I Frutti del Fascismo, Gius. Laterza & Figli, Bari 1945, pp. 347.

(120) Ruth Ben-Chiat, “A Lesser Evil? Italian Fascism in/and the Totalitarian Equation”, in: Helmut Dubiel/Gabriel Motzkin (eds.), The Lesser Evil. Moral Approaches to Genocide Practices, Routledge, London/New York 2004, pp. 137–153.

(121) Filippo Focardi, op. cit., pp. 121–124.

(122) Ibid., pp. 125–127.

(123) Ibid., pp. 130 and 133.

(124) Davine Rodogno, Il nuovo ordine mediterraneo. Le politiche di occupazione dell’Italia fascista in Europa (1940–1943), Bollati Boringhieri, Torino 2003, pp. 218–221.

(125) Filippo Focardi, op. cit., pp. 134–139.

(126) Ibid., pp. 140–144.

(127) Ibid., p. 148. これは、社会党の機関紙 Avanti の一九四八年一月一六日付の紙面に登場する言葉である。

(128) Ibid., pp. 113–114. ただし、ムッソリーニが結んだ合意を否定するような外務省と軍部の協力行為が実際にあったかは疑わしい。Davine Rodogno, Il nuovo ordine mediterraneo, p. 477.

(129) Filippo Focardi, op. cit., pp. 116 and 120.

(130) クルツィオ・マラパルテ（古賀弘人訳）『壊れたヨーロッパ』（晶文社、一九九〇年）、六五―七一ページ。もちろん、以下のマラパルテの描写には、ファシズム体制と妥協したこのジャーナリストの名誉回復の意図が込められていたことも否定できないであろう。

(131) エリオ・ヴィットリーニ（脇功監訳）『人間と人間にあらざるものと』（松籟社、一九八一年）。

(132) 邦訳は、プリーモ・レーヴィ（竹山博英訳）『アウシュヴィッツは終わらない』（一九八〇年、朝日新聞社）。

(133) Filippo Focardi, op. cit., pp. 163–174.

(134) イタリアの浄化については、後出のHans Wollerの克明で詳細な研究（イタリア語訳もある）に加えて、Romano Canosa, Storia dell'epurazione in Italia. Le sanzioni contro il fascismo, 1943–1948, Baldini & Castaldi 1999.

(135) 九月八日の休戦以前のバドリオ政権下での浄化政策については、Hans Woller, Die Abrechnung mit dem Fascismus in Italien 1943 bis 1948, R. Odenbourg Verlag, München 1996, S. 21–35.

(136) Ders., „»Ausgebliebene Säuberung«? Die Abrechnung mit dem Fascismus in Italien“, in: Klaus-Dietmar Henke/Hans Woller (Hrsg.), a. a. O., S. 158 und 163–164.

(137) 休戦後から一九四四年六月までの「南部王国」における浄化政策については、Ders., Die Abrechnung mit dem Fascismus in Italien 1943 bis 1948, S. 73–128.

(138) 同法については、Ebd., S. 134–145.

(139) Ders., „»Ausgebliebene Säuberung« ?“, S. 172.

(140) Ders., Die Abrechnung mit dem Fascismus in Italien 1943 bis 1948, S. 175–186.

(141) Ebd., S. 199–207.

(142) Ebd., S. 214.

(143) 一九四五年前半の北イタリアにおける民衆レベルでの「野蛮な」浄化の動きと人民法廷での時に「杜撰な」審理の実態については、Ebd., S. 264–296.

(144) 「特別重罪裁判所」については、Ebd., S. 296–307.

(145) 以下のネンニの下での浄化政策については、Ebd., S. 314–324.

(146) Ebd., S. 324–329.

(147) ネンニの浄化政策の変化については、Ebd., S. 330–338.

(148) クアルンクィズモについては、Sandro Setta, L'Uomo qualunque 1944–1948, Editori Laterza, Roma-Bari 2005 (prima edizione 1975); Carlo Maria Lomartire, Il Qualunquista. Guglielo Giannini e l'antipolitica, Mondadori, Milano 2008.

(149) 浄化問題をめぐるパルリ内閣の政権危機について、Hans Woller, Die Abrechnung mit dem Fascismus in Italien 1943 bis 1948, S. 341–346. とくに自由党の動向について、Giovanni Orsina, "*Traslatio imperri*. La crisi del governo Parri e i liberali", in: 1945–1946. Le origini della repubblica, II: Questione istituzionale e costruzione del sistema politico democratico (a cura di Giancarlo Monina), Rubbettino, Soveria Mannelli 2007, pp. 201–256.

(150) Hans Woller, Die Abrechnung mit dem Fascismus in Italien 1943 bis 1948, S. 354.

(151) Ebd., S. 364–365.

(152) Ebd., S. 371.

(153) Ebd., S. 378.

(154) Ebd., S. 379–380.

(155) Ebd., S. 381.

(156) Mimmo Franzinelli, op. cit., p. 310; Guido Neppi Modona, "Togliatti guardasigilli", in: Aldo Agosti

(ed.), Togliatti e la fondazione dello stato democrazia, Franco Angeli, Milano 1986, pp. 307–308.

(157) 恩赦法の条文は，Mimmo Franzinelli, op. cit., pp. 313–316.

(158) Pietro Nenni, Tempo di guerra fredda. Diari 1943–1956 (a curi di Giuliana Nenni e Demenico Zucàro), Sugarco Edizioni, Milano 1981, p. 232.

(159) Mario Bracci, "Come Nacque L'Amnistia", *Il Ponti* 3 (1947), p. 1103.

(160) Mimmo Franzinelli, op. cit., p. 311.

(161) Philip Cooke, The Legacy of the Italian Resistance, Palgrave Macmillan, Basingstoke 2011, pp. 22–23.

(162) Hans Woller, Die Abrechnung mit dem Fascismus in Italien 1943 bis 1948, S. 384–385.

(163) Ebd., S. 402.

(164) Ebd., S. 387–388; Mario Bracci, op. cit., pp. 1105–1106.

(165) Hans Woller, Die Abrechnung mit dem Fascismus in Italien 1943 bis 1948, S. 388.

(166) Ebd., S. 392.

(167) Lucio D'Angelo, I socialisti e la defascistizzazione mancata, Franco Angeli, Milano 1997, p. 93.

(168) Mariuccia Salvati, "Amnistia e amnesia nell'Italia del 1946", in: Marcello Flores (ed.), Storia, verità, giustizia. I crimini del XX secolo, Bruno Mondadori, Milano 2001, p. 161.

(169) Indro Montanelli, Il buonuomo Mussolini, Edizioni Riunite, Milano 1947, pp. 6 and 9.

(170) Ibid., pp. 105–106.

(171) Hans Woller, Die Abrechnung mit dem Fascismus in Italien 1943 bis 1948, S. 372–374.

(172) Foibe（単数形はFoiba）は、元来は山岳地帯の岩の亀裂をさす言葉である。しかし、一九四三年の九月から一〇月にかけてイストリアで、また、一九四五年の五月から六月にかけてトリエステとゴリツィア周辺でユーゴスラヴィアのパルチザンによるイタリア人殺害が行われたことで、その殺害事件を示す言葉となった。殺害された死体がしばしばその亀裂の中に投げ込まれたためである。右派や極右にとってはナショナリズムの礎となる伝統的な「記憶の場」である一方、左翼にとっては、レジスタンス神話やそれを支えるパルチザン礼賛（あるいはパルチザンはファシストの犠牲者であるという信念）と矛盾するものとして、ほとんど関心の対象とはならなかった。しかし現在では学問研究の対象となっている。Raoul Pupo/Roberto Spazzali, Foibe, Bruno Mondadori, Milano 2003.

(173) Filippo Focardi, op. cit., pp. 149–150.

(174) Paolo Pezzino, op. cit., p. 403.

(175) Joachim Staron, Fosse Ardeatine und Marzabotto. Deutsche Kriegsverbrechen und *Resistenza*. Geschichte und nationale Mythenbildung in Deutschland und Italien（1944–1999）, Schöningh, Paderborn/München/Wien/Zürich 2002.

(176) Filippo Focardi, Criminali di guerra in libertà. Un accord segreto tra Italia e Germania federale, 1945–1955, Carocci editore, Roma 2008, pp. 38–40 and 114–115.

(177) Ibid., p. 79.

(178) Ibid., p. 110.

(179) 「恥辱の戸棚」については、Mimmo Franzinelli, Le stragi nascoste. L'armadio della vergogna: impunità e rimozione dei crimini di guerra nazifascisti 1943–2001, Oscar Mondadori, Milano 2002; Franco Gi-

ustolisi, L'armadio della vergogna, BEAT, Roma 2004.

(180) Filippo Focardi, Criminali di guerra in libertà, pp. 111–114.

(181) Anna Rossi-Doria, Memoria e storia: Il caso della deportazione, Rubbettino, Soveria Mannelli 1998, p. 60.

(182) Rebecca Clifford, op. cit., p. 81.

(183) Micro Dondi, "Division and Conflict in the Partisan Resistance", *Modern Italy* 12（2007), pp. 225–236.

(184) 体制側が反ファシズムの重要性を公的に強調するようになるのは、「左への解放」と社会党の政権入りが実現する一九六〇年代初頭の時期を待たなければならない。Rebecca Clifford, op. cit., p. 82.

(185) Paolo Pezzino, op. cit., p. 399.

(186) Giannni Oliva, L'Alibi della resistenza. Ovvero come abbiamo vinto la seconda guerra mondiale, Mondadori, Milano 2003, pp. 67–81.

(187) Ilaria Poggiolini, "Translating Memories of War and Co-belligerency into Politics: the Italian Post-war Experiences", in: Jan-Werner Müller（ed.), Memory and Power in Post-War Europe. Studies in the Presence of the Past, Cambridge University Press, Cambridge 2001, p. 232.

(188) Luisa Passerini, "Memories of Resistance, Resistance of Memory", in: Helmuth Peitsch/Charles Burdett/Clire Gorrara（eds.), European Memories of the Second World War, Berghahn Books, New York/Oxford 1999, pp. 288–296.

(189) Luca La Rovere, op. cit., p. 352.

(190) Pier Giorgio Zunino, La republica e il suo passato. Il fascismo dopo il fascismo, il communismo, la democrazia: le origini dell'Italia contemporanea, il Mulino, Bologna 2003, p. 215.

## 第2章　和平のための忘却

（1） ポルトガルの第二次世界大戦における中立については、Fernando Rosas, "Portuguese Neutrality in the Second World War", in: Neville Wylie（ed.), European Neutrals and Non-Belligerents during the Second World War, Cambridge University Press, Cambridge 2002, pp. 268–282.

（2） Rui Lopes, West Germany and the Portuguese Dictatorship, 1968–1974. Between Cold War and Colonialism, Palgrave Macmillan, Basingstoke 2014, pp. 3–6.

（3） スペインの第二次世界大戦における中立については、Elena Hernández-Sandoica/Enrique Moradiellos, "Spain and the Second World War, 1939–1945", in: Neville Wylie（ed.), op. cit., pp. 241–267.

（4） Josep María Tamarit Sumalla, Historical Memory and Criminal Justice in Spain: A Case of Late Transitional Justice, intersentia, Cambridge/Antwerp/Portland 2013, p. 139.

（5） David H. Close, "The Lagecy", in: David H. Close（ed), The Greek Civil War 1943–1950. Studies of Polarization, Routledge, London/New York 1993, p. 223.

（6） 内戦後のギリシア政治における「共産主義の脅威」という「敵の脅威」の言説が、体制や政策の正統化に果たした機能を、保守派と自由派の相違に配慮しながら詳述した研究として、Theodoros Lagaris, Innerer Feind, Nation und Demokratie. Zum Legitimationsprozeß in Griechenland nach dem Bürgerkrieg, Nomos Verlagsgesellschaft, Baden-Baden 2000.

（7） 内戦終結からクーデタまでに行われた選挙の実態については、Richard Clogg, Parties and Elections in Greece. The Search for Legitimacy, C. Hurst & Company, London 1987.

（8） David H. Close, op. cit., pp. 217 and 224.

（9） John S. Koliopoulos/Thanos M. Veremis, Modern Greece. A History since 1821, Wiley-Blackwell, Chichester 2010, p. 128.

（10） David H. Close, Greece since 1945. Politics, Economy and Society, Longman, Harlow 2002, p. 83.

（11） Mark Mazower, "The Cold War and the Appropriation of Memory: Greece after Liberation", *East European Politics and Societies* 9（1995), p. 273.

（12） Stefanos Katsikas, "Transitional Justice after the Collapse of Dictatorship in Greece（1974–2000)", in: Nico Wouters（ed.), Transitional Justice and Memory in Europe（1945–2013), intersentia, Cambridge/Antwerp/Portland 2014, p. 260.

（13） クーデタの首謀者パパドプロスはアメリカとギリシアの中央情報局の橋渡し役であり、彼を介してＣＩＡの一部には事前にクーデタ計画は既知であったとされるものの、このクーデタに対するアメリカの「関与」（どのレベルの人間が何をしたのか）についてはさまざまな説がある。Konstantina Maragkou, "The Foreign Factor and the Greek Colonel's Coming to Power on 21 April 1967", *Southeast European and Black Sea Studies* 6（2006), pp. 427–443. アメリカ政府は反立憲主義的なクーデタへの批判的姿勢を再三にわたり示しており、クーデタへの政府レベルでの直接的支援の証拠は確認されてはいない。しかしこのことは、アメリカ政府がクーデタに好都合な政治状況を生み出すことに何の関与もしなかったことまでも意味するものではない。

（14）　Juan L. Linz, "The Passing of Two Authoritarian Regimes and the Problems of Creating Democracies in the Middle 70s", in: David S. Landes（ed.）, Western Europe: The Trials of Partnership, Lexington Books, Lexington/Massachusetts/Toronto 1977, pp. 243–244.

（15）　スペインで「忘却の政治」が全面的に展開された最大の要因である内戦とその再燃の恐怖が、ポルトガルにはなかったことを指摘するものとして、Ibid., p. 240.

（16）　Omar G. Encarnación, "Justice in Time of Transition: Lessons from the Iberian Experience", *International Studies Quarterly* 56（2012）, pp. 179–192.

（17）　独裁体制内の改革勢力が原動力であったために体制間の断絶が弱かったスペインに対し、独裁体制の改革能力を見限った国家機構（軍部）が民主化を主導した結果、体制の断絶をともなう刷新がなされたポルトガルという対照性を強調するのは、Robert M. Fishman, "Rethinking State and Regime: Southern Europe's Transition to Democracy", *World Politics* 42（1990）, pp. 422–440.

（18）　ポルトガルの体制移行と旧独裁体制への対応については、一連の António Costa Pinto 論文が詳しく論じる。次の共同論文はその全体像をコンパクトにまとめていて有益である。Filipa Raimundo/António Costa Pinto, "From Ruptured Transition to Politics of Silence: The Case of Portugal", in: Nico Wouters（ed.）, op. cit., pp. 173–198.

（19）　António Costa Pinto, "Authoritarian Legacies, Transitional Justice and State Crisis in Portugal's Democratization", *Democratization* 13（2006）, p. 182.

（20）　Idem, "Political Purges and State Crisis in Portugal's Transition to Democracy, 1975–76", *Journal of Contemporary History* 43（2008）, p. 312.

(21) Ibid., p. 314.

(22) Idem, "Setting Accounts with the Past in a Troubled Transition to Democracy: The Case of Portugal", in: Alexandra Barahona De Brito/Carmen González Enríquez/Paloma Aguilar (eds.), The Politics of Memory. Transitional Justice in Democratizing Societies, Oxford University Press, Oxford 2001, p. 90.

(23) Idem, "Coping with the Double Legacy of Authoritarianism and Revolution in Portuguese Democracy", in: António Costa Pinto/Leonardo Morlino (eds.), Dealing with the Legacy of Authoritarianism. The "Politics of the Past" in Southern European Democracies, Routledge, London/New York 2011, p. 69.

(24) Ibid., p. 63.

(25) Filipa Raimundo, "Strategic Silence as a Third Way. Political Parties and Trantsitional Justice", *Democratization* 22 (2015), pp. 1054–1073.

(26) Filipa Raimundo/António Costa Pinto, op. cit., pp. 194–196.

(27) Stefanos Katsikas, op. cit., p. 282.

(28) Peter Siani-Davies/Stefanos Katsikas, "National Reconciliation after Civil War: The Case of Greece", *Journal of Peace Research* 46 (2009), p. 566.

(29) Ibid., pp. 566–568; Stefanos Katsikas, op. cit., p. 279.

(30) David H. Close, "The Road to Reconciliation? The Greek Civil War and the Politics of Memory in the 1980s", in: Philip Carabott/Thanasis D. Sfikas (eds.), The Greek Civil War. Essays on a Conflict of Exceptionalism and Silences, Ashgate, Aldershot 2004, p. 267.

（31） Hagen Fleischer, "Authoritarian Rule in Greece（1936–1974）and its Heritage", in: Jerzy W. Borejsza/Klaus Ziemer（eds.）, Totalitarian and Authoritarian Regimes in Europe. Legacies and Lessons from the Twentieth Century, Berghahn Books, New York/Oxford 2006, p. 254.

（32） Stathis N. Kalyvas, "Polarization in Greek Politics: PASOK's First Four Years, 1981–1985", *Journal of The Hellenic Diaspora* 23（1997）, pp. 98–99.

（33） David H. Close, "The Road to Reconciliation?", p. 277.

（34） Dimitri A. Sotiropoulos, "The Authoritarian Past and Contemporary Greek Democracy", in: António Costa Pinto/Leonardo Morlino（eds.）, op. cit., pp. 119–121.

（35） Stefanos Katsikas, op. cit., p. 281.

（36） Hagen Fleischer, op. cit., p. 246.

（37） Peter Siani-Davies/Stefanos Katsikas, op. cit., p. 571; David H. Close, "The Road to Reconciliation?", pp. 272–273; Stefanos Katsikas, op. cit., p. 281.

（38） David H. Close, "The Road to Reconciliation?", p. 275.

（39） Ibid., p. 277.

（40） Omar G. Encarnación, "Reconciliation after Democratization: Coping with the Past in Spain", *Political Science Quarterly* 123（2008）, p. 436.

（41） スペインの体制移行に関するさまざまな評価を瞥見しつつ、移行過程を概観したものとして、たとえば、Pere Ysàs, "La transición española en la democracia: Historia y mitos", in: Ma. Jesús Espuny Tomás/Olga Paz Torres（eds.）, 30 años de la ley de amnistía（1977–2007）, DYKINSON, Madrid 2009, pp. 19–40.

(42) Richard Gunther, "The Spanish Model Revisited", in: Gregorio Alonso/Diego Muro (eds.), The Politics and Memory of Democratic Transition. The Spanish Model, Routledge, New York/London 2011, pp. 17–40.

(43) Alicia Gil Gil, La justicia de transición en España. De la amnistía a la memoria histórica, Atelier, Barcelona 2009, p. 45.

(44) Omar G. Encarnación, Democracy without Justice in Spain. The Politics of Forgetting, University of Pennsylvania Press, Philadelphia 2014, p. 74.

(45) 「忘却の協定 Pacto de Olvido」の実態は、「忘却の協定 pact of oblivion」や「忘却の協定 pact of forgetting」（前者が絶対的な忘却を意味する）というよりは、「沈黙の協定 pact of silence」であるとの指摘は、Mary Vincent, "Breaking the Silence? Memory and Oblivion since the Spanish Civil War", in: Efrat Ben-Ze'ev/Ruth Ginio/Jay Winter (eds.), Shadow of War. A Social History of Silence in the Twentieth Century, Cambridge University Press, Cambridge 2010, pp. 47–50.

(46) Juan Antonio García Amado, "Usos de la historia y legitimidad constitucional", in: José Antonio Martín Pallín/Rafael Escudero Alday (eds.), Derecho y memoria histórica, Editorial Trotta, Madrid 2008, pp. 60–61.

(47) Santos Juliá, "Eschar al olvido: memoria y amnestía en la transicion a la democracia", in: Hoy no es ayer. Ensayos sobre la Espana del siglo XX, RBA Libros, Barcelona 2010, pp. 303–333.

(48) Andrew Rigby, "Amnesty and Amnesia in Spain", *Peace Review* 12 (2000), pp. 73–79.

(49) Michael Richards, After the Civil War: Making Memory and Re-Making Spain since 1936, Cam-

bridge University Press, Cambridge 2013, p. 296.

（50） Ibid., p. 85.

（51） この点で有名なのは、いうまでもなく一九六一年刊行の次の小説である。José María Gironella, Un millón de muertos, Planeta, Barcelona 2011.

（52） Michael Richards, op. cit., p. 129.

（53） Ibid., p. 190.

（54） Sergio Gálvez Biesca, “El proceso de la recuperación de la ‘memoria histórica’ en España: Una aproximación a los movimentos sociales por la memoria”, *International Journal of Iberian Studies* 19 (2006), p. 27.

（55） Michael Richards, “Between Memory and History: Social Relationships and Ways of Remembering the Spanish Civil War”, *International Journal of Iberian Studies* 19 (2006), pp. 91–92.

（56） Idem, After the Civil War, p. 263.

（57） Paloma Aguilar Fernández, Políticas de la memoria y memorias de la política, Alianza Editorial, Madrid 2008, pp. 254–283.

（58） Ibid., pp. 319–412.

（59） この恩赦法の詳細な逐条解説として、Hannah Rau, Strafrechtliche Vergangenheitsbewältigung am Beispiel Spanien, Peter Lang, Frankgurt am Main 2014, S. 232–273.

（60） Carme Molinero, “La ley de amnistía de 1977 : La reindicación antifranquista y su lectura treinta años despues”, in: Ma. Jesús Espuny Tomás/Olga Paz Torres (eds.), op. cit., pp. 44–45.

（61） この恩赦およびその評価についての記述が依拠するのは、Paloma Aguilar Fernández, Políticas de la memoria y memorias de la política, p. 289.

（62） Carme Molinero, op. cit., pp. 45–46.

（63） Paloma Aguilar, "The Spanish Amnesty Law of 1977 in Comparative Perspective. From a Law for Democracy to a Law for Impunity", in: Francesca Lessa/Leigh A. Payne (eds.), Amnesty in the Age of Human Rights Accountability. Comparative and Institutional Perspectives, Cambridge University Press, Cambridge 2012, p. 319.

（64） Omar G. Encarnación, Democracy without Justice in Spain, pp. 55–56.

（65） Ibid., pp. 61–64.

（66） Ibid., p. 66.

（67） Carsten Humlebaek, Spain (Inventing the Nation), Bloomsbury, London/New Delhi/New York/Sydney 2015, p. 160.

（68） 恩赦法第一条第一項は、次のように定める。「恩赦を受けるのは、a）結果がどのようなものであれ、一九七六年一二月一五日以前に実行され重罪および軽罪と特徴づけられる、政治的意図をもったすべての行動 b）政治的意図に加えて、公的な自由を再び確立し、あるいはスペイン国民の自立を再び要求するという動機が認められる、一九七六年一二月一五日から一九七七年六月一五日の間に行われた同種のすべての行動 c）人間の生命および五体満足を侵すような重大な暴力をともなわない限りにおいて、前記の文言で考慮されたものと性質および意図を同一にした、一九七七年一〇月六日までに行われたすべての行動」。

（69） 具体的な条項としては、いわゆる「終結点 punto final」条項、すなわち恩赦法第二条のe項（「治安に関わる機関、官僚、関係業者が犯したかもしれない重罪および軽罪」）とｆ項（「人々の諸権利の行使に対して治安に関わる官僚と関係者が犯した罪」）がそれに該当する。

（70） Carme Molinero, op. cit., pp. 47–48.

（71） 一九七七年恩赦法によるものを含め、その前後に講じられた労働恩赦や労働者の権利保障についての詳細な分析をした論文として、Francesc Pérez Amorós, “La amnistía syndical durante un trenio e la tansición politíca（1976–1978): Llibertat, amnistia i etatud d’Autonomia”, in: Ma. Jesús Espuny Tomás/Olga Paz Torres（eds.), op. cit., pp. 71–165.

（72） Carme Molinero, op. cit., p. 48.

（73） フランコ体制側の刑事免責については、すでに一九七六年の時点でスアレス首相が私的懇談の中で言及していた。Hannah Rau, a. a. O., S. 260.

（74） Carme Molinero, op. cit., p. 52.

（75） Francesc Pérez Amorós, op. cit., p. 147.

（76） Carme Molinero, op. cit., p. 50.

（77） Ibid., p. 49.

（78） Francesc Pérez Amorós, op. cit., p. 147.

（79） フランコ体制への反体制派が行った犯罪の免責を対象としているという理由を主張するＡＰは棄権し（反対票を投じなかった点に「国民的和解」を形成する圧力の強さがうかがわれる）、反対の一人は急進的なバスク議員であり、もう一人は社会主義者でありＵＭＤの創設メンバーであった。Paloma Aguilar Fernández, Políticas de la memoria y memorias de la política, pp. 294–295.

(80) Ibid., pp. 295–297.

(81) Paloma Aguilar, "Justice, Politics, and Memory in the Spanish Transition", in: Alexandra Barahona De Brito/Carmen Gonzalez Enriquez/Paloma Aguilar (eds.), op. cit., p. 103; Paloma Aguilar Fernández, Políticas de la memoria y memorias de la política, p. 297.

(82) Iosif Kovras, "Explaining Prolonged Silence in Transitional Justice: The Disappeared in Cyprus and Spain", *Comparative Political Studies* 46 (2012), p. 742.

(83) "Editorial: Amnisía al fin" (El País, 15. Oct. 1977).

(84) Alicia Gil Gil, op. cit., pp. 85–92.

(85) 恩赦法に対する道義的批判の一例として，Gregorio Morán, El precio de la transición, Ediciones Akal, Madrid 1991.

(86) Josep María Tamarit Sumalla, "Transition, Historical Memory and Criminal Justice in Spain", *Journal of Ineternational Criminal Justice* 9 (2011), p. 735; Alicia Gil Gil, op. cit., p. 113.

(87) Omar G. Encarnación, Democracy without Justice in Spain, p. 76–77.

(88) Sergio Gálvez Biesca, op. cit., p. 33.

(89) Francisco Espinosa, Contra el olvido. Historia y memoria de la guerra civil, Crítica, Barcelona 2006, p. 177.

(90) Carsten Humlebaek, "The 'Pacto de Olvido'", in: Gregorio Alonso/Diego Muro (eds.), op. cit., pp. 190–191.

(91) Helen Graham/Jo Labanyi, "Democracy and Europeanization: Continuity and Change 1975–1992",

in: Idem (eds.), Spanish Culture Studies. An Introduction, Oxford University Presss, Oxford 1995, p. 313.

(92) Omar G. Encarnación, Democracy without Justice in Spain, p. 81.

(93) Carsten Humlebaek, Spain (Inventing the Nation), p. 166.

(94) Omar G. Encarnación, Democracy without Justice in Spain, p. 81.

(95) 「戦没者の谷」とは内戦で死亡した兵士（実質的にはナショナリスト側の兵士）の慰霊のために一九四〇年から一九五八年にかけて建設がなされた施設であり、フランコ死後はその墓地となった。「戦没者の谷」に関しては単行本も含め多くの文献がある。建築史から政治史や社会史まで、また「戦没者の谷」の位置づけをめぐる政治的論争をも含めた多様な観点からバランスのとれた概観を行った論文として、Álex Bueno, "Valle de los Caídos: A Monument to Defy Time and Oblivion", in: Aurora G. Morcillo (ed.), Memory and Cultural History of the Spanish Civil War: Realms of Oblivion, BRILL, Leiden/Boston 2014, pp. 51–109.

(96) Omar G. Encarnación, Democracy without Justice in Spain, p. 82.

(97) Carsten Humlebaek, "The 'Pacto de Olvido'", p. 192.

(98) Omar G. Encarnación, Democracy without Justice in Spain, p. 88–89.

(99) Felipe González Márquez, "Europa: la frontera de nuestra ambición" (El País, 29. Ene. 1999).

(100) José M. Magone, "The Role of the EEC in the Spanish, Portuguese and Greek Transitions", in: Gregorio Alonso/Diego Muro (eds.), op. cit., p. 218.

(101) José Cazorla, "The Theory and Reality of the Authoritarian Regime, Thirty Years Later", in: Richard Gunther (ed.), Politics, Society, and Democracy. The Case of Spain, Westview Press, Boulder/San

Francisco/Oxford 1993, p. 85.

(102) Helen Graham, "The Spanish Civil War, 1936–2003: The Return of Republican Memory", *Science & Society* 68 (2004), p. 324.

(103) Jorge Benedicto, "Cultural Structures and Political Life: The Cultural Matrix of Democracy in Spain", *European Journal of Political Research* 43 (2004), p. 295.

(104) 内戦時における暴力はフランコ側の方が共和国側よりも激しかったという点について、Laia Balcells, "Rivalry and Revenge: Violence against Civilians in Conventional Civil Wars", *International Studies Quarterly* 54 (2010), pp. 291–313. より詳しくは、Santos Juliá (ed), Víctimas de la guerra civil, temas de Hoy, Barcelona 1999.

(105) Barry Jordan, "The Emergence of a Dissident Intelligentsia", in: Helen Graham/Jo Labanyi (eds.), op. cit., pp. 245–246.

(106) Elisa Chuliá, "Cultural Diversity and the Development of a Pre-democratic Civil Society in Spain", in: Nigel Townson (ed.), Spain Transformed. The late Franco Dictatorship, 1959–75, Palgrave Macmillan, Basingstoke 2010, p. 169. 小説ではゴイティソーロの初期作品、映画ではカルロス・サウラの映画などは、特定の人物の責任追及ではなく内戦の犠牲の大きさやその記憶の抑圧を主題とし、学問研究でもフランコ神話のイデオロギー暴露やスペインの経済的後進性に内戦の長期的原因を認める「犯人なし」の研究が続いた（その後、一九九〇年代には、第二共和制の再評価や内戦の原因として一九三六年七月の蜂起をより重視する研究が現れ、さらにナショナリスト側のより強い残虐性も指摘されるようになった）。Omar G. Encarnación, Democracy without Justice in Spain, pp. 115–116.

(107) 一九六〇年代末以降に体制から距離をとり始めながら、フランコの統治が続く限り体制との関係を断つことを決してしなかったカトリック教会は、漸進的民主化を受け入れつつ、しかし独裁の過去に目を向けることはなかった。Audrey Brassloff, Religion and Politics in Spain. The Spanish Church in Transition, 1962–96, Macmillan Press, London 1998.

(108) Rafael Valls, “The Spanish Civil War and the Franco Dictatorship: The Challenges of Representing a Conflictive Past in Secondary Schools”, in: Elizabeth A. Cole（ed.）, Teaching the Violent Past. History Education and Reconciliation, Rowman & Littlefield, Plymouth 2007, pp. 155–174. 歴史教育の本格的な変化は、ＰＳＯＥ政権の成立後の一九九〇年代初め以降であった。

(109) Omar G. Encarnación, Democracy without Justice in Spain, p. 126.

(110) David T. Gies, “Modern Spanish Culture: An Introduction”, in: Idem（ed.）, The Cambridge Companion to Modern Spanish Culture, Cambridge University Press, Cambridge 1999, p. 1; Jorge Benedicto, op. cit., p. 293.

(111) Omar G. Encarnación, Democracy without Justice in Spain, p. 131.

(112) Carolyn P. Boyd, “The Politics of History and Memory in Democratic Spain”, *Annals of the American Academy of Political and Social Science*, 617（May 2008）, pp. 133–148.

(113) Omar G. Encarnación, Democracy without Justice in Spain, p. 97.

(114) Vicenç Navarro, “Los costes de la desmemoria histórica”（El País, 16. Jun. 2001）.

(115) Alexander Wilde, “Irruptions of Memory: Expressive Politics in Chile’s Transition to Democracy”, *Journal of Latin American Studies* 31（1999）, pp. 473–500. 一九九八年一〇月のイギリスにおけるスペイン

司法当局によるピノチェト拘束は、スペインのみならず、世界各国の移行期正義問題に影響を与えた（Naomi Roht-Arriaza, The Pinochet Effect. Transitional Justice in the Age of Human Rights, University of Pennsylvania Press, Philadelphia 2005）。スペインでは、ARMH結成の後も、「記憶の回復」のためのさまざまな団体が生まれた。その活動の中心地域はマドリード、カタルーニャ、アンダルシアといった内戦期の共和派側の拠点であった（フランコ側の拠点あるいは内戦の激戦地ではその種の組織の活動は消極的であった）。さらに二一世紀に入ると、内戦やフランコ時代に関する文物が激増し（「過去の再政治化」）、作家Isaac Rosaによれば、「記憶の酒盛りempacho de memoria」とさえ評される状態が生じたという（Omar G. Encarnación, Democracy without Justice in Spain, pp. 149–150）。ただし、議論の焦点は誰に最終的責任があるのかというよりは、誰が最も苦しんだのか、記憶の回復はいかになすべきか、という点に移っていた。内戦に関する議論のパラダイムを決めたともいうべき重要な書物が、先にも挙げたSantos Juliá（ed.）, Víctimas de la guerra civil, temas de Hoy, Madrid 1999である。

（116） Pío Moa, Los mitos de la guerra civil, La Esfera de los Libros, Madrid 2003; Idem, La guerra civil española（1936–1939）. Un análisis crítico, Editorial Fajard el Bravo, Lorca（Murcia）2014. モアを中心とするスペインにおける「歴史修正主義」に関する検討として、Rob Stradling, "Moaist Revolution and the Spanish Civil War: 'Revisionist' History and Historical Politics", *English Historical Review* 122（2007）, pp. 442–457; Alberto Reig Tapia, Revisionismo y política. Pío Moa revisitado, Foca, Madrid 2008. モアの著作に冷淡なアカデミズムの中にあって、例外的に理解を示した研究者に、著名な国際的なスペイン史家のペインがいる。ただしペインは、モアの展開する個別の論点に賛意を示すという以上に（反対の点も数多くあるという）、モアの著作が「批判的で革新的で、現代スペインの歴史学界の中心的領域——形式ばかり重んずる

狭隘な研究論文と古びたステレオタイプとかねてより支配的となっているポリティカル・コレクトネスとの中でずいぶん前から硬直化している――に新風を吹き込む」ことを評価した。“Stanley Payne elogia la obra de Pío Moa”（La Esfera de los Libros, 04/07/2003), http://www.esferalibros.com/noticias/stanley-payne-elogia-la-obra-de-pio-moa/(accessed March 1, 2014).

(117) Carsten Humlebaek, “The “Pacto de Olvido””, p. 193. ただし与党側の意図は、それをもって過去をめぐる政治的論議に終止符を打ち、再び「忘却の政治」を行うことにあった。

(118) Carlos Closa, “Spain”, in: Lavinia Stan/Nadya Nedelsky（eds.), Encyclopedia of Transitional Justice, Vol. 2, Cambridge University Press, Cambridge 2013, pp. 460–465.

(119) 歴史記憶法に関する邦語文献として、飯島みどり「フランコと再び向き合うスペイン社会――「歴史的記憶の法」成立をめぐって」、『戦争責任研究』第五九号（二〇〇八年）、四一―四八ページ、加藤伸吾「スペイン「歴史記憶法」の成立過程（二〇〇四〜二〇〇八年）」、『外務省調査月報』二〇〇八年／第四号、一―二八ページ、黒田清彦「スペイン「歴史の記憶に関する法律」」、『南山法学』第三二巻（二〇〇八年）第一号、一五一―一六八ページ。

(120) Omar G. Encarnación, Democracy without Justice in Spain, p. 170.

(121) Ibid., pp. 171–172.

(122) Ibid., pp. 172–173.

(123) Ibid., pp. 176–177.

(124) Vincent Druliolle, “Recovering Historical Memory: A Struggle against Silence and Forgetting? The Politics of Victimhood in Spain”, *International Journal of Transitional Justice* 9（2015), pp. 316–335. 歴

史記憶法にも定められている内戦の無名共同墓地の発掘に関し、「死者の政治的人生 political lives of dead bodies」論（Katherine Verdery, The Political Lives of Dead Bodies. Reburial and Postsocialist Change, Columbia University Press, New York 1999）の概念を拡大してそれを多面的に考察することがフランコ体制の批判的検証となるとするのが、Francisco Ferrándiz, “Afterlives. A Social Autopsy of Mass Grave Exhumations in Spain”, in: Ofelia Ferrán/Lisa Hilbink（eds.), Legacies of Violence in Contemporary Spain: Exhuming the Past, Understanding the Present, Routledge, New York/London 2017, pp. 23–43. 内戦の犠牲者の発掘調査についてより詳しくは、Francisco Ferrándiz, El pasado bajo tierra. Exhumaciones contemporáneas de la Guerra Civil, Anthropos editorial, Barcelona 2014.

(125) Omar G. Encarnación, Democracy without Justice in Spain, pp. 179–180.

(126) Rafael Escudero Alday, “Knocking on the Spanish Parliament’s Door: The 2007 Law of Historical Memory and Its Aftermath”, in: Ofelia Ferrán/Lisa Hilbink（eds.), op. cit., pp. 178–181.

(127) Alicia Gil Gil, op. cit., pp. 100–114.

(128) Omar G. Encarnación, Democracy without Justice in Spain, pp. 178–179.

(129) Ibid., pp. 181–183.

(130) 一九七七年恩赦法は、いまなおスペイン民主主義の礎石であり続け、その安定を保障するものとして広く認知されていることを強調するのが、Paloma Aguilar/Clara Ramírez-Barat, “Amnesty and Reparations without Truth or Justice in Spain”, in: Nico Wouters（ed.), op. cit., p. 249.

(131) Omar G. Encarnación, Democracy without Justice in Spain, p. 185.

(132) 近年、フランコ体制下での加害者側の暴力に関する証言が記録されるようになり、それは「忘却の協定」

が破られた一事例とみなすことができる。しかし、そのような動きが出始めると、とくに司法機関を中心に反動の動きが出て、結局、「忘却の協定」に大きな変化が生ずることなく終わり、「忘却の政治」が存続する。Paloma Aguilar/Leigh A. Payne, “Unsetttling Bones, Unsettling Acounts: Spanish Perpetrators’ Confessions to Violence”, in: Ofelia Ferrán/Lisa Hilbink（eds.）, op. cit., pp. 148–178; Paloma Aguilar/Leigh A. Payne, Revealing New Truths about Spain’s Violent Past. Perpetrator’s Confessions and Victim Exhumations, Palgrave Macmillan, Basingstoke 2016.

## 第3章　いかに共産主義の過去に対処するのか

（1）　Hilary Appel, “Anti-Communist Justice and Founding the Post-Communist Order: Lustration and Restitution in Central Europe”, *East European Politics and Societies*, 19（2005）, pp. 379–383.

（2）　ヴェリコニャは、共産主義の過去への対処として四つの「戦略」を挙げる。第一は、告発（反ノスタルジア）であり、その内容はほぼ移行期正義の追求に等しい。第二は、一九八九年以前の出来事に関しては沈黙し、すべてはそれ以後に生じたかのようにみなす「忘却」である。第三は、共産主義はソ連あるいは一部の共産主義者が暴力によって強制したものといった、歴史の再解釈を行う「歴史修正主義」である。そして第四は、共産主義期を無批判に賛美や憧憬の対象とする「ノスタルジア」である。Mitja Velikojna, “Lost in Transition. Nostalgia for Socialism in Post-socialist Countries”, *East European Politics and Societies* 23（2009）, p. 537.

（3）　Christoph Reinprecht, Nostalgie und Amnesie. Bewertungen von Vergangenheit in der tschechischen Republik und Ungarn, Verlag für Gesellschaftskritik, Wien 1996, S. 15.

（4） Timothy Garton Ash, “The Truth about Dictatorship”, *The New York Review of Books* （February 19, 1998）, pp. 35–40.

（5） Adam Michnik/Václav Havel, “Justice or Revenge?”, *Journal of Democracy* 4 （1993）, pp. 20–27.

（6） Alexandru Gussi, “On the Relationship between Politics of Memory and the State's Rapport with the Communist Past”, in: Vladimir Tismaneanu/Bogdan G. Iacob （eds.）, Remembrance, History, and Justice. Coming to Terms with Traumatic Pasts in Democratic Societies, Central European University Press, Budapest/New York 2015, pp. 134–135.

（7） Dominik Bartmanski, “Successful Icons of Failed Time: Rethinking Post-Communist Nostalgia”, *Acta Sociologica* 54 （2011）, p. 221.

（8） Svetlana Boym, The Future of Nostalgia, Basic Books, New York 2001, pp. 49–55.

（9） 共産主義体制へのノスタルジアがその「過去の忘却」に支えられているとの指摘は、Christoph Reinprecht, a. a. O., S. 15.

（10） Svetlana Boym, op. cit., pp. 41–48.

（11） Michal Kopeček, “In Search of “National History”. The Politics of History, Nostalgia and the Historiography of Communism in the Czech Republic and East Central Europe”, in: Michal Kopeček （ed.）, Past in the Making. Historical Revisionism in Central Europe after 1989, Central European University Press, Budapest/New York 2008, pp. 76–78.

（12） たとえば、一九九一年一〇月に浄化法を他の旧東欧諸国よりもいち早く成立させたチェコスロヴァキアの連邦議会は、その二ヵ月後に共産主義とファシズムの支持者を一年から五年の懲役刑に処する法律を可決した。

しかし翌年、憲法裁判所は、共産党は民主的かつ合法的に活動していることを理由に同法を覆した。ティナ・ローゼンバーグ（平野和子訳）『過去と闘う国々　共産主義のトラウマをどう生きるか』（新曜社、一九九九年）、一六一ページ。この共産党禁止の撤回は第二次世界大戦後の西ドイツにおけるナチズム政党の禁止と明確な対照をなす。

（13）　Carmen González Enríquez, "De-communization and Political Justice in Central and Eastern Europe", in: Alexandra Barahona de Brito/Carmen González Enríquez/Paloma Aguilar（eds.), The Politics of Memory. Transitional Justice in Democratizing Societies, Oxford University Press, Oxford 2001, pp. 219–220.

（14）　Ibid., p. 220; Stephen Holmes, "The End of Decommunization", *East European Constitutional Review* 33（1994), p. 35.

（15）　Ibid.

（16）　Carmen González Enríquez, op. cit., p. 221.

（17）　Michele Battini, The Missing Italian Nuremberg. Cultural Amnesia and Postwar Politics, Palgrave Macmillan, New York 2007, p. 5.

（18）　旧東欧諸国における移行期正義問題に関しては数多くの論文がある。その中で、比較的に新しい概観的論文として、Peter Rožič/Brian Grodsk, "Transitional Justice in Central and Eastern Europe", in: Sharon L. Wolchik/Jane Leftwich Curry（eds.), Central and East European Politics. From Communism to Democracy（third edition), Rowman & Littlefield, Lanham/Boulder/New York/London 2015, pp. 169–187. 研究論文集としては、Lavinia Stan（ed.), Transitional Justice in Eastern Europe and the Former Soviet

Union. Reckoning with the Communist Past, Routledge, London 2009; Lavinia Stan/Nadya Nedelsky (eds.), Post-Communist Transitional Justice. Lessons from Twenty-Five Years of Experience, Cambridge University Press, Cambridge 2015. また、次の論文集は旧東欧のみを対象にしているわけではないものの、同地域における各国の移行期正義に関する有益な論文を多く収める。Nico Wouters (ed.), Transitional Justice and Memory in Europe (1945–2013), intersentia, Cambridge/Antwerp/Portland 2014; Agata Fijalkowski/Raluca Grosescu (eds.), Transitional Criminal Justice in Post-Dictatorial and Post-Conflict Societies, intersentia, Cambridge/Antwerp/Portland 2015. なお、次の移行期正義の百科事典には、旧東欧諸国の各国別説明がある。Lavinia Stan/Nadya Nedelsky (eds.), Encyclopedia of Transitional Justice, Cambridge University Press, Cambridge 2013.

(19) Lavinia Stan, “Conclusion. Explaining Country Differences”, in: Lavinia Stan (ed.), op. cit., p. 261.

(20) Stefan Troebst, “Halecki Revisited. Europe’s Conflicting Cultures of Remembrance”, in: Małgorzata Pakier/Bo Stråth (eds.), A European Memory? Contested Histories and Politics of Remembrance, Berghahn Books, New York/Oxford 2010, p. 58.

(21) 以下の記述が依拠するのは、Herman Schwartz, “Lustration in Eastern Europe”, in: Neil J. Kritz (ed.), Transitional Justice. How Emerging Democracies Reckon with Former Regimes, Vol. 1: General Considerations, United States Institute of Peace Press, Washington D. C. 1995, pp. 464–465; Cynthia M. Horne, “Assessing the Impact of Lustration on Trust in Public Institutions and National Government in Central and Eastern Europe”, *Comparative Political Studies* 45 (2012), pp. 414–415; Idem, “The Impact of Lustration on Democratization in Postcommunist Countries”, *The International Journal of*

*Transitional Justice* 8 (2014), p. 7.

(22) ポーランドにおける移行期正義については、Andrzej S. Walicki, "Transitional Justice and the Political Struggles of Post-Communist Poland", in: A. James McAdams (ed.), Transitional Justice and the Rule of Law in New Democracies, University of Notre Dame Press, Notre Dame/London 1997, pp. 185–237; Magdalena Zolkos, "The Conceptional Nexus of Human Rights and Democracy in the Polish Lustration Debates 1989–1997", *Journal of Communist Studies and Transition Politics* 22 (2006), pp. 228–248; Jack Bielasiak, "The Paradox of Solidarity's Legacy: Contested Values in Poland's Transitional Justice", *Nationalities Papers* 38 (2010), pp 41–58; Lavinia Stan, "Poland", in: Lavinia Stan (ed.), op. cit., pp. 76–101; Aleks Szczerbiak, "Explainning Late Lustration Programs: Lessons from the Polish Case", in: Lavinia Stan/Nadya Nedelsky (eds.), Post-Communist Transitional Justice, pp. 51–70; Idem, "Deepening Democratization? Exploring the Declared Motives for "Late" Lustration in Poland", *East European Politics* 32 (2016), pp. 426–445.

(23) Aleks Szczerbiak, "Explaning Late Lustration Programs", p. 54.

(24) Ibid., p. 55.

(25) Ibid., pp. 55–56.

(26) Idem, "Deepening Democratization?", p. 430.

(27) Idem, "Explaning Late Lustration Programs", pp. 57–58.

(28) Idem, "Deepening Democratization?", p. 430.

(29) Idem, "Explaning Late Lustration Programs", pp. 58–59.

(30) Idem, “Deepening Democratization?”, p. 432.

(31) Idem, “Explaning Late Lustration Programs”, p. 67.

(32) チェコ共和国における移行期正義については，Roman David, “Lustration Laws in Action: The Motives and Evaluation of Lustration Policy in the Czech Republic and Poland (1989–2001)”, *Law and Social Inquiry* 28 (2003), pp. 386–439; Roman David/Susanne Choi Yuk Ping, “Victims on Transitional Justice: Lessons from the Reparation of Human Rights Abuses in the Czech Republic”, *Human Rights Quarterly* 27 (2005), pp. 392–435; Nadya Nedelsky, “Czechoslovakia, and the Czech and Slovak Republics”, in: Lavinia Stan (ed.), op. cit., pp. 37–75; Roman David, Lustration and Transitional Justice. Personnel Systems in the Czech Republic, Hungary, and Poland, University of Pennsylvania Press, Philadelphia 2011; Idem, “Twenty Years of Transitional Justice in the Czech Lands”, *Europe-Asia Studies* 64 (2012), pp. 761–784; Susanne Choi Yuk Ping/Roman David, “Lustration Systems and Trust: Evidence from Experiments in the Czech Republic, Hungary, and Poland”, *American Journal of Sociology* 117 (2012), pp. 1172–1201; Roman David, “Transitional Justice Effects in the Czech Republic”, in: Lavinia Stan/Nadya Nedelsky (eds.), Post-Communist Transitional Justice, pp. 97–120.

(33) Roman David, “Transitional Justice Effects in the Czech Republic”, p. 97.

(34) Ibid., p. 100.

(35) Roman David/Susanne Choi Yuk Ping, “Victims on Transitional Justice”, pp. 430–431.

(36) Roman David, Lustration and Transitional Justice, pp. 70–77 and 196–198.

(37) Roman David/Susanne Choi Yuk Ping, “Victims on Transitional Justice”, pp. 427–428.

（38） Roman David, “Transitional Justice Effects in the Czech Republic”, pp. 108–109.

（39） Roman David/Susanne Choi Yuk Ping, “Victims on Transitional Justice”, pp. 401–402.

（40） Roman David, Lustration and Transitional Justice, pp. 71–72.

（41） ルーマニアにおける移行期正義については、Cynthia M. Horne, “Late Lustration Programmes in Romania and Poland: Supporting or Undermining Democratic Transitions?”, *Democratization* 16（2009）, pp. 344–376; Lavinia Stan, “Romania”, in: Lavinia Stan（ed.）, op. cit., pp. 128–151; Lavinia Stan, Transitional Justice in Post-Communist Romania. The Politics of Memory, Cambridge University Press, Cambridge 2013; Lavinia Stan, “Reckoning with the Communist Past in Romania: A Scorecard”, *Europe-Asia Studies* 65（2013）, pp. 127–146.

（42） Lavinia Stan, “Romania”, in: Lavinia Stan（ed.）, op. cit., pp. 146–147.

（43） ルーマニアの移行期正義研究の第一人者であるスタンは、この二点を移行期正義の後進国ルーマニアにあって、他の旧東欧諸国に先んじた点であると評価する。Lavinia Stan, Transitional Justice in Post-Communist Romania, pp. 203–204, 231–232 and 254.

（44） Lavinia Stan, “Romania”, in: Lavinia Stan/Nadya Nedelsky（eds.）, Encyclopedia of Transitional Justice, p. 399.

（45） Lavinia Stan, “Reckoning with the Communist Past in Romania: A Scorecard”, p. 128.

（46） Ibid., p. 129.

（47） Ibid., p. 130.

（48） Lavinia Stan, “Romania”, in: Lavinia Stan/Nadya Nedelsky（eds.）, Encyclopedia of Transitional

Justice, p. 402.

(49) Lavinia Stan, "Romania", in: Lavinia Stan (ed.), op. cit., pp. 132–134.

(50) Cynthia M. Horne, op. cit., p. 362.

(51) Lavinia Stan, "Romania", in: Lavinia Stan/Nadya Nedelsky (eds.), Encyclopedia of Transitional Justice, p. 401.

(52) Lavinia Stan, "Reckoning with the Communist Past in Romania: A Scorecard", p. 136.

(53) Simon Geissbühler (eds.), Romania and the Holocaust. Events — Contexts — Aftermath, ibidem-Verlag, Stuttgart 2016.

(54) Lavinia Stan, Transitional Justice in Post-Communist Romania, p. 30.

(55) Monica Ciobanu, "The Challenge of Competing Pasts", in: Lavinia Stan/Nadya Nedelsky (eds.), Post-Communist Transitional Justice: Lesson from 25 Years of Experience, p. 152.

(56) Ibid., pp. 152–153.

(57) Ibid., p. 153.

(58) 以下の二つの調査委員会については，Ibid., pp. 156–159.

(59) Ibid., p. 160.

(60) Ibid., pp. 163–164.

(61) Aida Hadzić, "It Happened Elsewhere: Remembering 1989 in the Former Yugoslavia", in: Michael Bernhard/Jan Kubik (eds.), Twenty Years After Communism: The Politics of Memory and Commemoration, Oxford University Press, Oxford 2014, p. 233.

（62） Ibid., p. 234.

（63） Dubravka Ugresic, “The Confiscation of Memory”, *New Left Review* 218 (July/August 1996), pp. 26–39.

（64） Aida Hadzić, op. cit., p. 234.

（65） Jelena Subotic, “The Mythologizing of Communist Violence”, in: Lavinia Stan/Nadya Nedelsky (eds.), Post-Communist Transitional Justice, p. 190.

（66） Ibid., p. 191.

（67） Ibid., pp. 191–192.

（68） Ibid., pp. 193–194.

（69） Ibid., p. 194.

（70） Ibid., p. 193.

（71） Ibid., p. 194.

（72） Pål Kolstø, “Bleiburg: The Creation of a National Martyrology”, *Europe-Asia Studies* 62 (2010), p. 1154.

（73） Jelena Subotic, op. cit., p. 195.

（74） Jovana Mihajlović Trbovc/Tamara Pavasović Trošt, “Who Were the Antifascists? Divergent Interpretations of WWII in Contemporary Post-Yugoslav History Textbooks”, in: Christian Karner/Bram Mertens (eds.), The Use and Abuse of Memory. Interpreting World War II in Contemporary European Politics, Transaction Publishers, New Brunswick/London 2013, pp. 173–191.

(75) Jelena Subotic, op. cit., p. 196.

(76) Ljiljana Radonic, "Croatia — Exhibiting Memory and History at the "Shores of Europe"", *Culture Unbound* 3 (2011), pp. 355–367. 統合ヨーロッパのアイデンティティーの創出の必要性を背景に、ナチス・ドイツによるホロコーストの記憶をヨーロッパ全体が負の歴史として共有しようとする試みを「ホロコーストのヨーロッパ化」あるいは「ホロコーストの普遍化」という。アメリカのホロコースト博物館を一つのモデルとし、各国にホロコースト博物館が開設されたのはそうした動きの一環である。「ホロコーストのヨーロッパ化」は、民主主義国家からなるヨーロッパ連合の構成国としての資格要件として機能する一方、ファシズムによる共産主義の犯罪の相対化やユダヤ人以外の犠牲者の軽視などの「過去の忘却」をもたらすこともある。Jens Kroh, Transnationale Erinnerung. Der Holocaust im Fokus geschichtspolitischer Initiativen, Campus Verlag, Frankfurt/New York 2006; Jan Eckel/Claudia Moisel (Hrsg.), Universalisierung des Holocaust? Erinnerungskultur und Geschichtspolitik in internationaler Perspektive, Wallstein Verlag, Göttingen 2008.

(77) Jelena Subotic, op. cit., p. 196.

(78) Ljiljana Radonic, op. cit., p. 365.

(79) Jelena Subotic, op. cit., p. 200.

(80) セルビアの「犠牲者神話」については、Sabrina P. Ramet, "The Denial Syndrome and Its Consequences: Serbian Political Culture since 2000", *Communist and Post-Communist Studies* 40 (2007), pp. 41–58; Jelena Subotić, "Stories States Tell: Identity, Narrative, and Human Rights in the Balkanns", *Slavic Review* 72 (2013), pp. 306–326.

（81） Sabrina P. Ramet, op. cit., p. 43.

（82） Jelena Subotic, “The Mythologizing of Communist Violence”, p. 200.

（83） Ibid., p. 201.

（84） Ibid., pp. 201–202.

（85） Sabrina P. Ramet, op. cit., pp. 47 and 49.

（86） Jelena Subotic, “The Mythologizing of Communist Violence”, p. 204.

（87） Muriel Blaive, “The Memory of Holocaust and of Communist Repression in a Comparative Perspective: The Case of Hungary, Poland and Czechoslovakia/the Czech Republic”, in: Muriel Blaive/Christian Gerbel/Thomas Lindenberger (eds.), Clashes in European Memory. The Case of Communist Repression and the Holocaust, StudienVerlag, Innsbruck/Wien/Bozen 2011, p. 159.

（88） チェコにおける共産主義体制の記憶の概観としては，Michal Kopeček, „Von der Geschichtspolitik zur Erinnerung als politischer Sprache. Der tschechische Umgang mit der kommunistischen Vergangenheit nach 1989“, in: Étienne François/Kornelia Konczal/Robert Traba/Stefan Troebst (Hrsg.), Geschichtspolitik in Europa seit 1989. Deutschland, Frankreich und Polen im internationalen Vergleich, Wallstein Verlag, Göttingen 2013.

（89） Muriel Blaive, „Einige Etappen der Bewältigung der kommunistischen Vergangenheit seit 1989 in der Republik Tschechien“, in: Dorota Dakowska/Agnès Bensoussan/Nicola Beaupré (Hrsg.), Die Überlieferung der Diktaturen. Beiträge zum Umgang mit Archiven der Geheimpolizei in Polen und Deutschland nach 1989, Klartext Verlag, Essen 2004, S. 111–126.

(90) 森下嘉之「全体主義体制研究所と秘密警察文書」、『ロシア・ユーラシアの経済と社会』（二〇一六年六月号）、一〇―一三ページ。

(91) Muriel Blaive/Nicolas Maslowski, "The World of the Two Václavs. European-Minded vs. National(ist) Intellectuals in Czechia", in: Justine Lacroix/Kalypso Nicolaïdis (eds.), European Stories. Intellectual Debates on Europe in National Contexts, Oxford University Press, Oxford 2010, pp. 257–274.

(92) Livia Rothkirchen, The Jews of Bohemia and Moravia. Facing the Holocaust, University of Nebraska Press, Lincoln 2005.

(93) Alena Heitlinger, In the Shadows of the Holocaust and Communism. Czech and Slovak Jews since 1945, Transaction Publishers, New Brunswick 2006.

(94) Kevin McDermott, "A "Polyphony of Voices"? Czech Popular Opinion and the Slánský Affair", *Slavic Review* 67 (2008), pp. 840–865.

(95) Muriel Blaive, "The Memory of Holocaust and of Communist Repression in a Comparative Perspective", p. 162.

(96) Ibid., p. 160.

(97) 吉岡潤「国民記憶院――記憶の「国有化」とその政治資源化」、『ロシア・ユーラシアの経済と社会』（二〇一六年六月号）、一七―二二ページ。

(98) Cressida Trew, "Poland and Holocaust History", *History Review*, No. 35 (December 1999), pp. 25–28.

(99) Joanna Beata Michlic, Poland's Threatening Other. The Image of the Jew from 1880 to the Present, University of Nebraska Press, Lincoln/London 2006.

(100) Muriel Blaive, "The Memory of Holocaust and of Communist Repression in a Comparative Perspective", pp. 160–161.

(101) ヤン・トマス・グロス（染谷徹訳）『アウシュヴィッツ後の反ユダヤ主義─ポーランドにおける虐殺事件を糾明する』（白水社、二〇〇八年）、解良澄雄「ホロコーストと「普通の」ポーランド人、一九四一年七月イェドヴァブネ・ユダヤ人虐殺事件をめぐる現代ポーランドの論争」、『現代史研究』五七（二〇一一年）、六九─八五ページ。

(102) ハンガリーにおける共産主義体制の記憶およびその崩壊後の移行期正義問題に関しては、Gábor Halmai/Kim Lane, "Living Well Is the Best Revenge: The Hungarian Approach to Judging the Past", in: A. James McAdams (ed.), op. cit., pp. 155–184; Kenneth E. Foote/Attila Tóth/Anett Árvay, "Hungary after 1989: Inscribing a New Past on Place", *The Geographical Review* 90 (2000), pp. 301–334; Lavinia Stan, "Hungary", in: Lavinia Stan (ed.), op. cit., pp. 102–127.

(103) 姉川雄大「「テロルの館」とホロコースト記念センター──全体主義犯罪とホロコースト」、『ロシア・ユーラシアの経済と社会』（二〇一六年六月号）、二一─二五ページ。

(104) Muriel Blaive, "The Memory of Holocaust and of Communist Repression in a Comparative Perspective", p. 166.

(105) Randolph L. Braham, The Politics of Genocide. The Holocaust in Hungary, East European Monographs, Boulder/New York 1994; 2016 (3. rev. upd. edtion); Randolph L. Braham/András Kovács (eds.), The Holocaust in Hungary. Seventy Years Later, Central European University Press, Budapest/New York 2016.

(106) Randolph L. Braham, "The Assault on Historical Memory: Hungarian Nationalists and the Holocaust", *East European Quarterly* 33 (2000), pp. 411–425.

(107) Krisztián Ungváry, „Der Umgang mit der kommunistischen Vergangenheit in der heutigen ungarischen Erinnerungskultur", in: Bernd Faulenbach-Franzß/Josef Jelich (Hrsg.), „Transformationen" der Erinnerungskulturen in Europa nach 1989, Klatext Verlag, Essen 2006, S. 201–220.

(108) Muriel Blaive, "The Memory of Holocaust and of Communist Repression in a Comparative Perspective", p. 168.

(109) ホロコースト否定論に関する数多い論文の中の代表作は、Michael Shafir, "Between Denial and "Comparative Trivilization": Holocaust Negationism in Post-Communist East Central Europe", in: Randolph L. Braham (ed.), The Treatment of the Holocaust in Hungary and Romania during the Post-Communist Era, Columbia University Press, New York 2004, pp. 43–136. 以下の「ホロコースト否定」に関する記述は、基本的にこの論文によっている。

(110) シャファイアは、この「集団的忘却」の概念を、第二次世界大戦期のスロヴァキアのナチスによるホロコーストへの協力やユダヤ人の犠牲者が、戦後の共産主義体制下では等閑視されたことについて指摘した以下の文献から取り出した。Shari J. Cohen, Politics without a Past. The Absence of History in Postcommunist Nationalism, Duke University Press, Durham/London 1999, pp. 85–117 (Ch. 5: Organized Forgetting: Elites with no History).

(111) この類型論も、前掲のシャファイア論文による。

(112) John-Paul Himka/Joanna Beata Michlic (eds.), Bringing the Dark Past to Light. The Perception

of the Holocaust in Postcommunist Europe, University of Nebraska Press, Lincoln/London 2013, pp. 6–9.

## おわりに

（1） Karl Dietrich Bracher, „Kritische Betrachtungen zum Faschismusbegriff“, in: Ders., Zeitgeschichtliche Kontroversen. Um Faschismus, Totalitarismus, Demokratie, P. Piper, München 1976, S. 31–32.

（2） 国民や個人の政治的成熟、とくに政治的な思考や政治を見る目の成熟については、いうまでもなく、丸山眞男「政治的判断」、『丸山眞男集』第七巻（一九九六年、岩波書店）、三〇五―三四五ページ。

# あとがき

世界のメディアは、この間、アメリカのことばかりを報道してきましたが、この作品にはアメリカへの直接的な言及は一切ありません、というインタビュアーからの指摘に対し、「愛の世紀」（二〇〇一年）から三年ぶりの作品「アワーミュージック」（二〇〇四年）を発表したゴダールは、アメリカにわざわざ言及する必要はないのです、彼らは常にどこにでも存在しているのですから、と答える。アメリカは映画の「属州総督」として機能しています。古代に、ガリアやゲルマン民族をカエサルが派遣した属州総督が統治していたように。そしてゴダールは、ロレンス・ダレルの『カエサルの巨大な影』という本をご存知ですかと聞き返し、この本のタイトルが示しているように、どのような方法で、そしてどこで撮影しようとも、われわれはカエサル＝アメリカの影の下にいるのです、と言う。ゴダールが口にしたダレルの本は、彼の死の直前に出版された、Lawrence Durrell, *Caesar's Vast Ghost. Aspects of Provence*（1990）という、南仏プロヴァンスをめぐる詩文集である。

第二次世界大戦後のヨーロッパは「カエサルの巨大な影」の下にあったのではないか。ここでいうカエサルとは、紀元前一世紀のローマ内戦の勝利を経て、終身独裁官となった軍人と政治家としてのカエサルである。つまり内戦と独裁の比喩としてのカエサル（Maria Wyke（ed.）, *Julius Caesar in Western Culture*（2006）; Maria Wyke, *Caesar in the USA*（2012））。

二〇世紀前半にヨーロッパ各国が経験した内戦や独裁は、第二次世界大戦後のヨーロッパにさまざまな、そしてきわめて大きな影響を残した。戦後ヨーロッパは文字通り「カエサルの巨大な影」の下にあった。

本書があつかったのは、「カエサルの巨大な影」の下におかれた戦後ヨーロッパが、その前に立ちはだかった内戦と独裁の過去にいかに対応したのか、という問題である。そしてその問題を分析するにあたって「忘却」という現象に注目した。本来はドイツ政治史の専門家である著者が、蛮勇はおろか暴挙という言葉さえ頭にちらつきながら広くヨーロッパ各国の事例にふれたのは、ひとえにこの「忘却」という現象についての理解を、戦後ヨーロッパ政治史にそくしてできるだけ具体的に深めたいという欲求に根差している、ということはここに書き記しておきたい。そして本書にはドイツに関する記述が少ない。しかし、先のゴダールの顰に倣っていえば、ドイツへの直接的な言及がいかに少なかろうとも、戦後ヨーロッパのどこにでもドイツ、とくにナチス時代のドイツの巨大な影があったというのが、本書を書き終えての著者の実感である。

「忘却」をめぐる議論に関しては、ここで付け加えることは何もない。ただし本書を準備する中で、常に頭のどこかにあった言葉のいくつかを掲げておく。

「歴史」は人が欲することを正当化する。

ポール・ヴァレリー

記憶のむごい仕打ちによって、忘却の淵へ追い払ったものが心によみがえる。

ナギーブ・マフフーズ

当時のドイツにおけるほど、知りたくないことを忘れる人間の能力、眼前のものを見ずにすます能力が端的に確かめられた例は稀有であったろう。人々は、当初まずは衝撃のあまり、あたかもなにごともなかったようにふるまうことに決めたのだ。

W・G・ゼーバルト『空襲と文学』

「……そして、すべての危険のうち、記憶の危険はもっとも恐るべきもののひとつであることを、わざわざ君に教えてやる必要もあるまい、君はすべてを憶えている、あまりにも憶えすぎているのだからね?」オルシュヴィールは手にした**報告書**で、僕の胸を二度ついた。僕を遠ざけるためか、板に釘を打つように、一つの考えを僕に打ちこむためか。

「忘れるときなのだ、ブロデック。人間には忘れることが必要なのだよ」

最後にそう言うと、オルシュヴィールはとてもゆっくりと**報告書**をストーブの中に押しこんだ。たちまち、きっちり束ねられていた紙は、苦しみもだえる見知らぬ巨大な花の花びらのように一枚一枚開き、捻れ、白熱し、黒ずみ、やがて灰色になり、一枚ずつ折り重なるように崩れ、その細かな断片は熱い塵となり、最後には炎に吸いこまれていった。

「このとおりだ」とオルシュヴィールは僕の耳の穴に息を吹きこんだ。「もう何も残っていない、まったく何も。よけいに辛くなったか?」

「紙は燃やせても、この頭のなかにあるものまで燃やしたわけではない!」

「そのとおりだ、あれは紙でしかないが、その紙の上に書いてあったものこそ、村が忘れたがっているものだし、きっと忘れてしまうだろう。みんながみんな、君のようではないのだよ、ブロデック」

フィリップ・クローデル『ブロデックの報告書』

本書を作るに際してお世話になったのは、東京大学出版会の斉藤美潮さんである。前著に引き続き、編集を担当してくださったことに対して感謝の言葉を申し上げる。

また、些細なことに拘泥し、いやなことがなかなか頭から離れない著者を、常日頃、そんなことをくよくよ考えて何になるのよと叱咤しつつ、「忘却が最も苦手な人が忘却について書いているのね」と笑っていた家族にも感謝の言葉を伝える。

そして、その存在がなければことによるとこの本は書かれなかったかもしれないという方に感謝の言葉を捧げる。本書は、著者を東京大学法学部の助手に採用し研究者としてのスタートを切らせてくださった馬場康雄先生(東京大学名誉教授)の退職を記念する際に、自分に何ができるのかを模索する中で執筆を決断したものである。退職からは随分と年月が経ち、先生が古希を迎えた年に刊行となった。先生に対し、研究者として、不完全なものであることを重々承知のうえで、研究成果の公刊をもって感謝の意を伝えられることの幸運と幸福を思う。

本書はもう一人の先生を想いながら執筆された。二〇一〇年に急逝された故高橋進先生である。先生が亡くなられてからもかなりの歳月が過ぎ去った。しかし、最後に先生とお話しした際に明示されたヨーロッパ政治史研究において著者がなすべき大きな課題を忘れたことはない。それは著者の今後の研究者人生の中で、必ずや実現しなければならないものと考えている。

現在、この本の著者は、ドイツ連邦共和国のベルリンにおいて在外研究に従事している。

二〇一八年二月に開催された第六八回ベルリン国際映画祭では、本書でも詳しく論じた一九七七年のスペイン恩赦法に関するドキュメンタリーフィルム「他者の沈黙」（二〇一八）が上映され、恩赦法可決時のスペイン議会の様子を初めて目にすることができた（恩赦法成立から四〇年が経過してその存在を全く知らない国民も増え、「忘却の政治」そのものが忘却されつつあることも知った）。本書を書くきっかけの一つがこのスペインの恩赦法への関心であり、その本のあとがきを書いているさなかにその出発点の歴史的事件を映像で確認する機会に恵まれたことに、ある感慨を覚える。そしてなにより、二〇世紀の歴史が随所にむき出しになり、その記憶と忘却が複雑に交錯するベルリンで生活しながら、その中で本書のような内容の書物を仕上げたこと、それ自体が、著者自身の記憶に深く刻まれて忘れられぬ経験になるだろうとの実感がある。

ベルリンでの日々――ベルリン自由大学のフリードリヒ・マイネッケ研究所において、受け入れ教授のP・ノルテ氏と帝制ドイツに関する著作も多いC・トルプ氏のお二方を中心とする同研究所の現代史部門の客員研究員としての日々は実に快適である。

ベルリンではドイツ政治史の研究に立ち返り、既刊の『指導者なきドイツ帝国』と『想像のドイツ帝国』に続く帝制ドイツの政治に関する三冊目の著作の準備を行っている。おそらくその著作が、ドイツ政治史のモノグラフとしては著者にとって最後の作品になるだろう。その作業に取り組みながら、今後は、政治や歴史の重要かつ「面白い」現象に――ヨーロッパ各国の事例を広く比較参照しつつ、また政治学や歴史学やその他の学問領域の知見を動員して――新たな光をあてるような作品を書くことを、研究者としての自身の最も重要な作業と位置づけて活動することになるだろう。本書はその第一歩である。ベルリンにおいて最後のドイツ史研究に没頭する中で、本書のようなヨーロッパ政治史の作品を完成させることになったのは、今の自分がその過渡期にあることを強く自覚させるものであった。

ここベルリンで、著者の、ヨーロッパ政治史の研究者としての、新しい人生が始まっている。

二〇一八年三月　ベルリン自由大学フリードリヒ・マイネッケ研究所の研究室にて

飯田芳弘

**著者略歴**

1966 年　長野県に生れる．

1991 年　東京大学法学部卒業．

1991-94 年　東京大学法学部助手．

現　在　学習院大学法学部教授．


**主要著書**

『指導者なきドイツ帝国――ヴィルヘルム期ライヒ政治の変容と隘路』（東京大学出版会，1999 年）

『新訂　ヨーロッパ政治史』（共著，放送大学教育振興会，2005 年）

『改訂新版　ヨーロッパ政治史』（共著，放送大学教育振興会，2010 年）

『ヨーロッパ政治ハンドブック　第 2 版』（分担執筆，東京大学出版会，2010 年）

『想像のドイツ帝国――統一の時代における国民形成と連邦国家建設』（東京大学出版会，2013 年）

『ドイツ連邦主義の崩壊と再建――ヴァイマル共和国から戦後ドイツへ』（分担執筆，岩波書店，2015 年）


忘却する戦後ヨーロッパ
内戦と独裁の過去を前に

---

2018 年 4 月 27 日　初　版

［検印廃止］

著　者　飯田芳弘《いいだよしひろ》

発行所　一般財団法人　東京大学出版会

代表者　吉見俊哉

153-0041 東京都目黒区駒場 4-5-29
http://www.utp.or.jp/
電話　03-6407-1069　Fax　03-6407-1991
振替　00160-6-59964

印刷所　株式会社理想社
製本所　誠製本株式会社

---





ISBN 978-4-13-030165-7　Printed in Japan